司法文明论坛

（2014年卷）

司法文明论坛

（2014年卷）

主　　编　江国华
执行主编　何盼盼
编　　辑　陈珊珊　姜梦婷　张　权
　　　　　罗仙凤　孙胜东

WUHAN UNIVERSITY PRESS
武汉大学出版社

图书在版编目(CIP)数据

司法文明论坛. 2014 年卷/江国华主编 . —武汉:武汉大学出版社,2016. 12
ISBN 978-7-307-18768-9

Ⅰ. 司… Ⅱ. 江 Ⅲ. 司法制度—中国—文集 Ⅳ. D926 – 53

中国版本图书馆 CIP 数据核字(2016)第 242543 号

责任编辑:林 莉 辛 凯　　责任校对:汪欣怡　　版式设计:马 佳

出版发行:**武汉大学出版社** (430072 武昌 珞珈山)
(电子邮件:cbs22@ whu. edu. cn 网址:www. wdp. com. cn)
印刷:虎彩印艺股份有限公司
开本:787 × 1092 1/16 印张:12. 25 字数:276 千字 插页:2
版次:2016 年 12 月第 1 版 2016 年 12 月第 1 次印刷
ISBN 978-7-307-18768-9 定价:36. 00 元

总　序

理想·国情·建设

周叶中　武汉大学副校长

法学乃公平正义之学，亦经国济世之道。法科研习者，非但要皓首穷经，探究法学之原理、源流、范畴与技术，亦当苦心孤诣，涵养公平正义之气质、经国济世之情怀。法科研习之大义者，正在于：蓄经纶之才学，养浩然之正气，胸怀韬略，足踏实地，以建设性的心态审视现实，以建设者的角色构建未来。故值此《司法文明论坛》出版之际，我提"理想·国情·建设"六个字，与大家共勉。

法学的意义不特在于法律规则之阐释，亦在于理想生活之导向。通过阐释规则来阐释世界，乃法学之皮囊；通过建构规则来构筑理想，则法学之骨髓。习法者，不可以满足于法律规则之阐释，更应着眼于理想生活之导向。因历史多有惯性，生活常存惰性；用法律来导航历史，以规则来引导生活，实为法学之使命，亦法学者之使命。而法律之所以能够导航生活，与其归结于法之强制，毋宁出自于法之正义。强制助产畏惧和怨愤，正义酿生公信与权威。强制的效力缘非暴力，实出正义；正如同正义的力量源非强制，实出自社会对于正义的共同体认和信念。法之强制再强大亦不足以威逼社会惟法是从，法之正义虽无形却是导航社会之真正动力。是故，我之所谓理想，实则包含双重含义：一则主张法科研习者当志向远大，着眼未来；二则期望法学者能够形成大致共同的正义观念，树立用良善之法构筑善风良序、导航法治国家之信念。其中前者是动力，后者是目标。

理想是对现实的超越，但须以现实为根据。法治建设有其必须遵循的普遍规律，但也须尊重特定的历史条件和社会环境。中国之法治建设既要放眼世界，更须立足国情。法科研习者既要探究法治的一般规律，亦当研究中国的基本国情。长久以来，中国社会存在着两种倾向：一是法治浪漫主义，以为将西方法治理论与模式移植中国，即可以实现法治中国，故主张用西方法治主义的标准来度量中国的法治实践，全然不顾中国的基本国情，对其法治进程中的成就熟视无睹，对其中的问题却夸饰有余。二是以中国特殊的国情为借口，否认在中国建设法治国家之可行性，故拒绝法治改革，迷信道德教化与政治动员在社会改良中的作用。对于中国法治建设而言，这两种倾向都是有害的。唯有将法治的普遍原理与中国的具体国情结合起来，才能够真正推动中国法治建设之进程。是故，我主张欲兴法学教育，必先兴国情教育；欲深入研习法律，必先行深入研习国情。一个优秀的法学研习者，必同时亦是优秀的国情专业人。

国情乃法学研究立足之点，但研究国情绝非法学之真正目的；国情研究，实为法治建设服务。因为法学之精义在于建设。法学研习者当体悟法学之精义，树立建设者之使命感和责任感，养成建设性的心态和心理，直面法治建设过程中的种种问题，积极探寻解决问题的途径与方略。概言之，即所谓经世致用。国人皆知，自先秦以来，经世致用即成中国知识者之传统，学人以“道”诱“势”，以文化改造社会，其情其志，勃然如生。今日之法科研习者，当秉承“经世”之传统，弘扬“致用”之学风。是故，我之所谓“建设”者，用意有二：一是主张学行结合。“学”无定理，“行”有真知。此即古人之所谓“披五岳之图以为知山，不如樵夫之一足；谈沧溟之广以为知海，不如估客之一瞥；疏八珍之谱以为知味，不如庖丁之一啜”。二是主张破立有道。世间万物皆有其道，破之者易，立之者难。市井百态皆有其因，做批评者易，做建设者难。今日之青年学子，不仅要有“破”之勇气，而且更要有“立”之责任；既要有批判精神，更应具建设性心态。

中国的未来属于青年，属于所有的中国人；建设更加美好的法治中国，有赖于每一个青年人的努力，也有赖于所有中国人的共同努力。让我们每一个法律研习者都认识到自身的历史责任和时代使命，让我们所有的人都行动起来，从点滴做起，为法治中国建设贡献一份智慧和力量。

目　录

文件解读

司法改革评论

学理争鸣

要案评析

文件解读

2014年“两高”工作报告析论

袁　轲

摘　要：“两高”工作报告的支持率较之前年有较大的提升，体现了去年法检机关的工作得到了较多全国人大代表的认可。在“两高”报告中，总结了去年的工作以及安排今年工作的重点。以司法为民理念为指导，实现公平正义，深化、推进司法体制改革是今年工作报告的主轴。在本文中，笔者结合两会热点以及司法体制改革的相关内容，对今后的两院工作也提出了一些展望。一是改变司法理念与创新理论，二是要制定《司法基本法》，走法治化改革路线。三是要推动务实、渐进式改革。以希冀今年的司法工作更加完善，更能保障和维护人民的合法利益，更能为法治中国的建设添砖加瓦。

关键词：“两高”工作报告；司法改革；法治化路径

2014年3月10日下午，最高人民法院院长周强与最高人民检察院检察长曹建明分别向大会作了最高法与最高检的工作报告。3月13日9时，第十二届全国人大二次会议在人民大会堂举行闭幕会。全国人大以2425票赞成，378票反对，95票弃权，通过最高人民法院工作报告；以2402票赞成，390票反对，108票弃权，通过最高人民检察院工作报告。① 也就是说，最高法与最高检分别以83.3%和82.54%的赞成率通过了报告。看到这个数据，“两高”终于可以稍稍地松了一口气。此次工作报告通过率创历史新高，同时也是自2006年公布全国人大会议投票结果以来，反对票得票数最低的一年。

此番光景与去年最高法报告605张反对票形成了较为强烈的对比。在我看来，这一数据的背后，是代表们对于“要让人民群众在每一个个案中感受到公平正义”这一新的要求与目标的广泛认可。但是，在如此之多的反对票数下，说明两高的司法工作仍然有待改进，这也同时反映了人民对于司法改革与实现社会公平公正的强烈愿望。因此，本

① 《两高历年得票情况（2006—2014）》，http：//www.dffyw.com/sifashijian/ziliao/201403/35357.html.

文拟对于“两高”工作报告进行宏观上的解读，并结合司法改革中热点问题的分析，以期能抛砖引玉，引发大家更深入的思考。

由于两高报告所涉及的各方面内容颇为繁杂，笔者在此无法逐一列举，只能够化繁就简，将其中所关涉的热点问题进行简单的梳理与归纳。第一部分为两高工作报告中的主要内容与看点。第二部分为司法工作中所存在的不足。第三部分为司法改革所面临的困境。第四部分为自己对于司法工作的展望。第五部分为结语。

一、“两高”工作报告六大看点

在最高法的报告中，周强院长一共用了78个数字来说明过去一年的工作，虽然比去年的87个数字要少，但是具体内容仍是可圈可点。曹建明检察长的报告延续了去年的大致风格，从内容上看保持了四平八稳的态势。简言之，在我看来，今年的报告中一共有六个方面的看点，也可以说是社会各界所共同关注，也与大众利益所密切相关的热点问题。

（一）努力建设平安中国，促进社会和谐稳定

在过去的一年里，全国审结的一审刑事案件中，危害公共安全案件约占两成。从青岛输油管道泄漏爆炸，到校园安全受威胁、快递夺命，再到昆明暴力恐怖袭击，公共安全的新威胁不断涌现。信息泄露、网络诽谤、造谣、非法监控等网络安全问题频发，促使网络安全上升为国家战略。在两高所发布的指导意见与司法解释当中，非常集中地体现了对公共安全与社会热点问题的热切关注。这些关注点不仅包括特定人群权益保护的问题，比如说性侵儿童的犯罪问题，也包括整体社会上都非常关注的一般性的问题，诸如利用网络造谣传谣的惩治，这些关注点的选取确实表明了最高法在过去一年当中，对于整体的社会治理方面应该说是发挥了非常积极的作用。依法惩治犯罪、保障人权、化解矛盾，维护社会和谐稳定，这是最高法报告2013年主要工作总结的第一大部分，鲜明地突出了其重要性。对于2014年的主要工作，周强院长还进一步提出，要严惩严重危害社会治安犯罪，切实维护国家安全和社会稳定。积极推进平安中国、法治中国建设。① 最高检报告则提到，要依法严惩严重刑事犯罪，深入开展反分裂、反颠覆、反恐怖斗争，坚决打击危害国家安全犯罪和暴力恐怖犯罪。密切关注社会治安和公共安全领域出现的新情况，突出打击严重影响人民群众安全感的犯罪。同时注意化解社会矛盾，积极参与社会治理。② 安全感如同水和空气，是群众生活的“必需品”。保障公共安全，是实现社会和谐稳定所必然要努力达到的目标。

---

① 周强：《最高人民法院工作报告》，载《人民日报》，2014-03-18，第2版。

② 曹建明：《最高人民检察院工作报告》，载《人民日报》，2014-03-18，第2版。

（二）大力践行司法为民，保障公民合法权益

在报告的第二部分，主要提及的是法院在经济领域的各类情况。具体来看，关于商事审判的介绍与处理态度让人眼前一亮。报告主要分两个层面来阐述这一问题。第一个是列举了具体商事案件的审判数字。第二，最高法对于在商事领域中所遇到的一些新问题，采取了哪些应对的措施。去年，民间借贷方面的法律问题在社会各界引起了很大的反响，最高法专门针对这些问题制订了一些司法建议。我们可以看到，最高法并没有通过传统的司法解释来一刀切地解决这些问题，也表明对于现实生活当中出现的一些新问题，最高法开始采取比较审慎的态度，采取边观察、边研究、边采取对策的一个思路。对于新问题并不是一开始就马上出台相应配套相关的司法解释进行规制，这是一个值得赞赏的新趋势。笔者希望，这样一种审慎司法的态度能够继续贯穿于整个司法制度的运行过程之中。

在高法报告的第三部分，首先强调的是法院在劳动争议、食品药品纠纷，以及消费者权益保护这些方面，所采取的具体措施。之所以将这些内容放在本部分的开头，在我看来，这是强调司法为民观点的主要体现。法院将目光聚焦在群众现实生活中处于相对弱势地位的领域，如劳动争议，消费者权益保护这些方面，表现出了对群众合法权益的保护与关切。在报告当中，周强院长通过对关涉民情民生领域案件审理所取得成绩的强调，来充分说明最高人民法院和各级人民法院坚持司法为民的理念。高检报告也在第四部分中着力强调了要立足检察职能，促进发展、保障民生。其中，强化对环境资源的司法保护，更是对现实的直接回应。可以说，“两高”报告体现了过去一年中，“两院”确实在努力地践行司法为民的司法观念，也为今年工作的主要目标定下了一个很好的基调。

（三）有序展开司法改革，着力提升司法水平

党的十八大报告提出，要“进一步深化司法体制改革，坚持和完善中国特色社会主义司法制度”。党的十八届三中全会进一步明确了深化司法体制改革的具体要求。当前，我国经济社会处于快速发展的关键阶段，各种矛盾和问题集中出现，机遇和挑战并存，司法工作在国家和社会生活中的地位、作用、影响更加凸显。进一步深化司法体制改革，建设公正高效权威的社会主义司法制度，具有特别重要的意义。① “两高”工作报告对于大力推进司法改革的措施进行了概括总结与说明。改革审判工作运行机制、加强人民陪审员工作、加强监督指导和审判管理是法院系统在过去一年里着重改进的方面。在高检报告今年工作安排中也强调，要全面深化检察改革，认真落实中央关于深化司法改革的部署，牢牢把握检察改革正确方向，加强总体设计、统筹协调、整体推进，完善中国特色社会主义检察制度。落实涉法涉诉信访工作机制改革，促进完善国家司法

① 孟建柱：《深化司法体制改革》，载《人民日报》，2013-11-25，第6版。

救助制度，加大依法受理、依法纠错、依法赔偿、依法救助力度。①

我们可以看到，周强院长提出的第一个具体改革方面，就是改革审判工作的运行机制，尤其是推进审判权运行机制的改革。之所以把这个问题放在推进司法改革部分的开篇，主要还是因为各级人民法院在审判实践当中，深切地体会到审判权运行的改革问题，是现在司法改革工作的重中之重。2013 年以来，周强院长多次公开强调"要建立健全保障人民法院依法独立公正行使审判权的机制"，审判独立成为司法者们的共识。10 月中旬，最高法院下发通知，要求上海、江苏、浙江、广东、陕西 5 省市部分法院进行改革试点。10 月 28 日，最高人民法院公布《关于切实践行司法为民大力加强公正司法不断提高司法公信力的若干意见》，侧重强调贯彻人民法院依法独立行使审判权的宪法原则，可以说吹响了"司法改革攻坚战的号角"。② 独立履行法律职能而不受干扰的司法系统是法治国家最强有力的柱石，也是现代公民权利最值得信任的保障。通过有序地推进司法改革，使整个司法系统的水平得到提高，是两高报告中司法改革的核心之一，也是大家所热切期待的改变。

（四）深入推进司法公开，维护司法公平公正

最高法报告涉及一个全社会都非常关注的问题，就是关于司法的公正和公开。对于司法公开，相信大家已经非常熟悉，我们也有过激烈的讨论。第一个举措就是通过各种媒体直播庭审公开。从薄熙来案庭审微博直播到奇虎腾讯纠纷案庭审的"全媒体"报道；从全国法院微博发布厅上线到中国法院庭审直播网开通。去年中国司法公开全面提速，司法活动公开力度空前之大，让司法与人们的距离变得很近。第二个就是建成中国裁判文书网。在过去一年里，公布了最高人民法院生效裁判文书 3858 份，地方各级法院上网公布生效裁判文书 164.6 万份；建成中国法院庭审直播网，各级法院直播案件庭审 4.5 万次。高检报告中也提到，要加强检察门户网站、检察微博微信等新媒体平台建设，推进新闻发布制度化，及时公开重大案件办理等情况。从目前情况来看，这两项工作正在有条不紊的进行中。对于裁判文书上网这一重大举措，相比以往文书公开度来说是不可想象的。只要裁判文书上网之后，对于普通的社会公众而言，都可以简单直接地获得所想要看到的信息。而法官在关于事实认定和法律适用方面分析的部分，也进入公众视野当中。这就使得社会对于法官的裁判有了一个直观有效的监督。"没有公开就无所谓正义"，裁判结果的公正必须以程序公正为前提，而程序的公开透明正是程序公正的核心内容。唯有在公开透明的环境下，整个司法活动才能得到人民群众的有效监督，继而实现司法在阳光下运行。③

在纠正冤假错案方面，人民法院有了较大的进步。在坚持罪刑法定、疑罪从无方面迈出了新的步伐，特别是严格非法证据排除方面，对保障人权、防止冤假错案

---

① 曹建明：《最高人民检察院工作报告》，载《人民日报》，2014-03-18，第 2 版。

② 傅达林：《司法体制改革的孕育与破题》，载《法制日报》，2014-01-09，第 7 版。

③ 褚俊杰：《论我国司法公开制度及其完善路径》，载《法制与社会》，2014 年第 2 期。

作出了比较大的努力。如果非法取得证据被严格排除，就会极大地遏制刑讯逼供等非法行为，对于保障人权、保障司法公正、保障社会正义会起到积极的作用。在最高检报告中就提及了“张氏叔侄强奸杀人案”与“于英生杀妻案”两起典型的冤假错案。这是两高报告中首次出现具体案例与人名的表述。今年的4月9日，对于“张氏叔侄强奸杀人冤案”审核人，“女神探”聂海芬以及相关负责人的追责程序也得以启动。在我看来，这体现了对于人权的尊重与避免再次出现如此荒唐错误的决心。与此同时，法院与检察院加强了与律师之间的沟通，也是我国法治进步的一个表现。律师能否有效参与司法活动是衡量法治水平的一个标尺，律师代表的是当事人的合法权益，尊重律师的辩护意见就是在保障当事人的人权。保障了当事人人权，就保障了社会的公正和法律的公正，人民就会对法治建立起信心，法治社会的建设才会有真正的希望。

（五）严厉打击贪腐犯罪，树立廉洁务实新风

最高检报告第二部分，强调的是职务犯罪的惩治。这一部分所涉及的就是广大人民所最为关注的反腐败问题。因为强调的是拥有国家公权力的这些人员，在行使权力的过程当中，所实施的犯罪行为，应该受到应有的处罚。最高检的报告中向我们列举了一些职务犯罪，比如说贪污受贿罪和渎职罪，这些罪名督办的数据，以及相关的惩处人员的具体数量。并且明确地提到，坚持有案必查、有腐必惩，继续深入推进查办和预防发生在群众身边、损害群众利益职务犯罪专项工作。加大对外逃职务犯罪嫌疑人的追捕追赃力度。高法报告中也强调，要继续坚持“老虎”、“苍蝇”一起打，对贪污贿赂、渎职犯罪保持高压态势，促进建设廉洁政治。

同时检察院还加强了渎职、侵权的查办工作，及时介入了山西长治“12·31”苯污染，青岛“11·22”输油管线爆炸等一系列重大安全生产事故的调查，严肃查处了一批重大责任事故所涉及的渎职职务犯罪。① 法院对于贪污贿赂案件的审理也是公正而有效的，对于部分案件的公开审理与网络直播，更是起到了很好的法治宣传作用。我们可以看到，过去一年法院与检察院在查处与审判贪污、贿赂、渎职侵权等职务犯罪方面取得了很好的成绩，特别是对于大案要案的处理上赢得了社会的赞誉。在贯彻中央关于反腐倡廉，“老虎”、“苍蝇”一起打的政策上执行有力，成效显著。

（六）积极完善社会管理，加强司法队伍建设

在社会层面，每年由行政纠纷引发的信访高达400万至600万件，而通过行政诉讼解决的只有10余万件。2013年人民法院审执结案的行政案件仅占案件总量的1.21%，司法的权威性受到影响。为妥善化解社会矛盾，诉讼与信访分离、越级上访不再受理、信访数量停止考核，涉法涉诉信访改革已全面铺开。高法报告中提到，要进一步推进涉

① 曹建明：《最高人民检察院工作报告》，载《人民日报》，2014-03-18，第2版。

诉信访工作改革，严格涉诉信访终结程序，妥善解决群众合法合理诉求。① 高检报告也提出，要切实落实涉法涉诉信访工作机制改革，促进完善国家司法救助制度。“两院”的这些要求为化解社会矛盾，完善社会管理提供了一条很好的解决道路。由于一些地方司法渠道不畅，使群众产生了“信访不信法”的心理。完善“诉访分离”和案件终结制度，推动律师等第三方参与化解信访案件，使诉讼渠道更加畅通，距离“法治中国”才能更进一步。

在去年工作总结的最后一个部分，最高人民法院明确提出要坚持从严管理，加强法院队伍建设。其中有两项比较特殊的举措：第一，从法律院校和律师队伍当中选拔人才，改善法官的队伍结构。第二，开展民族地区的双语法官培训。其中第一个方面的举措，事实上现在已经有很多具体的落实措施，去年最高法就从各个法学院校选拔了 5 位法学教授，聘请他们担任最高人民法院相关职能部门的职务。让他们从法学理论的角度，为民商事或者刑事案件的审判工作，以及司法改革等方面献计献策。虽然还存在着许多问题，但从现实情况来看，还是产生了一些积极的效果。第二个关于民族地区的双语法官培训，这个并不是今年第一次提出来的想法。最高人民法院近几年来一直在全国各地，尤其是民族自治地区大力推行相关的措施。相对于沿海地区或者是经济比较发达的地区，民族聚集地区所面临的各种社会矛盾，尤其是民族矛盾，都非常尖锐，法官任务较重。但是在有些案件当中由于相关专业知识的欠缺，并不一定能够比较准确地对相关法律进行理解和适用。所以，通过开展双语法官培训这样的渠道，一方面，可以方便少数民族居民进行诉讼；另一方面，可以使当地的法律适用更为准确，司法更为公平公正。相应的，最高检报告的第六个部分中，也同样提出了加强检察队伍建设，提高公正廉洁执法水平的要求。一共有四个方面，与高法报告中所强调的内容大致相同，在此就不赘述了。

二、司法工作中的不足与问题

正如前文所述，虽然两高工作报告获得了比以往都要多的认可，但是实践工作中反映出来的问题仍然很多。随着深化司法改革的逐步推进，所面临的挑战也是前所未有。周强院长与曹建明检察长也在两份报告中坦承，两院的工作仍然有许多不足，未来的任务还很艰巨。在法院过去的工作中，还存在许多较为突出的问题。有些案件裁判过程不透明，程序不公正，损害了有关当事人的利益，也损害了司法公信力。地方保护主义产生、蔓延，对于法院有着诸多干扰，司法行政化的问题困扰着审判权的独立行使。长期以来，在审判实践中形成的层层审批制，导致“判者不审、审者不判”，裁判错误的责任不清，审判的效率不高，上下级法院的内部请示代替了不同审级的独立裁判，司法的行政化趋势不断加剧，已成为审判权力运行过程中亟待解决的难题。一些地区仍然存在立案难、诉讼难、执行难等问题，在满足人民群众司法需求方面还有差距。随着案件数

① 周强：《最高人民法院工作报告》，载《人民日报》，2014-03-18，第 2 版。

量持续增长，人民法院办案压力越来越大，部分法院案多人少、人员流失、法官断层等问题仍然比较严重，一些西部、边远民族地区法院工作条件有待进一步改善。① 检察院也同样面临着一些问题。与全面深化改革和人民群众期待相比，惩治和预防职务犯罪、监督纠正执法司法突出问题的力度和效果还有较大差距。修改后的刑事诉讼法、民事诉讼法实施后，一些检察机关和检察人员执法理念、办案方式仍不适应，对法律修改后赋予的新职能履行不够充分，落实保障人权、规范执法的新要求不够严格。违法扣押冻结处理涉案财物、侵犯诉讼参与人合法权益等问题仍有发生。少数检察人员特权思想、霸道作风严重，有的甚至以权谋私、贪赃枉法，严重损害司法公信力。办理金融、知识产权、生态环境、信息网络等领域案件的专门人才缺乏。② 这些问题有待于在今年的工作中进一步改进与加强。

三、司法改革中的困境与挑战

纵向梳理司法体制改革的历史脉络，客观评价并深刻总结其成败得失，是直面司法现实难题、回应实践挑战的基本出发点。从20世纪80年代初至今，我国已启动三轮改革。之前一系列的改革措施取得了一定的成绩，但是存在的问题与痼疾仍然不少。主要原因可以归结为两个方面，即受到内部与外部一些问题和局限的困扰。

（一）外部问题与局限

来自于外部的局限与问题主要体现在两个方面：第一是顶层设计协同性不够、“问题导向”不足，滞后于经济社会文化改革。长期以来，司法改革表现为最高院、最高检单兵突进，各自为政，缺乏有效的顶层设计与支持，也没有对突出问题进行针对性的解决，导致改革没有达到既定的目标和理想中的效果。第二是缺乏明确的法律依据与指导。正如前所述，我国主要进行了三次司法改革，三次改革分别以三个五年改革纲要为指导。三次改革过程中最高人民法院制定了各种改革措施。然而，既有的司法改革遭遇了“依据不足”的困境，改革缺乏明确的法律依据，改革的成果也没有以法律形式固定下来。③ 涉及司法体制改革这一如此重大之事项，除了两院组织法的修订之外，其他问题在2014年全国人大立法计划之中几乎无所涉及。

（二）内部问题与挑战

司法改革已经进入深水区，因此必须回应现实挑战，着力解决六个方面的问题。第一，针对司法易受地方干预的现状，应当着力解决司法机关的人、财、物管理与地方脱

---

① 周强：《最高人民法院工作报告》，载《人民日报》，2014-03-18，第2版。

② 曹建明：《最高人民检察院工作报告》，载《人民日报》，2014-03-18，第2版。

③ 江国华、周海源：《〈司法基本法〉与中国司法改革》，载《哈尔滨工业大学学报》（社会科学版），2014年第16卷第1期。

钩的问题。司法地方化是计划经济时代的产物，司法案件管辖完全按照行政区划设置，人员任免、经费供给、职务保障完全依赖地方，使统一的中央司法事权被地方分割，司法机关或司法机关工作人员在司法过程中可能受到地方国家机关或利益团体的不当干预。第二，针对司法机关上下级之间以及法院内部审委会、院长、庭长与法官之间的行政化管理模式，应当明确法院上下级之间的监督关系，不能将法院、法官以及司法判断过程纳入行政体制的命令与服从关系之中、按照行政权的行使方式行使审判权。对此，必须实现法院独立，即法院独立行使审判权，法官独立办案，审级监督，实现司法的去行政化。第三，针对司法职业共同体职业水准不一，准入、晋升、激励与保障制度不规范与不统一的问题，应当积极推进司法职业化改革，以主体的同质化确保法治统一，防止以司法大众化侵害司法职业化。第四，针对司法权弱化，应当切实解决好审级独立、职权分工等问题，防止来自内外部的不当干预。审判权弱化主要体现在四个层面上：一是在纵向上由于实行中央与地方分享使国家统一的司法权在行使的过程中受到地方不当制约和干预。二是在横向上导致司法权行使主体交叉混同，如法院既是裁判者又是执行者。三是在内部上下级之间及内设的职能部门之间行政色彩浓厚，导致审者不判，判者不审，权责不统一。四是在结构上司法权与司法行政事务权没有分离，影响司法的专业化。第五，针对人民群众对于司法公正的强烈需求与司法公信力不够的矛盾，着力提高司法公信力。如果法院不能成为矛盾的最终裁决机构，那么社会矛盾就不可能得到有效化解，人民群众对司法就难以充分信任。第六，针对人权司法保障问题，应当明确认识到，在中国特色社会主义法律体系建成后，人权立法不足的问题已经得到有效解决，此时应当更加注重人权的司法保护，但是，刑讯逼供、体罚虐待、超期羁押、非法强制、滥用职权、有罪推定、重打击轻保护等观念依然存在。为此，我们需要着力完善人权司法保障制度。①

四、对于加强两院工作与深化司法改革的展望

（一）理论创新与理念突破

理论创新是一切改革的前提，重新审视与科学厘清司法体制改革的重大基础理论命题和基本原理，对司法体制改革实践的纵深发展具有重大的前导意义。深化司法体制改革是推进法治中国建设的必然要求，是促进社会公平正义、增进人民福祉的重要举措，是推进国家治理体系和治理能力现代化的现实需要。司法体制改革与整个国家法治理念的创新与发展密切相关。对此，李龙先生在“深化司法体制改革”高端论坛上阐述了我们应该在理念上的三大突破。一是国家治理理念上的突破：在主体上实现单一主体向多元主体转变；在权力性质上实现了“命令—服从”式的单一模式向合作共治的多维模式

① 汪习根：《新一轮司法改革的理论创新与制度构建——全国“深化司法体制改革”高端论坛综述》，载《中南民族大学学报》（人文社会科学版），2014年第34卷第2期。

的转变；在效果上实现了从对抗到互信的转变。二是公平正义观念的突破，公平应指“各得其份”，主要表现在通过司法资源的优化配置和司法权的公正行使，应着力解决程序正义问题。三是司法理念上的突破，应该摒弃司法权与行政权相互混同，靠行政命令的方式行使司法权的错误观点。只有实现了理念的转变，改革才有可能朝着正确、高效的方向发展与推进。

（二）制定《司法基本法》

在我国30多年的司法改革历程中，所取得的成果不少，但是改革进程确是步履维艰，困难重重。究其主要原因，还是因为缺乏顶层设计，过度依赖制度安排，而忽视了法治的轨道与路径。自1982年以来，三次司法改革围绕三个“五年发展纲要”而展开，缺乏足够的法律支持，也导致了改革陷入了寸步难行的泥沼之中。因此，为了一步深化司法体制改革，我们应当以选择“法律”而非“制度”为突破口，从法律规范的层面推进司法改革，统合现有的司法法资源，制定一部统一的《司法基本法》。在此基础上，以统一的《司法基本法》为依据，推动司法改革的整体深化。制定后的统一《司法基本法》，在内容上以宪法为依据，将宪法中的司法制度与司法的基本规则予以具体化，在位阶上属于基本法律的地位，具有高于普通法律的地位，因而能够全面回应司法改革对法治资源的需求，确保司法改革在法律的框架内有序行进。①

（三）务实、渐进式改革

天下难事必作于易，天下大事必作于细。围绕着独立与公正的目标，中国司法体制改革任重道远。从某种意义上说，任何一项改革都是一次权力的再分配、利益的再调整，由此决定了改革本身的风险。破解由上述因素带来的利益阻力，其关键在于寻求更大的民意基础和正当程序。就此而言，司法体制改革在试点的基础上，采取法治结构下的合法性路径乃是明智的选择。要想通过法治化的路径实现改革的目标，需要一个长时期的过程。在我们国家法制发展到今天，法律规定如此之繁密，修改空间的缩小就意味着改革的难度加大，并且试错的风险也会加大。因此，务实、渐进式的改革是我们当然的选择。

五、结　语

总而言之，今年的“两高”报告共同的特点是层次分明，重点突出，以民生问题、平安中国和法治中国的建设为重点，以具体司法改革措施和保障司法公正的措施为主线，全方位地反映了过去一年当中法检机关所取得的成绩，以及对今年工作提出了明确的部署和安排。“两高”报告都没有回避各自工作当中所出现的具体问题，并且也试图

---

① 江国华、周海源：《〈司法基本法〉与中国司法改革》，载《哈尔滨工业大学学报》（社会科学版），2014年第16卷第1期。

在提出问题的基础之上，探索和寻求解决问题的相关措施。虽然内容相对简陋，但也难能可贵。基本体现了“两高”司法为民的工作理念，也能够体现“两高”积极贯彻和回应社会和舆论监督的良好态度。

十八届三中全会的召开，让2013年真正成为了“司法体制改革元年”。针对影响司法公正的体制性障碍和深层次问题开出药方，努力回应“让人民群众在每一个司法案件中都感受到公平正义”的时代之问。回顾过去的一年，两院的改革工作正在有序推进，大幕正徐徐展开。司法改革已然朝着破除体制坚冰的方向奋勇启航。无论是落实《决定》中的改革举措，还是今后更深化的体制革新，都会遇到各种各样的困难，改革本身也须对自身不断进行完善。但只要有果敢的决心与审慎的智慧，将顶层设计与摸着石头过河相结合，必将在重塑司法的过程中向法治中国的目标迈进一大步。

（作者简介：袁轲，武汉大学法学院2013级宪法与行政法专业硕士研究生。）

◎ **点　评**

第一，如何看待“两高”报告的性质。“两高”报告和党中央报告在我国是有约束力的，可以将其归为软法。第二，如何看待“两高”报告的亮点。总体而言，报告很大，内容较空。具体而言，(1)司法为民不应该是司法盲从舆论、群众，司法为民要通过个案公正来实现；(2)关于非诉机制问题，这不应该由法院来考虑，这些问题只能通过向全国人大提出建议来解决；(3)文书上网应该缓行。中国司法还远远没达到可以全面公开的水平，并且司法公开本身也不是靠上网这一途径就可以解决的。(4)完善社会管理也并非法院本身的职能。第三，如何看待《司法基本法》的问题。司法改革没有一个作为依据的法律是不合适的，而这个法律依据应当是《司法基本法》。《司法基本法》是基于我们对宪法、组织法和程序法的规定不够集中的情形下所提出的，宪法之下司法领域内的最高法律，它包含的内容有司法概念、司法权、司法组织、司法运作和司法程序等。

（点评人：武汉大学法学院　江国华教授）

基层检察院何去何从

——《2014—2018年基层人民检察院建设规划》评论

彭 霞

摘 要：首先，文章介绍了《2014—2018年基层人民检察院建设规划》的主要内容以及《规划》所针对的主要问题，并结合《规划》的内容围绕如何加强基层检察院的法律监督职能进行了重点分析。该《规划》是检察院深入开展党的群众路线教育实践活动的一项重要成果，从整体内容来看，《规划》其实是始终围绕着如何加强基层检察院的法律监督职能而展开的。其次，《规划》从制约我国基层检察院法律监督职能有效发挥的各种现实问题出发，从规范执法、人才专业化和物质保障三个方面有针对性地提出了对基层检察院的建设要求。但是，该《规划》着眼点主要在于基层检察院的内部建设方面，对于如何处理基层检察院与其他国家机关权力的问题，则没有涉及也不可能涉及。而基层检察院目前存在最大的问题恰恰在于基层检察院的检察权受到来自诸多方面的干预，从而影响了基层检察院法律监督职能的有效行使。随后，本文探讨了制约检察权有效行使的因素。最后，基于上述因素的分析，从保障基层检察院的经费来源、改革现有党权结构、打破按行政区域划分检察院的制度以及加强上级检察院的领导四个角度明确了基层检察院的未来建设方向。

关键词：司法改革；检察监督；检察权独立行使

一、《规划》的主要内容

最高人民检察院于2013年12月10日对外公布了《2014—2018年基层人民检察院建设规划》（以下简称《规划》）。据了解，《规划》的出台是最高人民检察院深入开展党的群众路线教育实践活动的一项重要成果。从《规划》的内容来看，其中就有不少条文体现了对该活动主题的直接贯彻。比如，在思想政治建设任务中，明确要“建立经常性征求群众意见制度，健全人民群众评判检查工作机制”、“广泛开展进社区、进农村、进学校、进机关、进企业活动，组织检察人员走基层接地气，察民情访民意解民忧，增强做好新形势下群众工作的能力”，等等。

虽然《规划》的出台是以高检院开展群众路线教育实践活动为契机的，但从其整体内容来看，则始终围绕着如何加强基层检察院的法律监督职能而展开。毕竟，作为我国的法律监督机关，人民检察院践行群众路线、坚持执法为民，最终是要通过有效行使宪法和法律赋予检察机关的法律监督职责来实现的。

我国检察机关是检察权行使的主体，其中，基层检察院占检察机关数量的80%以上，占检察工作任务的80%以上，占检察干警人数的80%以上，是检察工作的基层基础。①《规划》为基层检察院未来几年的发展确定了明确的发展目标，即执法规范化标准化明显进步，队伍专业化职业化明显提升，管理科学化信息化明显增强，保障现代化实用化明显推进。《规划》并且从思想政治建设、检察业务建设、人才队伍建设、检务保障建设、检察文化建设、纪律作风建设等六个方面对基层检察院建设主要任务作出了部署。此外《规划》还对基层院和上级院在基层建设中的职责任务进行了区别规定，在其第三部分重点从加强组织领导、完善工作机制、坚持分类指导、强化督导落实等四个方面，明确上级院在基层建设中的职责任务，突出强调要增强服务基层意识、切实减轻基层负担、着力强化制度执行等。

二、《规划》针对的主要问题

基层检察院的建设，归根结底是为了加强基层检察院的法律监督职能。从目前我国基层检察院的情况来看，由于各个方面的原因，基层检察院的法律监督职能未能充分发挥。《规划》正是从制约我国基层检察院法律监督职能有效发挥的各种问题出发，有针对性地提出了基层检察院的建设要求。

（一）规范执法的问题

基层检察院在执法过程中往往存在重实体轻程序、重打击轻保护的观念，部分基层检察人员对法律规定的办案程序和执法标准把握不准，存在违规执法的问题，这些问题极大地影响了基层检察院的办案效率和执法公信力。

《规划》针对基层检察院执法不规范的问题，特别提出了“执法规范化标准化明显进步”的发展目标。并提出了以下几种应对之举：(1)要加大执法办案工作力度，完善落实检察长、副检察长带头办案制度，对有影响的大案要案，检察长、副检察长应当亲自指挥侦查、讯问和出庭支持公诉。(2)加强检察业务集中管理。全面推进案件管理机制改革，健全检察业务管理制度，完善案件集中管理模式，细化执法办案流程，明确执法办案标准，严格执法办案监管，实现对执法办案全过程的集约化、动态化管理，从源头上解决随意执法、粗放执法问题。(3)健全检察业务考评机制。坚持结果考评与过程管理、定期考评与动态指导、综合考评与个案评查相结合，形成多手段全方位的执法办案

① 徐鹤喃、张步洪：《检察机关内设机构设置的改革与立法完善》，载《西南政法大学学报》，2007年第1期。

考评体系。完善检察官办案责任制，加强执法办案监督制约。建立案件质量常态化评查机制，全面对照修改后的刑事诉讼法、民事诉讼法和其他法律法规，重点围绕办案时限、执法程序、证据采信、文书制作和涉案财物处理等，定期进行集中评查，促进执法规范化。(4)深入推进检务公开工作。细化执法办案公开的内容、对象、时机、方式和要求，健全主动公开和依申请公开制度。除法律规定需要保密的以外，执法依据、执法程序、办案过程和检察机关终结性法律文书一律向社会公开。坚持和完善检察开放日、案件公开审查、人民监督员等制度，切实保障人民群众对法律监督工作的知情权、参与权和监督权。

(二)人才专业化问题

基层检察院不同程度地存在基层检察人员专业素质不高，业务工作能力不强的问题。很多基层检察院的工作人员都没有经过正规的法律院校学习深造，这些人在观念、能力方面都无法跟上新形势的发展。

由于基层检察院人事受制于地方行政，检察机关的人员，都由同级组织、人事部门决定，造成检察官来源的多元化和非专业化，这也加剧了基层检察院检察人员的非专业化程度。很多进入基层检察院的检察人员往往都没有经过专业化标准考验，也无职业化理念，导致检察机关人员素质低下。

针对基层检察院人才整体素质不高的问题，《规划》提出了“队伍专业化职业化明显提升”的目标。其具体措施主要有：(1)建设强有力领导班子。认真落实领导干部政治轮训制度，积极参加新知识、新技能学习培训，不断完善知识结构、丰富知识储备。到2018年，基层检察院领导班子中法律专业本科以上学历人员占比达到2/3以上。(2)打造专业化人才队伍。坚持以专业化建设为导向，以岗位素能标准为依据，分类开展任职资格、岗位技能、综合知识等专项培训，定期开展公诉论辩、侦讯模拟、疑案研讨等岗位练兵，搭建网络学习平台，树立终身学习观念，重点加强新进人员的岗前培训和职业伦理教育，全面提升专业素质能力。基层检察人员接受业务培训时间每年不少于12天。到2018年，基层检察院本科以上学历人员占比达到90%左右。(3)建构职业化管理体系。落实职业化建设目标任务，实施检察人员分类管理制度改革。严格检察职业准入制度，统筹人员招录补充办法。健全基层优秀人才、少数民族干部跨地区、跨层级选派挂职、交流锻炼工作机制，拓宽基层检察人员职业发展渠道。完善检察职业保障属地措施，出台有利于稳定队伍的创新举措。完善办案组织模式，优化检察资源配置和内设机构的设置，切实解决基层专业人才缺乏、办案力量不足问题。努力把基层检察院空编率控制在2%以下。(4)实施检察人才重点工程。全面落实检察人才队伍建设中长期规划，以高层次专门人才铸才、急需紧缺专门人才引才、素质提升优才、基层检察院聚才、西部和贫困地区检察院扶才、青年检察官育才等六大重点工程为抓手，带动检察人才队伍建设全面发展。西部和贫困地区基层检察院每年定向培养和引进专门人才1000名。组织开展人才建设重点工程落实年系列活动，推动人才队伍建设任务按时保质逐项落实。

（三）物质保障问题

加强检察经费保障与物质装备建设，是保障和推进检察事业的发展的物质基础，对于检察机关全面正确有效地履行法律监督职责具有重大意义。由于基层检察院的财政经费主要依靠当地财政划拨，基层检察院的经费保障状况主要取决于地方经济的发展状况。全国基层检察院均不同程度地存在经费不足、装备短缺、科技含量低、基础设施落后的问题，这些问题在经济欠发达地区表现得尤为明显。

针对基层检察院物质保障落后的问题，《规划》也特别明确了保障现代化实用化明显推进的发展目标，并从运行统一业务应用系统、加强基层业务装备配备、落实科技建设重点任务、推进基层基础设施建设等方面明确了基层检察院的建设任务。

三、基层检察院的其他问题

可以看出，《规划》对制约基层检察院法律监督职能有效发挥的主要问题均有所涉及，且提出了比较详细的解决之策。但《规划》作为最高检专门针对基层检察院所发布的一个文件，其着眼点主要在于基层检察院的内部建设方面，对于如何处理基层检察院与其他国家机关权力的问题，则没有涉及也不可能涉及。但基层检察院目前存在最大的问题恰恰不在于基层检察院的内部建设上，而是与整个检察体制，乃至宏观意义上的权力结构有关。目前基层检察院存在的最大问题恐怕在于基层检察院的检察权受到来自诸多方面的干预，从而影响了基层检察院法律监督职能的有效行使。在我看来，制约基层检察院独立行使检察权的因素主要可以从以下两大方面来探讨：

（一）从内部权力结构来看，行政化色彩严重

在我国人民代表大会制度下，检察机关是我国的法律监督机关，宪法赋予其独立行使法律监督职能的权力，检察权具有司法权的属性，但我国检察机关在管理上却带有浓厚的行政化色彩。就目前而言，检察管理体制和运行机制的行政化，使检察职能与检察院内部司法行政管理职能发生交叉、混合，造成了行政管理职能对检察职能的侵入和侵浸，掣肘了法律监督职能的充分发挥。① 对于检察业务的管理，也是套用行政管理制度，下级对上级层层负责。在这一体制中，主办、主诉检察官只是行政垂直线上底部的一个点，其所承办的重大案件，必须首先请示部门负责人，经部门负责人审批后提交检察长决定或检察委员会集体讨论决定，对于部门负责人、检察长的决定，检察官必须执行。如检察机关在办理刑事案件时，不论案件是否重大、疑难、复杂，均采取由检察人员承办、办案部门负责人审核、检察长或者检察委员会决定的以行政审批、集体负责的办案模式。按照我国《宪法》和有关组织法的规定，独立行使检察权的主体是检察院，

① 胡丽娅：《中国检察管理体制和运行机制的行政化弊端分析及改革构想》，华中师范大学硕士论文，2004 年。

没有赋予检察官独立行使检察权的权力。但检察权的司法权属性要求检察官必须具有一定的独立性。对检察业务实行行政化管理的方式有悖于检察权的性质与检察业务本身的要求，一方面，造成检察官缺乏主动权、积极性；另一方面，将宝贵的办案时间用在不断的请示报告中，降低了诉讼效率。

(二)从检察机关外部因素来看，检察权不能独立行使

从检察机关的外部权力结构来看，由于没有理顺检察机关与同级党委及其他国家机关的关系，使得检察机关受到很多不应有的干预，而对于法律规定的针对检察机关的监督权力则由于各种原因或没有落到实处或采取了不适当的监督方式。这些问题主要表现在与以下几个机关的关系上：

1. 本级政府

基层检察院是宪法规定的法律监督机关，因此，本级行政机关也是其监督对象。基层检察院对本级行政机关的监督主要体现在针对行政机关及其工作人员涉嫌构成的职务犯罪立案、侦查，对其中构成犯罪的案件依法提起公诉，对于不属于基本检察机关职权范围内的案件移交相应的机关处理，对已构成违法但尚未构成犯罪的案件，依法将案件移交监察部门处理。但在权力的实际运行中，基层检察院也要受到本级地方政府的很大制约，这主要是由于，基层检察院的经费主要由同级地方财政划拨，使得基层检察院受到本级行政机关的制约。

检察经费由地方财政保障，还容易导致检察机关在查处职务犯罪案件时畏首畏尾。查处行政机关职务犯罪案件，是检察机关的一项重要职责，但由于目前检察机关的管辖范围与行政区划完全一致，在赖以运转的司法资源的配置上，检察机关都有求于当地党委、政府。其次，行政机关控制着强大的社会资源，“一府两院”的政治地位并不平等，行政首脑是本级党委常委会成员，因此基层检察院在人事上又间接受行政机关的制约。

2. 上级检察院

《宪法》第132条规定：“最高人民检察院领导地方各级人民检察院和专门人民检察院的工作，上级人民检察院领导下级人民检察院的工作。”在我国，基层检察院和上级检察院为领导和被领导的关系，但是在现实中，由于基层检察院在人、财、物方面都由地方负责，上级检察机关的管理作用没有得到很好的发挥，造成检察权的地方化①。上级检察机关对基层检察院的领导主要体现为业务上的领导，即对具体案件的管理、指导、督办，对基层检察院的人事、财政缺少必要的影响。虽然法律规定检察机关上下级之间为领导关系，实践中却普遍存在着上级检察机关对下级检察机关领导乏力的问题，有的甚至就连对业务工作的领导都形同虚设，上级院的决策和决定在下级院得不到认真贯彻执行。现实与法律规定发生了明显的差距，从而严重影响了检察机关法律监督职能的发挥，抑制了检察权依法独立公正的行使。

---

① 参见浙江省嘉兴市人民检察院课题：《省级以下检察机关垂直管理体制研究》，载《国家检察官学院学报》，2006年第14卷2期，第54页。

四、基层检察院的未来建设方向

《规划》的制定主体及其性质决定了其不可能全面涉及基层检察院的体制问题，必然只能从基层检察院的内部建设上做文章。如果《规划》针对基层检察院提出的建设要求能够落到实处，则无疑也是具有重大进步意义的。但在我看来，目前基层检察院面临的最大问题还是检察权不独立的问题。因此，笔者试着从检察权独立的角度简单谈一谈基层检察院的未来建设方向。

(一)保障基层检察院的经费来源

基层检察院在执法办案过程中之所以受到本级政府的过多干预，很重要的一个原因就是其办案和办公经费由同级地方财政保障。解决了基层检察院办案和办公经费，就解决了基层检察院办理案件的后顾之忧，也能使其在办案中真正独立于地方党委和政府。党的十八届三中全会《决定》也提出："确保依法独立公正行使审判权检察权。改革司法管理体制，推动省以下地方法院、检察院人财物统一管理。"

《规划》虽然也特别明确了保障现代化实用化明显推进的发展目标，并从运行统一业务应用系统、加强基层业务装备配备、落实科技建设重点任务、推进基层基础设施建设等方面明确了基层检察院的建设任务。但我认为最重要的还是要使基层检察院的经费保障从地方财政中独立出来。就目前我国财力情况看，恐怕还不能直接实现由中央财政为基层检察院直拨经费，但这应该是我们整个司法体制改革应该努力趋近的一个目标。

(二)打破按行政区域划分检察院的制度

十八届三中全会《决定》提出："探索建立与行政区划适当分离的司法管辖制度，保证国家法律统一正确实施。"司法管辖区要从根本上打破行政区划，在设立司法机关时不能考虑行政区划因素，而要人为地分割行政区划版图。其次，为诉讼服务，在跨区域设立司法管辖区时应当考虑怎样方便诉讼，便于节约诉讼成本和优化司法资源配置。

(三)加强上级检察院的领导

作为检察改革的一项内容，应该考虑如何落实宪法规定的检察机关领导关系问题。我认为，按照《宪法》第132条的规定，检察机关应当实现上下级之间的直接领导关系，即最高人民检察院领导地方各级人民检察院的工作、上级人民检察院领导下级人民检察院的工作。而各级人民检察院的工作都包括履行法律监督职能、查办案件方面的工作；干部人事和人员管理、培训方面的工作；经费保障和设备装备配备及其管理使用方面的工作等等。这些工作都应当属于领导的范围。与之相适应，在最高人民检察院向全国人民代表大会及其常务委员会负责并报告工作的同时，地方各级人民检察院应该向自己的上级人民检察院负责并报告工作。加强最高人民检察院和上级人民检察院的领导，既是增强检察机关抗干扰能力的最有效的措施，也是强化法律监督的重要举措，同时也是落实宪法规定的必然要求。

（作者简介：彭霞，武汉大学法学院2013级宪法与行政法学硕士研究生。）

◎ 点　评

第一，这个文件的性质，这个文件提出的大背景是群众路线教育。其本身并不是特别规范，更多的是起到宣传性的作用。第二，文件的第八点，明确提出完善人权司法保障机制，通过司法途径实现对人权的保护。但检察院作为法律监督部门，其对人权的保护到底是应该通过打击犯罪来完善，还是应该通过法律监督来实现值得我们思考。第三，文件的第十点，提出健全考评机制。《规划》中关于考评内容的规定，更多的是行政化的内容，而并没有涉及检察权的核心问题，包括检察院独立行使权力。业务考评如何既能保障上级的领导，又不影响独立行使检察权，值得进一步研究。

（点评人：武汉大学宪法与行政法学博士研究生　周海源）

质证程序在国家赔偿案件中的适用

——《关于人民法院赔偿委员会适用质证程序审理国家赔偿案件的规定》评论

马颖杰

摘　要：首先，本文对《最高人民法院关于人民法院赔偿委员会适用质证程序审理国家赔偿案件的规定》(以下简称《规定》)的内容进行了全方位解读，并指出该司法解释的亮点内容主要在以下几个方面：确立并拓宽质证程序的适用范围；明确赔偿请求人和赔偿义务机关在质证程序中的地位和权利；细化举证分配规则；规范质证的程序性事项等。其次，对该司法解释中就审理国家赔偿案件适用质证程序这一原则所进行的详细的规定与补充所产生的现实意义予以了充分肯定，并形象地将质证程序比喻为“正义之舞”，认为质证程序是维护赔偿请求人合法权益的“安全阀”、是实现权力在阳光下运行的“防腐剂”、是实现司法公正的“助推器”。最后，作者指出，新发布的质证程序只是对现有的国家赔偿案件审理程序的一个“小修小补”。由于缺乏系统全面的证据规则、审理程序和审判制度，仅仅一个质证程序也只能是“孤掌难鸣”，难成大事。对此，进一步提出了几点合理性建议，指出完善国家赔偿程序需要做到以下几点：变更现有决定程序为诉讼程序，完善其他相应的配套程序，包括变更先行处理程序、完善协商程序、建立规范的执行程序等。只有这样才能挣脱现行框架的枷锁，建设完备的国家赔偿制度。

关键词：国家赔偿；质证程序；举证规则

近年来，冤假错案频频曝光，佘祥林、赵作海、覃俊虎等一夜之间成为了各大媒体的焦点人物。这些案件的发生不仅向我们的司法审判制度敲响了警钟，而且也引起了我们对另一个制度的关注——国家赔偿。最初，“我国国家赔偿制度的基本原则分别在五四宪法和八二宪法中进行了规定与明确”。① 其后，为了进一步保障公民的合法权益，1989 年的《行政诉讼法》对行政机关及其工作人员的侵权责任问题也作出了相关规定。但这些规定始终不成系统，也不够具体。因此，1995 年，国家出台了《国家赔偿法》对

① 齐婉华：《简析新〈国家赔偿法〉中赔偿程序的完善》，载《法制与社会》，2011 年第 1 期。

相关问题进行全面规定,“实现了国家由‘不赔’到‘赔偿’的历史性跨越”①,但由于立法技术、现实社会条件的局限,这部法律最终沦为摆设。于是,为了进一步完善《国家赔偿法》,使其发挥应有的效用,国家在2010年对其进行了修改,并出台了一系列的司法解释,今天我们所要解读的司法解释便是在这样的背景下产生的。

一、青出于蓝——关于《规定》内容的解读

《规定》是2013年12月最高人民法院审判委员会为进一步明确人民法院赔偿委员会审理国家赔偿案件中的质证问题而出台的一项规定。相较于之前的《国家赔偿法》以及《最高人民法院关于人民法院赔偿委员会审理国家赔偿案件程序的规定》(以下简称《程序规定》),该规定的亮点主要体现在如下方面:

(一)确立并拓宽了质证程序的适用范围

质证程序的适用范围是人民法院赔偿委员会在审理国家赔偿案件中决定是否适用该程序的首要考虑因素。但修改后的《国家赔偿法》仅用了一个条文对其作出了规定,即“赔偿请求人与赔偿义务机关对损害事实及因果关系有争议的,赔偿委员会可以听取赔偿请求人和赔偿义务机关的陈述和申辩,并可以进行质证”。这里的规定太过笼统与模糊,对质证程序的适用范围也规定得过窄,在实践中的操作性不强,适用空间不大。因而,其后的《程序规定》第14条对其进行了明确,规定了可以进行质证的几种情形,增加了这个条文的适用性。本次最高人民法院作出的关于质证程序的司法解释不仅明确了质证程序的适用范围,如“对侵权事实、损害后果有争议,对赔偿方式、赔偿项目有争议”等,同时还将以前的“争议较大”这一标准降低为有争议即可,放宽了质证程序的适用条件。减少了法官自由裁量的空间,降低了赔偿请求人和赔偿义务机关请求适用质证程序的门槛,不仅有利于查明案件事实、合理解决纠纷,而且还有利于保护赔偿请求人和赔偿义务机关在赔偿案件中的合法权益,具有进步性。

(二)明确了赔偿请求人和赔偿义务机关在质证程序中的地位和权利

该司法解释第4条规定:“赔偿请求人和赔偿义务机关在质证活动中的法律地位平等,有权委托代理人,提出回避申请,提供证据,申请查阅、复制本案质证材料,进行陈述、质询、申辩,并应当依法行使质证权利,遵守质证秩序。”明确规定了赔偿请求人和赔偿义务机关在质证程序中的地位和权利,这在《国家赔偿法》和《程序规定》中是没有的,是该司法解释的一大创新之处。

适用质证程序对法官而言,有助于其查明案件事实,作出合理裁判。而另一方面,对于赔偿请求人和赔偿义务机关而言,则是其维护自己的合法权益,争夺有利判决的战

① 陈海:《论国家赔偿法的修改亮点与缺憾》,载《内蒙古师范大学学报》(哲学社会科学版),2010年第6期。

场。美国学者朗·富勒就曾精辟地指出："审判不同于其他秩序形成原则的内在特征在于：承认受审判决定直接影响的人能够通过一种特殊的形式参与审判，即承认他们为了赢得有利于己的判决而提出证据并进行理性的说服和辩论。"①因而，在规定中明确赋予赔偿请求人和赔偿义务机关平等的法律地位，给予双方相同的陈述、申辩、委托代理等权利，对于确保质证程序的公正性，保障双方的平等权利而言具有十分重要的意义。

(三)细化举证分配规则，加重了赔偿义务机关的举证责任

举证责任是"当事人为了实现自己的主张，按照法定的程序、范围和标准证明特定事实的权利和义务。"②关于举证责任，尽管《国家赔偿法》和《程序规定》都对其作出了明确的规定，但都过于粗糙，实用性不强。因而，此次最高人民法院发布的司法解释对举证责任问题进行了完善。首先，在举证规则上，《国家赔偿法》和《程序规定》实行的都是"谁主张，谁举证"的举证规则，即"人民法院审理行政赔偿案件，赔偿请求人和赔偿义务机关对自己提出的主张，应当提供证据"。③ 该司法解释也沿袭了这一规则，但却明确规定赔偿请求人、赔偿义务机关只对其主张的有利于自己的事实负举证责任，也即是免除了他们对自然规律、不利于自己的事实等的举证责任，表述上更加严谨、科学。其次，在举证责任的分配上，加重了赔偿义务机关的举证责任。在此司法解释之前，赔偿义务机关所负的举证责任范围是十分有限的。《国家赔偿法》仅规定赔偿义务机关对其行为与被羁押人在羁押期间死亡或者丧失行为能力不存在因果关系负举证责任。《程序规定》也只增加了证明其职权行为的合法性这一事项。众所周知，作为国家赔偿案件中的赔偿义务机关往往是国家机关，而与其相对的赔偿请求人则是处于弱势的公民个人或者小团体。赔偿义务机关在证据的搜集、保存、提供等方面都较赔偿请求人有优势，其理应在举证责任的分配上承担更多的义务。因此新司法解释在上述规定的基础上，又增加了一些需要赔偿义务机关负举证责任的事项，如赔偿义务机关无过错、因赔偿义务机关过错致使赔偿请求人不能证明的待证事实、赔偿请求超过法定时效等。

(四)规范了质证的程序性事项

除了在《国家赔偿法》和《程序规定》的基础上对原有的适用条件、举证规则等进行补充和完善以外，新发布的司法解释在总结赔偿委员会审理国家赔偿案件的实践经验的基础上还对组织质证主体、参加质证人员、质证通知、质证准备、质证内容、质证顺序、质证记录、延期质证、质证效力等作出规定，并要求具备条件的人民法院对质证活动进行全程同步录音录像。减少了法官自由裁量的空间，提高了案件处理的规范性与科学性。

---

① Lon Fuller. The Form and Limits of Adjudication, Harvard Law Review 92(1978), p. 364.

② 高家伟等：《证据法原理》，中国人民大学出版社 2004 年版，第 124 页。

③ 陈海：《论国家赔偿法的修改亮点与缺憾》，载《内蒙古师范大学学报》(哲学社会科学版)，2010 年第 6 期。

二、正义之舞——适用质证程序审理国家赔偿案件的意义

从上文的分析可以看出，这项司法解释的出台是值得我们拍手叫好的。但为何最高院会不厌其烦地对质证程序作出规定呢？很多人表示不解。接下来，我就为大家展示质证的魅力，从而揭示原因之所在。所谓质证，是指“诉讼双方围绕证据的证明力进行询问、质询、说明解释的诉讼活动，是庭审过程的主要组成部分”①，有“发现案件真实最伟大的法律引擎”之称，是世界各国的法官查明案件事实的通用手段。所以，修改后的《国家赔偿法》以及《程序规定》都确定了人民法院审理国家赔偿案件适用质证程序这一规则，新发布的司法解释更是对这一规则进行了详细的规定与补充。质证程序的适用，不仅规范了国家赔偿程序，而且还保障了公民的合法权益、提高了国家赔偿案件的透明度，让我们看到了正义之光。

（一）质证是维护赔偿请求人合法权益的“安全阀”

“不能认真地看待权利，就不能认真看待法律；要认真地看待法律，就必须认真地看待权利。”②因此，维护公民、法人及其他组织的合法权利，为其提供救济就成为我们制定《国家赔偿法》的首要目的。但在《国家赔偿法》修改之前，由于没有质证程序的规定，在人民法院赔偿委员会对国家赔偿案件的处理过程中，赔偿请求人却常常处于弱势地位，“有冤无处伸”，实体和程序权利都无法得到保障。

首先，就实体权利而言，他们的合法权益遭到了国家机关及其工作人员的侵害，往往已经影响到了自己的生活、工作或者生产活动，急需帮助与救济。但是，在请求国家赔偿的过程中，“赔偿义务机关往往抱着‘能不赔就不赔，能少赔就少赔’的想法‘为公民获得赔偿设置了层层障碍’，③ 使他们对赔偿义务机关丧失了信心。因此，法院往往是他们最后的“救命稻草”。但人民法院赔偿委员会以往审理国家赔偿案件都只是根据赔偿义务机关和赔偿请求人提供的书面材料作出决定，没有进行质证和认证，查明事实，常常会作出错误的决断，使得赔偿请求人没能得到合理的赔偿。其次，就程序权利而言，略过质证程序，剥夺了赔偿请求人对案件的知情权、辩论权，让他们失去与赔偿义务机关进行平等交流、论证、对抗的机会，直接侵害了他们的程序利益。所以，质证程序对赔偿请求人而言具有重要意义，是维护他们合法权益的“安全阀”。

（二）质证是实现权力在阳光下运行的“防腐剂”

国家赔偿是指“国家机关及其工作人员违法行使职权，侵犯公民、法人和其他组织

---

① 李娜：《浅议鉴定证据质证的意义》，载《经济学视角》，2011 年第 9 期。

② ［美］罗纳德·德沃金：《认真对待权利》，信春鹰、吴玉章译，上海三联书店 2008 年版，第 273 页。

③ 单洪涛：《新〈国家赔偿法〉中刑事赔偿程序完善刍议》，载《新西部》，2013 年第 9 期。

的合法权益并造成损害，由国家承担责任并对受害人予以赔偿的制度”。① 国家赔偿除了是一种救济手段以外，还是一种有效的监督机制，有助于促进国家机关及其工作人员依法行使职权。但是，在《国家赔偿法》修改以前，赔偿委员会在处理国家赔偿案件时不是“以司法形式通过审理作出裁决，而是以类似于行政决定的方式作出赔偿决定”②，导致赔偿案件很难公开进行，让权力不能运行在阳光之下。“暗箱操作”的决定程序，往往促使审判委员会与赔偿义务机关“狼狈为奸”，作出有利于赔偿义务机关的处理决定。不仅不利于监督审判委员会的审判权，导致司法腐败，产生冤假错案，而且反过来，也违背了建立国家赔偿制度以促使国家机关及其工作人员依法履行职权的初衷，不仅没有起到“防腐剂”的作用，反而成为了赔偿义务机关的“保护伞”。质证是诉讼双方围绕证据的证明力进行询问、质询、对抗的活动，是实现“程序控权”的重要手段。在国家赔偿案件中设立质证程序，赔偿义务机关和赔偿请求人在法庭中公开进行举证、质证和认证，一方面，可以有效地筛选证据，确保审判人员不能恣意行为，预防司法腐败；另一方面，也赋予了赔偿请求人平等对抗赔偿义务机关的机会，打击了赔偿义务机关“有恃无恐”的嚣张气焰，间接对其形成监督和制约。让行政权、司法权都置于阳光之下，把权力关进了笼子里。

(三)质证是实现司法公正的“助推器”

古往今来，正义一直是人类社会孜孜追求的终极价值目标。罗尔斯曾经指出：“正义是社会制度的首要价值，正像真理是思想体系的首要价值一样。”③《中共中央关于全面深化改革若干重大问题的决定》中也明确指出，我们要“深化司法体制改革，加快建设公正高效权威的社会主义司法制度，维护人民权益，让人民群众在每一个司法案件中都感受到公平正义”。司法公正的实现之路尽管前途光明，道路却是十分曲折的。以人民委员会审理国家赔偿案件为例，会受到各地政策的差别、审判人员素质的参差不齐、赔偿金额计算标准的不同等因素的影响，而导致在实际赔偿的过程中出现各种不公正的现象，走入非正义的漩涡。因此，我们必须在国家赔偿案件的审理程序上设计一些控制机制，加强程序上的可控性与正当性，质证程序便是实现这一目标的“助推器”。

首先，质证有利于确保审判人员的中立。“兼听则明，偏听则暗”，以往的书面审查，审判人员只能通过双方提供的证据来查明案件事实，而这些证据大都由赔偿义务机关提供，难免导致法官偏向于赔偿义务机关一方，忽略了赔偿请求人的意见。但是通过质证程序，赔偿请求人可以和赔偿义务机关在法庭上公平对抗，对对方提出的不利于己方的证据进行反驳，法官则兼而听取双方的意见与要求，从而作出公正的判决。其次，

① 冯祥武、蒋彩娟：《我国国家赔偿制度的功绩、不足及创新》，载《行政与法》，2005 年第 8 期。

② 肖金明：《完善和发展国家赔偿制度——基于公民权益救济的立场、赔偿与补偿协调的角度》，载《山东大学学报》(哲学社会科学版)，2010 年第 3 期。

③ [美]约翰·罗尔斯著：《正义论》，何怀宏等译，中国社会科学出版社 1988 年版，第 1 页。

质证有助于实现司法公开。“任何一个权力都应当在阳光下运行，这是一个法治社会的最基本的要求”①，司法公开是实现司法公正的前提，现代社会，人们参与诉讼，不仅希望得到一个公正合理的判决，而且更希望这种公正是以他们“看得见”的方式实现的。但是，以前人民法院赔偿委员会在审理国家赔偿案件时，“采用的却是不公开的内部决定程序，程序公正难以保障”②。通过质证程序，赔偿请求人与赔偿义务机关直接“对簿公堂”，审判人员与双方当事人在相互监督之下完成举证、质证、认证等活动，有效地杜绝了赔偿程序中的“暗箱操作”，提高了国家赔偿案件的透明度，有助于实现司法公正。

三、挣脱枷锁——关于完善国家赔偿程序的几点建议

尽管新发布的司法解释明确了赔偿请求人和赔偿义务机关在质证程序中的地位与权利，规范了质证程序，使得刑事赔偿争议的处理程序向司法化的道路上又前进了一步，令人眼前一亮。但仔细观察后，我们发现它也只是对现有的国家赔偿案件审理程序的一个“小修小补”，并没有太大的突破。没有系统全面的证据规则、审理程序和审判制度，仅仅规定一个质证程序也只能是“孤掌难鸣”，难成大事。因此，我们在对这个司法解释给予掌声的同时，也应该以理性的态度对待它，给现有的处理程序卸下各种枷锁，让它跳出世间最美的舞蹈。

（一）变更决定程序为诉讼程序

将诉讼程序作为解决国家赔偿案件的最终途径是目前各国通用的做法，也是实现国家赔偿程序司法化的关键。因而，我国的《国家赔偿法》在修改时也引入了这一程序，规定，“对于行政赔偿争议，赔偿请求人应当先向赔偿义务机关提出，在不服赔偿义务机关的处理决定或者赔偿义务机关不作为时，可以向人民法院提起诉讼或者在申请行政复议或者提起行政诉讼时一并提出赔偿要求”，也即是说行政赔偿争议最终可以通过诉讼程序来解决。但是对于刑事赔偿争议，立法机关在修法的时候却进行了保留。刑事赔偿争议中的赔偿请求人不服赔偿义务机关的处理决定只能申请人民法院的赔偿委员会通过决定程序来解决，“既没有双方的参与与对抗，也没有严格的听证，透明度很低，基本上难以实现实体正义”。③ 尽管我们引入了质证程序，规定了举证责任等内容，但正如艺术家罗丹所说：“一件真正完美的艺术品，没有任何一部分是比整体更重要的。”失去证据规则、举证程序、认证程序的配合，质证程序也发挥不出其应有的效用，不能从根本上改变决定程序不公开、不透明的现状。因此，我们有必要将赔偿委员会的审理程

① 周太东：《论国家赔偿程序的完善》，载《探求》，2013 年第 2 期。

② 肖金明：《完善和发展国家赔偿制度——基于公民权益救济的立场、赔偿与补偿协调的角度》，载《山东大学学报》(哲学社会科学版)，2010 年第 3 期。

③ 陈璐璐：《简论我国刑事赔偿程序的欠缺及其完善》，载《法制与社会》，2012 年第 10 期。

序规范化，将其转变为诉讼程序。具体而言，我认为可以从以下几个方面着手：

1. 改造赔偿委员会

国家赔偿程序的司法化，变更赔偿委员会的决定程序为诉讼程序是大势所趋。因而有的学者提出废除赔偿委员会，直接成立国家赔偿审判庭，作为专门审理国家赔偿诉讼的审判组织。但正如俗语所言："心急吃不了热豆腐。"且不说我们不具备成立国家赔偿审判庭的物质人员条件，就目前国家赔偿案件的数量、人们的需求而言，另外成立专门的赔偿审判庭在一定程度上也会造成司法资源的浪费，即便"我们要解决公正性的问题，也不必推翻现行制度，只要经过精确的制度改革即可"。① 我比较认同江必新教授的观点，对赔偿委员会进行实体化改造。一方面，尽快搞好中级以上人民法院赔偿委员会实体办案机构的建设，方便其稳定长远的开展工作；另一方面，赔偿委员会应由专职的审判员组成，由人大常委会任免，专门开展工作，从而提高办案的质量与效率。

2. 规范审理程序

合理规范的审理程序是保障案件得到公正处理的关键，质证程序只是其中的一个环节，其他的程序也需纳入进来。这一点我认为可以借鉴三大诉讼法中关于审判程序的相关规定，对国家赔偿案件的受案范围、管辖、诉讼参加人、证据、审理和判决等都进行详细的规定，并确立合法性审查、审判公开等审判原则，建立一套系统完备的赔偿案件审理制度。

3. 设置复审委员会

"有权利则必须有救济"，但当赔偿请求人或者赔偿义务机关不服赔偿委员会的处理决定时，目前的《国家赔偿法》仅规定其可以向上一级赔偿委员会进行申诉，并没有规定强力有效的救济机制，"赔偿请求人和赔偿义务机关均没有相应的诉讼权利，也没有上诉和要求复审的权利。"②这也是导致人们对赔偿委员会失去信心的另一大原因。因此，我认为应当增加上一级人民法院赔偿委员会的复审程序，建议人民法院赔偿委员会实行二级审理制，如果赔偿委员会不作为或者当事人不服赔偿委员会的处理决定可以向上级赔偿委员会申请复审。

(二)完善其他配套程序

"徒法不足以自行"，仅仅依靠法律不能实现"善治"，仅仅完善一项法律制度也无法建立"良法"。因此，要规范赔偿委员会的审理程序，还需要其他的机制予以配合。

1. 变更先行处理程序

不论是行政赔偿争议还是刑事赔偿争议，我国国家赔偿程序为了给赔偿义务机关充分的改错机会，都设置了赔偿义务机关的先行处理程序③。设置先行处理程序的初衷是为了给赔偿请求人更为快捷的保护以及更多的选择途径，但实际上却是加大了赔偿请求

① 周太东：《论国家赔偿程序的完善》，载《探求》，2013 年第 2 期。

② 周太东：《论国家赔偿程序的完善》，载《探求》，2013 年第 2 期。

③ 孔繁华：《国家赔偿修正程序之评析》，载《河南省政法管理干部学院学报》，2011 年第 1 期。

人申请国家赔偿的难度，为其设置了更多的障碍，阻碍了申请人请求获得及时、有效的救济的权利，也限制了人民法院对国家赔偿案件的管辖权，使国家赔偿程序更加复杂。因此，我比较赞同学界目前通行的观点，即变更先行处理程序为选择性程序，当事人可以自由选择救济途径，以寻求更好的保护。反过来，这也成为我们对赔偿委员会的决定程序进行司法化改造的动力。

2. 完善协商程序

修改后的《国家赔偿法》增设了协商程序，规定赔偿义务机关可就赔偿方式、赔偿数目等问题与赔偿请求人协商。但这条规定却并未对协商的法律后果、当事人达成的“和解协议”的效力、协商程序与赔偿委员会的处理程序的衔接问题予以明确，增加了适用困难，也使这条规定沦为“摆设”。引入协商程序能够使赔偿程序更加人性化，体现了人文关怀，因此我们应该发挥其应有的效用，在这一点上，我认为可以借鉴国外的立法例，将协商的内容制作成笔录，并作为执行依据。“例如，我国台湾地区的《国家赔偿法》第十条第二款规定：‘协议成立时，应作成协议书，该项协议书得为执行名义’①，并且在十一条中规定：‘赔偿义务机关拒绝赔偿，或自提出请求之日起逾三十日不开始协议，或自开始协议之日起逾六十日协议不成立时，请求权人得提起损害赔偿之诉。’”增加了协商程序的可操作性，并实现了协商程序与诉讼程序的完美对接。

3. 建立规范的执行程序

“执行是为了实现生效的法律文书所进行的法定程序，设计良好的执行程序对于生效法律文书的及时完整实现有着重要的意义。”②《国家赔偿法》在修改前在执行程序方面并没有具体的规定，因此，在本次修法的过程中，许多学者针对这一点提出了自己的建议。但从修改后的规定来看，似乎并没有很大的改善。在刑事赔偿的执行程序方面，修改后的《国家赔偿法》仍是以“赔偿委员会作出的赔偿决定，是发生法律效力的决定。必须执行”一概而论，但是具体应该如何执行、执行的期限、不予执行的法律后果等问题都没有做出详细的规定，赔偿委员会的处理决定完全依靠赔偿义务机关的自觉性来履行。执行程序是准确、及时的实现判决结果，维护当事人合法权益的重要保障，也是整个诉讼程序的重要保障。因此，我们要进一步细化刑事赔偿案件的执行程序，“将民事诉讼法中规定的强制执行程序和强制执行手段适用于国家赔偿案件中”③，提高案件的执行力，为赔偿委员会审理国家赔偿案件筑造强大的后盾。

当然，人民法院赔偿委员会的审理程序只是国家赔偿程序的一个环节，完整的国家赔偿程序还包括执行程序、内部追偿程序等，要建立完备的国家赔偿制度仅靠出台一部、两部司法解释肯定是不够的，但是任何一个成熟的制度设计都是一个不断实践、不

---

① 孔繁华：《国家赔偿修正程序之评析》，载《河南省政法管理干部学院学报》，2011 年第 1 期。

② 林洋：《我国执行程序模式选择及完善——以执行标的为视角展开》，载《西南政法大学学报》，2013 年第 6 期。

③ 闫文东：《国家赔偿制度之程序研究》，载《辽宁公安司法管理干部学院学报》，2010 年第 4 期。

断探索的宏大而复杂的系统工程，需要我们长期不懈的努力。因此，我们既要从这部司法解释中看到希望，也要认识到不足，更重要的是寻找前进的方向，仰望星空，脚踏实地，为实现法治中国的梦想而努力！

（作者简介：马颖杰，武汉大学法学院宪法与行政法学专业2013级硕士研究生。）

◎ **点　评**

其一，对于《规定》的探讨涉及三个层面的问题：(1)这个规定是什么性质？这是宪法学问题；(2)《规定》所提及的质证程序涉及证据学的问题；(3)对于国家赔偿程序涉及行政法学的问题。其二，对于该《规定》，涉及国家赔偿程序的改革问题，我国国家赔偿程序的改革最初可追溯至2002年为保障申请人的救济权，引入了听证程序，平衡相对人所处于的劣势地位。2006年左右，最高院开始对疑难、重大以及争议案件适用听证程序，这是国家赔偿程序完善的重大进步，通过对证据进行公开质证，就申请人与被申请人所提出的证据的合法性、关联性和真实性进行辩论，提升证据的可采性与证明力。其三，文章并未完全涵盖《规定》所涉及的全部内容，主要包括七个方面：(1)明确了质证适用的程序与范围，书面审理不能解决的赔偿问题，要适用质证程序；(2)质证必须公开；(3)明确提出了申请人与被申请人在诉讼地位上的平等；(4)对于质证程序的明确规定，就质证主体、参与人、质证通知、相应准备、质证顺序等予以细化，使得质证程序更具有操作性；(5)强调了举证责任的合理分配，尤其是被申请人必须证明侵害的合法性；(6)对于举证时限的明确规定；(7)明确提出了未经公开质证的相关证据不能够作为裁判的依据。其四，现行《国家赔偿法》对于刑事赔偿的案件适用决定程序，通过在中级以上的人民法院设立赔偿委员会，以此来弥补非合议制的弊端；亦未规定再审程序，事实上是赔偿审判一审终审，因此通过《规定》引入质证程序来弥补缺乏再审机制在程序上的不足，力求达到“兼听则明”的效果。

（点评人：武汉大学法学院　江国华教授）

减刑、假释的正当程序
——《最高人民法院关于减刑、假释案件审理程序的规定》评论

刘艳萍

摘　要：本文简要分析了《最高人民法院关于减刑、假释案件审理程序的规定》制定的原因。《规定》的颁布是对有关减刑、假释法律制度的完善和细化。第二部分就《规定》八个方面内容：包括立案公示、合议庭的组成、审理时应考虑的因素、开庭审理的情形、开庭审理的人员、程序等事项、书面审查时实质审查不够的问题、裁判文书的形式和内容以及裁判文书的公示制度进行了简要介绍，并对减刑假释案件的公示制度、开庭审理程序及其中检察机关的地位三个方面进行了详细说明。减刑、假释工作是刑罚执行机关工作的重要组成部分，也是检察机关监所检察工作的核心内容与重要职责。对减刑、假释的实施行使有效的监督，对于提高监所检察的监督质量和水平，保障刑罚执行机关严格执法，鼓励服刑罪犯加速改造，实现刑罚的目的，具有十分重要的意义。

关键词：减刑假释；司法公开；刑罚执行

一、制定原因浅析

（一）程序性规范的缺失

减刑、假释作为刑罚变更执行的重要措施，是我国刑法、刑事诉讼法等法律规定的重要制度，是宽严相济刑事政策在刑罚执行过程中的具体体现，对于激励罪犯积极改造，促进罪犯回归、融入社会，具有重要的意义。① 但减刑、假释的适用，必须以保障刑罚目的实现为前提，不能成为罪犯恶意逃避刑罚执行的途径。②

① 张忠厚：《让减刑、假释案件审理在阳光下进行》，载《人民法院报》，2014-01-12，第004版。

② 滕伟、罗智勇、仇晓敏：《〈关于减刑、假释案件审理程序的规定〉的理解与适用》，载《人民司法》，2014年第15期。

孙军工在介绍《最高人民法院关于减刑、假释案件审理程序的规定》(以下简称《规定》)的制定背景时指出：减刑、假释案件的审理与普通刑事案件存在较大差异，如由刑罚执行机关报请、实行一裁终结等。2012年最高人民法院修改发布的《关于办理减刑、假释案件具体应用法律若干问题的规定》(以下简称《2012年减刑假释司法解释》)、《最高人民法院关于适用〈中华人民共和国刑事诉讼法〉的解释》(以下简称《刑诉法解释》)对于减刑、假释案件的审理作出了一些规定，但对于减刑、假释案件的审理组织、审理范围、开庭审理和书面审理等方面并没有作出明确具体的规定，实践中减刑、假释案件的办理总带有行政审批的影子，因此，减刑、假释的审理程序性规范需要进一步完善。

为了防止减刑、假释领域的司法腐败，有效提升司法公信力，一些地方法院试行采取听证或开庭审理方式办理减刑、假释案件。2010年2月8日，最高人民法院在《关于贯彻宽严相济刑事政策的若干意见》中明确提出，对减刑、假释案件应采取书面审理和开庭审理相结合的方式进行，其后又多次重申对于部分影响重大和社会关注度高的减刑、假释案件应开庭审理的要求。各地法院高度重视，一些高级法院制定了开庭审理的操作性规定，积累了不少成功经验，但对于开庭审理的具体操作尚存在做法不相同、效果不明显等问题，书面审理案件的程序也不完全统一。为此，规范减刑、假释案件审理程序已势在必行。

(二)政法委指导意见及“五个一律”的要求

中央政法委于2014年初出台的关于严格规范减刑、假释、暂予监外执行切实防止司法腐败的指导意见(以下简称中央政法委指导意见)中，对严格减刑、假释案件的程序规定提出了很多新的更高要求。2014年3月14日，最高人民法院专门召开贯彻落实中央政法委指导意见视频会议，提出了“五个一律”的工作要求①，“五个一律”的工作要求，抓住减刑、假释、暂予监外执行程序运行中的关键节点，提出了明确的执行要求，核心是坚持阳光司法，以公开促公正，以透明保廉洁，体现了人民法院以最坚决的意志、最坚决的行动，扫除司法领域腐败现象，坚决清除害群之马的坚强决心②。

二、内容简析

2014年4月29日，为规范减刑、假释案件的审理程序，最高人民法院发布了《关

① 五个一律是指：“凡是减刑、假释、暂予监外执行案件，一律在立案后将减刑、假释建议书或者暂予监外执行申请书等材料依法向社会公示；凡是职务犯罪、黑社会性质组织犯罪和金融犯罪罪犯减刑、假释案件，一律依法公开开庭审理；凡是减刑、假释、暂予监外执行案件的裁判文书，一律在中国裁判文书网依法公布；凡是法院工作人员在办理减刑、假释、暂予监外执行案件中有违纪违法行为甚至构成犯罪的，一律依法从重追究责任。”

② 滕伟、罗智勇、仇晓敏：《〈关于减刑、假释案件审理程序的规定〉的理解与适用》，载《人民司法》，2014年第15期。

于减刑、假释案件审理程序的规定》(以下简称《规定》),审判监督庭庭长宫鸣指出:“这次程序性的司法解释是对减刑、假释案件审理作了一个系统性的比较全面的规定。它也标志着我国审理减刑、假释案件由过去的那种执行机关报请、法院审批行政化的审批模式正式变成了按照案件特点进行审理的一种审判程序,这个司法解释出台以后,必将和前面讲的实体性司法解释一样,分别从实体上和程序上共同保障减刑、假释案件办理的公正、合法。”①

《规定》全文共 22 条,主要包括以下八个方面内容:包括立案公示、合议庭的组成、审理时应考虑的因素、开庭审理的情形、开庭审理的人员、程序等事项、书面审查时实质审查不够的问题、裁判文书的形式和内容以及裁判文书的公示制度。文章主要选取公示制度及开庭审理以及检察机关的权力三个方面进行重点介绍。

(一)减刑、假释案件的公示制度

1. 立案公示制度

建立减刑、假释公示制度,是审判公开原则的要求,有利于提高人民法院审理减刑、假释案件的透明度,确保案件的质量;有利于对刑罚执行机关进行有效监督,防止“暗箱操作”;也有利于让服刑人员对自己能否获得减刑、假释作出合理预期,促使其更好地改造。②

《2012 年减刑假释司法解释》第 25 条确立了审理减刑、假释案件的公示制度,该司法解释要求“人民法院审理减刑、假释案件,应当一律予以公示。公示地点为罪犯服刑场所的公共区域。有条件的地方,应面向社会公示,接受社会监督”。从而,对于仍然需要采取书面形式审理的减刑、假释案件,人民法院在作出减刑、假释裁定前,应将拟减刑、假释罪犯的基本情况及减刑、假释依据等予以公示,接受社会各界及相关各方的监督,经过必要的期限之后,未收到举报或者举报经查证不实的,人民法院才能作出减刑、假释裁定,以公开透明的审理程序来确保减刑、假释案件的公正公平。③

虽然《2012 年减刑假释司法解释》规定了减刑、假释公示制度,起到一定的进步意义,但是,该条所确立的公示制度仍然存在以下几个问题④:一是公示的范围主要为罪犯服刑场所,与执行机关报请前的公示存在一定程度的重合,公示作用有限;二是该条未明确公示的具体时间,实践中有的法院在立案之后,合议庭评议之前予以公示,有的法院则在作出裁定后公示;三是未规定公示的具体期限,导致各地做法不够一致。

针对上述问题,《规定》第 3 条规定:“人民法院审理减刑、假释案件,应当在立案

---

① http://www.china.com.cn/v/news/2014-04/29/content_32239653.htm. 最后访问时间:2014.9.12.

② 黄永维:《中国减刑假释制度的改革与发展》,法律出版社 2012 年版,第 199 页。

③ 翟中东:《减刑、假释制度适用》,中国人民公安大学出版社 2012 年版,第 52 页。

④ 滕伟、罗智勇、仇晓敏:《〈关于减刑、假释案件审理程序的规定〉的理解与适用》,载《人民司法》,2014 年第 15 期。

后五日内将执行机关报请减刑、假释的建议书等材料依法向社会公示。”所谓向社会公示，原则上应当通过互联网公示。同时，《规定》还明确了“公示期限为五日”。该条中，对于公示的范围进行了明确的规定，摒除了原司法解释中向罪犯服刑场所公示的规定，将范围扩大至社会，增强了减刑、假释案件的透明度；将公示的时间明确规定为立案后五日内，规范了各级法院进行公示的时间；统一规定公示的期限为五日，为各地法院统一执行提供了指导。

2. 裁判文书公示制度

《规定》在规定立案公示的同时，还规定了裁判文书的公示制度。裁判文书的公示制度与立案公示制度的目的都在于增强社会监督，进一步增进减刑、假释案件的透明度。《规定》在第19条规定：“减刑、假释裁定书应当通过互联网依法向社会公布。”减刑、假释裁定书是人民法院裁判文书的重要组成部分，通过互联网公布减刑、假释裁定书是人民法院裁判文书公开的重要内容。该规定进一步增加了减刑、假释案件的透明度，使减刑、假释案件的审理能够更好地接受社会各界的监督。网上公示减刑假释案，乃司法透明之必然，就是“看得见的公正”。黑暗是滋生腐败与非正义的温床，阳光是最好的防腐剂。公开则使法律摄取正义的阳光。① 无疑，推进司法公开是深化司法改革的必然要求，司法公正作为社会公平和正义的最后一道底线，唯有摒弃司法神秘主义，才能实现公平。而司法公开与透明，无疑是法治社会鲜明的特征。②

但与此同时，这一新规定也存在其局限性。一方面，由于司法的专业性以及信息的不对称，普通公众很难判断减刑、假释的材料是否真实有效。比如，张海最后一次减刑，就是其家属向他人购买发明专利由张海冒名顶替，被认定为重大立功。显然，对于这样的“内幕交易”，单纯在提请减刑建议书中很难看出破绽。另一方面，减刑、假释裁定书公示之时，相关裁定结果已经生效，这更像是一种事后告知，等到公众提出异议，造成的负面影响已经形成。对于规范减刑假释案，引入社会监督是必要的，但不能只是例行公事式的上网公示，必须关口前移，让公众提前了解和参与案件审理。

在公示制度的配套措施方面，最高人民法院审判监督庭庭长宫鸣指出，最高法致力于建立全国性的公示公开网络平台。最高法院已经着手在人民法院网上建设减刑、假释、暂予监外执行案件的信息平台，这个平台建好以后可以实现全国的减刑、假释、暂予监外执行案件的信息联网，在这个平台上，不仅可以进行立案公示、开庭公告、裁判文书公开，而且可以了解减刑、假释、暂予监外执行的工作动态，查询相关法律法规和司法解释。

在实践中，在广东省高级人民法院、广州市中级人民法院、新疆乌鲁木齐市中级人民法院、河南省高级人民法院、河北省衡水市中级人民法院，这些法院都开展了对报请减刑、假释案件的公示，特别是广东省高级人民法院是在互联网上进行公示的，在

① 樊崇义：《减刑假释程序的理性思考》，载《河南社会科学》，2010年第4期。

② 杨亮：《减刑、假释案件开庭审理程序的完善》，载《山西省政法管理干部学院学报》，2013年3月第1期。

2014 年 3 月广东高院网上公示的一批案件引起了媒体的关注，其中有一个拟减刑罪犯是原广东省统战部的副部长，他的情况公示以后，在社会上引起了关注，审理案件时法院严格把关，最后将这个案件退回了报请机关，没有作出减刑的裁定。

(二)减刑、假释案件的开庭审理程序

1. 开庭审理与公开听证

对于减刑、假释案件中应当采取开庭审理还是公开听证的方式，有过一定的争议。有人认为应当采取公开听证的方式，这主要是考虑到，减刑、假释案件的审理不同于一般的刑事案件，没有典型的刑事诉讼意义上的对抗，只是对刑罚执行机关提请的事实予以核实，采取审理的方式没有实际意义，用公开听证的方式更能接近实际，也符合诉讼和执行经济的原则。

但反对方认为，减刑、假释案件应当确立开庭审理的案件审理方式。开庭审理的方式与公开听证在公开性、透明度上，应该说是一致的，都是可以满足司法需求的。但是，庭审程序与听证程序所表示的意义有所不同。庭审是一种司法程序，是司法机关根据直接、言词原则的要求进行的事实认定与法律适用，涵盖了控方主张、辩方答辩、出示证据、双方质证、法庭调查、法庭辩论等要素；而听证是一种行政程序，是行政机关在作出决定之前，给利害关系人发表意见的机会。① 我国《刑法》第 79 条及第 82 条规定，对减刑、假释案件，人民法院应当组成合议庭进行审理，立法已经定位为审理程序。因此，采用“开庭审理”一词更符合法律的要求和人民法院的审判职能。

但是，在司法实践中，早在 1999 年，湖南的人民法院就开始推行减刑、假释案件听证制度。2004 年，最高人民法院在开展全国减刑、假释专项检查之后，要求全国法院对减刑、假释案件一律实行公示制度和有条件的公开听证制度。广东、湖南、河南、湖北等多个省市进行探索实践，还总结经验出台了减刑、假释听证规范性文件，如厦门市中级人民法院出台《听证案件审理范围标准》②；山东省高级人民法院出台《办理减刑、假释案件细则规定》③等。2009 年 7 月，在全国部分法院减刑、假释工作座谈会上，进一步明确并强调了减刑、假释工作一律进行公示制度，所有职务犯罪减刑、假释一律实行公开听证制度，重大、有影响的减刑、假释案件实行陪审制度或接受人民监督员监督。④ 可以看出，虽然原有的司法解释已经规定了适用开庭审理的方式审理减刑、假释案件，但是在实际中，各级法院还总结出了公开听证的方式，新的《规定》却未对

---

① 黄永维：《中国减刑假释制度的改革与发展》，法律出版社 2012 年版，第 197 页。

② 规定对假释的案件、执行机关以重大立功为由提请减刑的案件、执行机关提出减刑建议超出法定幅度的案件和检察机关对执行机关建议减刑、假释提出异议的案件一律实行听证。

③ 其第 46 条中规定：“审理减刑、假释案件，可以采取书面审理或者听证审理两种方式。下列案件可以听证审理：(一)罪犯有重大立功表现的；(二)提请减刑、假释幅度较大的；(三)对缓刑罪犯提请减刑的；(四)在罪犯犯罪地或者在罪犯服刑地有较大影响的；(五)合议庭认为需要听证审理的其他案件。”

④ 徐静村：《减刑、假释制度改革研究》，中国检察出版社 2011 年版，第 99 页。

听证制度予以规定。

2. 开庭审理的原因分析

按照我国相关法律的规定，人民法院审理减刑假释案件时应当组成合议庭，但并未明确规定减刑假释裁判是否需要开庭审理，因而在司法实践中，对减刑假释案件，法院往往采用不公开的书面审理模式。合议庭通过对刑罚执行机关报送的全部案件材料的审查，决定是否准予罪犯减刑假释。这种不公开的书面审理模式使法官对事实与证据的认定过度依赖书面材料，这与直接言词的刑事诉讼原则背道而驰①。而减刑假释的书面材料几乎由刑罚执行机关独家提供，检察机关、拟被减刑假释罪犯及其他利害关系人的意见在很大程度上被忽略了。对执行机关提请减刑假释的申请，法院绝大多数予以认可，改动减刑幅度或者驳回减刑假释的情形比较少见。由于缺乏权力之间的相互制约、权利对权力的监督制约，这种不透明的程序设计，虽然提高了司法效率，但在实质层面影响了司法公正，导致了司法权威的丧失。② 并且，即使结果再公正，也难免会引起公众的怀疑和不满。此外，这种不透明的“暗箱操作”型的程序设计，也为权钱交易等司法腐败提供了温床。一些徇私枉法的减刑假释个案也表明，所谓“提钱出狱”之类的传闻，并非是空穴来风。特别是针对职务犯罪缓刑率高、假释率高、减刑率高的“三高”现象一直备受社会诟病。

3. 开庭审理的规定与实践

针对我国减刑、假释工作在实践广受诟病的书面审理方式严重侵蚀司法权威的问题，2010 年 2 月，最高人民法院颁布了《关于贯彻宽严相济刑事政策的若干意见》(以下简称《意见》)，对减刑、假释的审理机制作了改革，由书面审核改为“采取开庭审理与书面审理相结合的方式”，并且明确规定了要开庭审理的案件范围。该《意见》第 43 条规定：“对减刑假释案件，要采取开庭审理与书面审理相结合的方式。对于职务犯罪案件，尤其是原为县处级以上领导干部犯罪的减刑假释案件，要一律开庭审理。对于故意杀人、抢劫、故意伤害等严重危害社会治安的暴力犯罪分子，有组织犯罪案件中的首要分子和其他主犯以及其他重大、有影响案件罪犯的减刑假释，原则上也要开庭审理。”该意见明确规定了应当开庭审理的减刑、假释案件范围。此后，《最高人民法院关于适用〈中华人民共和国刑事诉讼法〉的解释》关于减刑、假释的规定中又对开庭审理的范围进行了规定：“审理减刑、假释案件，应当组成合议庭，可以采用书面审理的方式，但下列案件应当开庭审理：(一)因罪犯有重大立功表现提请减刑的；(二)提请减刑的起始时间、间隔时间或者减刑幅度不符合一般规定的；(三)社会影响重大或者社会关注度高的；(四)公示期间收到投诉意见的；(五)人民检察院有异议的；(六)有必要开庭审理的其他案件。”此后，各地纷纷展开减刑、假释案件开庭审理的改革实践。减刑、假释的提起和审理由秘密走向公开，彰显着司法的巨大进步。③

① 王希发：《减刑假释案件庭审程序初探》，载《河北青年干部管理学院学报》，2012 年第 2 期。
② 王希发：《减刑假释案件庭审程序初探》，载《河北青年干部管理学院学报》，2012 年第 2 期。
③ 刘天响：《减刑、假释开庭审理形式化之检讨》，载《中国刑事法杂志》，2011 年第 11 期。

需要指出的是，当前各级法院案多人少的矛盾比较突出，所有减刑、假释案件一律公开开庭审理，至少在目前还难以实现。① 可以说，目前此种规定模式适应当前的司法需求。有选择地对减刑、假释案件进行公开审理，明确开庭审理的减刑、假释案件的范围，能够直接体现并符合宽严相济的刑事政策，是关乎开庭审理方式能否切实开展和推广，能否真正发挥其制度优越性，保证减刑、假释案件公正审理的重要问题。

新颁布的《规定》在保留原立法模式的基础上，对于应当开庭审理的案件情形进行了略微的变动。将原来司法解释中“社会影响重大或者社会关注度高的”案件改为“被报请减刑、假释罪犯系职务犯罪罪犯，组织(领导、参加、包庇、纵容)黑社会性质组织犯罪罪犯，破坏金融管理秩序和金融诈骗犯罪罪犯及其他在社会上有重大影响或社会关注度高的”。此种表述，在列举在社会上有重大影响或社会关注度高的几类犯罪的基础上又做出了总括性的规定，使得各级法院能够更好地适用该规定。《规定》第 7 条至第 13 条也明确规定了减刑、假释案件开庭审理的具体要求。在庭审参与人员范围上，《规定》第 7 条除明确要求必须通知“人民检察院、执行机关及被报请减刑、假释罪犯参加庭审”外，还规定可以根据需要通知证明罪犯确有悔改表现或者立功、重大立功表现的证人，公示期间提出不同意见的人，以及鉴定人、翻译人员等其他人员参加庭审。《规定》第 8 条根据减刑、假释案件本身的特点，对开庭审理的场所进行了规定，即“应当在罪犯刑罚执行场所或者人民法院确定的场所进行。有条件的人民法院可以采取视频开庭的方式进行”。第 10、11、12 条设计了符合减刑、假释案件自身特点的运行步骤，不再分为法庭调查、法庭辩论等几个阶段，并明确了合议庭成员及各庭审参加人的提问、举证、质证等权利。此外，第 13 条对能够当庭宣判的应当当庭宣判提出了要求。5 月 8 日，陕西省高级人民法院审监庭赴汉中监狱开庭审理了杨清贩卖毒品等 6 起减刑案件。这是该院按照中央政法委、最高人民法院要求首次对减刑案件进行开庭审理，使“阳光司法”的社会效果得到充分体现。

另外，在实践中，各级法院在开庭审理之外，还注重提高减刑、假释案件审判的科技含量，配备必要的科技手段设备，向科技要效率和质量。② 例如，广东省、浙江省等高级人民法院，河南省郑州市中级人民法院和监狱管理局密切配合，加大科技投入，实现减刑、假释案件审理的电子信息化，每个月提请一次，大多能及时裁决，工作效率和质量大力提高，收到了明显的效果。为进一步节约司法资源，北京市尝试进行远程视频开庭，提高了工作效率。这些司法实践在遵守法律规定的前提下，创新形式，起到了良好的效果，值得借鉴。

(三)减刑、假释程序中检察机关的地位

1. 脆弱的检察监督权力

减刑、假释工作是刑罚执行机关工作的重要组成部分，也是检察机关监所检察工作

---

① 黄永维：《中国减刑假释制度的改革与发展》，法律出版社 2012 年版，第 150 页。

② 孙琳：《减刑假释程序研究》，中国人民公安大学出版社 2011 年版，第 88 页。

的核心内容与重要职责。对减刑、假释的实施行使有效的监督，对于提高监所检察的监督质量和水平，保障刑罚执行机关严格执法，鼓励服刑罪犯加速改造，实现刑罚的目的，具有十分重要的意义。①

然而，在实际工作中，减刑、假释监督工作不尽如人意。一是检察机关对减刑、假释工作一般实行被动的事后监督。检察机关普遍的做法是，接到人民法院减刑、假释裁定副本后进行全面审查。由于监督在后，所以难免出现"发现有问题，但是减刑、假释裁定已经作出"的现象。二是对执行机关提请减刑、假释活动监督缺乏刚性。检察机关对减刑、假释的监督往往局限于执行机关的通报，缺乏具体的措施。②

随着经济社会的快速发展和法治建设的不断进步，减刑、假释工作中暴露出的检察监督机制不健全的问题日益明显，实践中，减刑、假释的违法问题也一直较多。

2.《规定》中对检察机关权力的规定

2013 年 1 月起正式施行的新《刑事诉讼法》第 262 条规定，被判处管制、拘役、有期徒刑或者无期徒刑的罪犯，在执行期间确有悔改或者立功表现的，应当依法予以减刑、假释的时候，由执行机关提出建议书，报请人民法院审核裁定，并将建议书副本抄送人民检察院。人民检察院可以向人民法院提出书面意见。修改后的刑事诉讼法正式以法律的形式赋予了检察机关参与提请、裁定减刑、假释程序的权力。根据这一制度，刑罚执行机关在报请人民法院审核裁定的同时负有移送检察机关建议书副本的义务，检察机关有了法定的渠道主动获取减刑、假释材料，并可以向人民法院提出书面意见。这大大加强了检察监督的主动性和同步性。减刑、假释裁定的作出不再是仅由刑罚执行机关提请、审判机关裁定的直线模式，而是初步形成了刑罚执行机关提请、检察机关监督、审判机关裁定的三角形模式。③

《规定》在其第 2 条中也明确规定："人民检察院对提请减刑、假释案件提出的检察意见，应当一并移送受理减刑、假释案件的人民法院。"此条规定与《2012 年减刑假释司法解释》的规定相一致。如此规定，体现出了对检察机关的监督意见的重视，但并不意味着刑罚执行机关的提请、报呈必须有检察机关的意见，必须经过检察机关同意后才能提请人民法院进行裁决。检察机关无论是否提出意见，提出同意、不同意或者补充材料的意见，刑罚执行机关仍然可以将减刑、假释案件提请人民法院进行最终的裁决。但是，要求刑罚执行机关收到检察机关的意见时，应当将检察机关的意见移交人民法院。这样规定，客观上会引起刑罚执行机关对检察机关监督意见的重视，进行分析研究，认为确有道理的，进行补充、改正；认为检察机关的监督意见并不符合案件真实情况的，也可以不作变动，一并报送人民法院裁定。如此规定，对于增强案件的准确性、公正性，是切实有效而又不逾法规的。④ 同时，《规定》在其第 11 条第 2 款规定："庭审过程

① 翟中东：《减刑、假释制度适用》，中国人民公安大学出版社 2012 年版，第 131 页。

② 徐盈雁：《监所检察：向同步监督大步迈进》，载《检察日报》，2010-02-15。

③ 关宁：《减刑假释程序诉讼化问题研究》，载《法制博览》，2013 年第 5 期。

④ 黄永维：《中国减刑假释制度的改革与发展》，法律出版社 2012 年版，第 201 页。

中，检察人员对报请理由有疑问的，在经审判长许可后，可以出示证据，申请证人到庭，向被报请减刑、假释罪犯及证人提问并发表意见。”使得检察机关在庭审过程中的作用也可以充分得到发挥。值得肯定的是《规定》赋予了检察机关提出异议的权力。《规定》第 20 条规定：“人民检察院认为人民法院减刑、假释裁定不当，在法定期限内体出书面纠正意见的，人民法院应当在收到纠正意见后另行组成合议庭审理，并在一个月内作出裁定。”此举也就赋予了检察机关对于减刑、假释案件的事后监督权，有利于检察机关监督权的充分发挥。

（作者简介：刘艳萍，武汉大学法学院 2013 级宪法与行政法学硕士研究生。）

◎ **点　评**

针对该主题应从六个方面思考：第一，减刑、假释制度是在司法判决后，刑罚执行中对罪犯刑罚的减轻，其法理依据是什么。在这里可以理解为传统的“赎罪”观，即国家有权惩罚罪犯，但在刑罚执行过程中，罪犯有立功、悔罪表现的，可以将功折过。第二，《规定》的性质是什么。《规定》以司法解释的形式出台，其与被解释的文本效力相等，那么该《规定》的母本是什么。第三，该《规定》的效力如何，应在何种范围内适用。第四，该司法解释对被解释条文是否有扩充，其所作的扩充是否合适，由于不当扩充可能涉及越权、违宪，因此司法解释对被解释条文的扩充边界尤须关注。第五，该解释的出台对减刑、假释制度产生了何种影响，起到了什么作用。第六，现今的减刑、假释制度是否完备，在现有制度中存在的问题能否由于该解释的出台而得到最大限度的解决，如果不能，则该解释还有哪些漏洞需填补，是否存在出台相应配套机制以完善减刑、假释制度的必要。这些问题都是需要我们进一步思考的。

（点评人：武汉大学法学院　江国华教授）

司法改革评论

上海市司法改革试点方案评论

王昭华

摘　要：解决现行司法体制中存在的司法行政化、司法地方化以及司法低职业化等问题是上海市开展司法改革工作的现实动因。完善司法人员分类管理制度，健全法官、检察官及司法辅助人员职业保障制度，完善司法责任制以及建立市以下法院、检察院人财物的市级统一管理制度则构成了上海市司法改革工作的主要内容。然而，在司法改革中如何维护宪法权威，如何保障青年法官、检察官的利益，如何理顺地方人大及其常委会与遴选委员会的关系，如何理顺高级法检机关与下级法检机关的关系等又是上海市司法改革可能存在的问题。

关键词：司法改革；地方化；行政化；内容；问题

2013 年 11 月中国共产党的十八届三中全会审议通过的《中共中央关于全面深化改革若干重大问题的决定》，对深化司法体制改革作了全面部署。2014 年 2 月中央全面深化改革领导小组第二次会议审议通过的《关于深化司法体制和社会体制改革的意见及贯彻实施分工方案》，明确了深化司法体制改革的目标、原则，制定了各项改革任务的路线图和时间表。2014 年 6 月中央全面深化改革领导小组第三次会议审议通过的《关于司法体制改革试点若干问题的框架意见》和《上海市司法改革试点工作方案》，对司法改革的若干重点难点问题确定了政策导向。2014 年 7 月，中共上海市委全面深化改革领导小组第二次会议举行，研究和部署上海司法改革试点推进工作，审议并原则通过《〈上海市司法改革试点工作方案〉实施意见》。同月，上海市司法改革试点推进小组第二次会议召开，审议通过了《上海市高级人民法院司法体制改革试点工作实施方案》和《上海检察改革试点工作实施方案》。自此，上海司法改革先行试点全面启动。

一、司法改革的必要性

我国目前司法系统存在着司法独立和司法中立缺失，司法权威和司法公信力不足等问题。究其根本，司法行政化、司法地方化以及司法低职业化是造成上述问题的深层次原因。

（一）司法行政化

司法行政化是指违背司法的规律，将司法机关、司法人员以及司法权运行过程纳入行政体制的命令与服从关系之中，按照行政权的行使方式行使司法权，导致司法被行政“格式化”的异化现象。① 司法行政化主要有以下表现：

（1）司法机关地位的行政化。法院和检察院构建伊始遵循的就是行政机关的模式，虽然历经改革，但是法院、检察院与行政机关一样仍然具有严格的行政级别。司法机关地位的行政化在法院系统的表现尤为明显。通过对比《宪法》第127条②和132条③可以看出，在法理上，上下级法院的关系与上下级检察院是不同的，上下级法院之间是审判监督关系，而检察院是行政上的直接领导关系。但在实践中这种审判监督关系已经不知不觉地演变成了与检察院相同的行政上的直接领导关系。这种演变是行政化管理从法院内部向两级法院之间蔓延的必然结果。法院地位的行政化违背了司法权的运行规律，使司法应有的被动性、独立性、中立性、终极性难以体现，并产生司法权行使的主动性、政策倾向性、权力支配性等一系列不正常现象。比如，审判机关通常以行政的方式对案件的受理、审理进行“指示”或“指定”；下级法院为了避免改判和发回重审导致的错案追究，下级法院的法官办案时在遇到有不同看法的问题时，更倾向于放弃自己手中的裁量权，转而向上级法院的相关业务部门请示，按上级法院的意见处理，力求两级法院的意见统一。这样一级级的审批、协调、开会导致一审、二审的审级程序虚置化、替代化，常常发生“先定后审、上定下审”的“行政司法”现象。由此极易造成冤假错案，并且难以追究裁判者的过错责任，导致司法作为社会公正守卫的最后一道防线出现重大间隙或漏洞。此外，检察机关遵循“检察一体化”的原则虽属国际通例，其与审判权运行有一定的差异性，但仍然需要关注司法行政化对检察权运行的挑战。④

（2）内部管理的行政化。我国法院、检察院对司法人员管理模式缺乏探索和创新，直接将行政化的公务员科层制管理模式拿来套用，根本没有体现出司法管理的特殊性。

---

① 张卫平等：《司法改革的分析与展开》，法律出版社2003年版，第16页。

② 《宪法》第127条规定：“最高人民法院是最高审判机关。最高人民法院监督地方各级人民法院和专门人民法院的审判工作，上级人民法院监督下级人民法院的审判工作。”

③ 《宪法》第132条规定：“最高人民检察院是最高检察机关。最高人民检察院领导地方各级人民检察院和专门人民检察院的工作，上级人民检察院领导下级人民检察院的工作。”

④ 徐汉明、林必恒、张孜仪、徐晶：《深化司法体制改革的理念、制度与方法》，载《法学评论》，2014年第4期。

由于法院、检察院的院长经常从行政机关调任，会不自觉地将公务员的管理模式带入法院、检察院及司法人员的管理当中。在行政化的管理模式下，对法官、检察官的级别套用行政级别，按行政人员进行管理，行政性的级别和官职成为法官福利水平和政治待遇的重要参照。法官、检察官的选拔任用也要经过地方政府人事部门或者党的组织部门研究。这种模式的长期运用使得法官官僚意识很强，惟上不惟法，缺乏独立的人格。此外，法院、检察院内部采取行政化管理模式，也会影响专业队伍建设。以检察院为例，除在检察院内设置行政部门综理全院行政事务之外，还在每个业务部门另设部门负责人，既负责本部门的行政工作，又主管业务，对案件全面负责把关。业务部门设置行政管理层不仅增加了内部行政事务官员的数量，造成了检察人力资源的浪费，而且还会导致工作效率随审批层级的增多而降低。这种行政化的管理模式还会催生一种"业而优则仕"的怪象，即业务部门的工作骨干因业绩突出被提拔为行政领导。提高办案素质成了行政晋升的"跳板"，担任行政领导后却很少办案甚至不办案。业务人才难以继续发挥优势，势必造成业务技术传承的断层。

(3)司法权运行过程的行政化。司法权运行的行政化在法院系统的典型表现有二：首先就是案件审批制，法院现行的裁决形成机制具有浓厚的行政管理色彩，案件的裁决结果需要层层请示汇报、研究讨论、审批把关，大大降低了司法效率。而且案件审批制还使在司法文书上签批的庭长、院长在发生错案时与办案法官的责任不好区分、追责。其次就是审判委员会制，在实践中各级法院的审判委员会一般由院党组成员及骨干庭长组成。审判委员会讨论案件的形式与行政机关开工作汇报会很像，同样都是级别越高的领导发言权越大，主要领导在关键时刻往往能一锤定音，行政化色彩浓重。① 审判委员会制的存在还导致审者不判，判者不审。审判委员会并没参与案件的直接审理，都是仅仅通过阅卷或听取独任法官、合议庭的汇报来裁判案件，是对直接言词原则的违背，是对当事人诉讼权利的一种间接侵害。最严重的是，这种普通法官审案，庭长、院长、审判委员会判案的模式，将成为一些法官违法审判、逃避责任的庇护伞。②

司法权运行的行政化在检察院系统的典型表现是业务办理采三级审批制，办案主体权责不统一。办理案件需经承办人——部门负责人——主管检察长/检委会三级审批，承办检察官只是办事员，凡事由领导决定。此种行政化审批模式的弊端有三：首先是直接承办案件的检察官无决定权，而对案件处理有决定权的领导却不实际办案，有违直接性、亲历性要求，与检察业务规律相矛盾。其次是审批制下权责分离，责任主体不明确。行政化的审批过程将案件个人责任稀释为集体责任，进而转变为无人承担责任。最后是审批制阻碍检察官独立司法人格之形成。负责审批检察业务的人员同时也是行政领导，行政权干预检察权。承办检察官做不到独立办案，工作积极性受到影响，职业自豪

---

① 张晓东：《法治视域下的中国司法改革——以保障司法审判独立为目标》，吉林大学硕士学位论文，2014年。

② 刘发成：《司法行政化与司法独立的辨证思考——法官独立审判和责任的统一》，载《法制与社会》，2013年第32期。

感和职业自信心难以确立。①

(二)司法地方化

从理论上讲，为了保障法律面前人人平等这一神圣目标的实现，不仅法律的制定要具有统一性，而且司法也应具有统一性；司法具有国家专有性和国家专属性，乃是国家的一种专属权和专有权，没有属于地方的司法权的问题。司法体制应当以此为根据来进行设计，但令人遗憾的是，我国不论是人民法院的组织和运行体制，还是人民检察院的组织和运行体制都存在地方化的问题。② 所谓司法地方化是指司法机关及其工作人员在司法活动过程中受到地方机关或者地方利益团体的不当控制和干扰，导致司法机关及其工作人员丧失其应有的独立权力和地位，从而出现的一种司法异化现象。③ 其实质是地方不当截留司法权，是地方保护主义在司法领域内的具体体现。这是我国长期以来实行司法权由中央和地方共享，对司法机关“条块”管理相结合，以“块”为主的管理体制和运行“惯性”的必然结果。司法地方化在我国有如下几个表现：④

(1)司法机关隶属关系地方化。在法院和检察院两大司法系统中，地方人民法院和地方人民检察院由同级人大产生，对其负责，受其监督，全国人大与地方人大，最高法院与地方法院之间只有法律监督关系，造成了地方法院客观上隶属于同级权力机关。尽管人民检察院实行双重领导体制而使得地方化色彩没有那么浓厚，但是该问题仍然没有根除。

(2)司法管辖区与行政区划完全一致，客观上为地方司法保护主义提供了基础和条件。其后果使地方司法机关丧失了作为国家司法机关应有的中立性而沦为地方利益和部门利益的“保护伞”，使国家的司法活动地方化，地方司法人员异化为“地方的法官”、“地方的检察官”。同时，我国地方各级司法机关与本级行政机关相比在设置级别上要低。俗话说“官大一级压死人”，司法低位于行政的这种权力配置模式，就使得司法机关在工作中无法摆脱本级行政机关的权力阴影⑤。一些地方政府习惯于给法院下达创收指标、分派招商引资任务等行政工作，更有过者是将法院与政府的部门机关并行列入形形色色的行风评议对象，把司法拿出来“示众”，评来评去，司法的独立性化为乌有。

(3)司法经费和人事任免的地方化。在司法经费地方化方面，我国分级管理、分级负担的司法经费模式使得行政机关掌握着司法机关的经费管理权，司法机关的办公条件、装备、福利等都受制于地方财政。以一个基层法院为例，除司法行政编制的几名工

---

① 王一超：《检察官办案责任制改革的进路分析——兼对主任检察官制度的反思》，载《西南政法大学学报》，2014 年第 3 期。

② 朱立恒：《社会主义法治理念与司法组织体系改革》，法律出版社 2012 年版，第 175 页。

③ 张卫平等：《司法改革的分析与展开》，法律出版社 2003 年版，第 36 页。

④ 杨小军：《法治中国视域下的司法体制改革研究》，载《法学杂志》，2014 年第 3 期。

⑤ 王越飞：《内生与外控结合型司法管理模式探析》，载《河北法学》，2014 年第 10 期。

作人员的工资由上级法院发放外，其他一切煤水电气、日常办公支出均由本级政府负担，甚至连法官的加班费和警车汽油费用也全由本级政府负担。这种状况使得该法院基本上不再是国家的法院，而是该地方政府的法院。现行体制使得法院经费投入主要取决于地方财政状况及地方政府领导对司法的重视程度，不仅造成担负同样任务和职责的地方各级司法机关在经费保障上不一致，不同地区的司法机关工作人员的工资、待遇标准高低不一，而且造成司法经费保障总体上不足。

由于经济的快速发展导致部分地区诉讼量大增，而司法行政编制却没有相应的增加。案件和人员的不对称增长，导致法官及辅助人员的严重短缺。这时政府就会应法院的请求向其派驻或为其招聘司法辅助工作人员，以保障法院的正常运转。这就进一步加剧了司法机关人事任免的地方化。地方司法机关此种人员任免机制难免造成司法队伍进口渠道不畅，以致司法人员队伍素质良莠不齐，整体司法水平难以提高。

（三）司法低职业化①

司法公正需要通过公正的司法审判程序来实现，由此，司法运行程序的参与主体——司法人员特别是法官、检察官的职业化水准对于司法应有功能之发挥起着重要作用。② 然而，纵观我国之司法运行机制，普遍存在着司法人员的低职业化现象。

(1)科学规范的法官、检察官招录准入制度的缺失，导致不同层级、不同地区司法机关招录准入司法人员存在着规则、机会及起点上的不公平。而法官、检察官遴选制度不统一、不规范，又造成我国司法人员很大一部分是复转军人、社会招干录用人员、党政及企事业单位调入的人员。③ 虽然通过考试从法律院系毕业进入法院的司法人员越来越多，但“一考定终生”的问题仍然存在。这就导致基层有实践经验的司法人员无法有序进入高层司法机关工作，而不少高层司法机关的司法人员则只有“三门经历”(家庭门、学校门、机关门)，高层司法机关工作人员的综合素质很难获得保证。

(2)法官、检察官的培训、轮岗、晋升等管理机制的条件、规则不统一，造成法官、检察官职务晋升、岗位流动的激励约束长效机制难以建立，基层司法人员素能培训、知识更新、能力提升空间狭小。与此同时，《法官法》、《检察官法》确立的法律职务序列与工资、津贴、福利、医疗、住房等保障不挂钩，基层司法人员职级晋升、薪酬提高的空间尚无回旋余地。职业保障政策不到位，大大挫伤了基层司法人员的积极性、创造性，导致基层精英司法人才的流失，一些基层司法机关出现中青年骨干“断层”现象。

---

① 徐汉明、林必恒、张孜仪、徐晶：《深化司法体制改革的理念、制度与方法》，载《法学评论》，2014 年第 4 期。

② 王越飞：《内生与外控结合型司法管理模式探析》，载《河北法学》，2014 年第 10 期。

③ 鲍冬梅：《司法改革的理性思考》，安徽大学硕士学位论文，2004 年。

二、上海市司法改革的主要内容

(一)完善司法人员分类管理制度

"人"是一切制度的核心，因此上海市将司法人员分类管理作为司法改革的首要内容。关于"人"的改革主要包括如下几项内容：

1. 对司法人员实行分类管理

上海市的试点改革把法院、检察院工作人员分为法官、检察官，司法辅助人员(法官助理、检察官助理、书记员、司法警察等)，行政管理人员三类，分别占队伍总数33%、52%、15%的比例①。且法官、检察官主要配置在业务部门的办案岗位，综合部门不再配备法官和检察官。实行法官、检察官员额制管理，即在法院、检察院现有编制内，根据工作量、所辖区域人口、经济发展水平等因素确定法官、检察官的员额，把真正符合条件的人员确定为法官、检察官，形成由法官、检察官，司法辅助人员组成的新的司法权运行机制，集中行使国家审判权和检察权。其外部特征表现为，在某一特定区域内的法官、检察官人数保持稳定。同时，上海市法院、检察院将在员额总额度内，根据本市三级法院、检察院的功能定位、任务安排和实际情况，分别核定各级法院、检察院各类人员的具体配比，保证法官、检察官的配备重点向基层一线倾斜。

对司法人员实行分类管理是尊重司法规律、顺应制度发展要求的必然结果。因为在权力结构上，法官及检察官的地位有别于普通公务员。在权力属性上，司法权的性质有别于行政权。在运行机制上，司法权的运行方式有别于行政权。在任职资格上，法官、检察官的资历需求有别于普通公务员。在培养方式上，法官、检察官的职业发展有别于普通公务员。② 因此，我国现行将法官、检察官和司法辅助人员、行政管理人员混编，混合管理的制度设计不能适应司法系统精细化管理的要求。完善司法人员分类管理制度可以确保85%的司法人力资源投入办案工作。改变之前法院、检察院行政人员所占比例较大，太多的人管着法官、检察官的现象。凸显法官、检察官的主体地位，让司法辅助人员和行政管理人员围着法官、检察官转，整个司法系统围着案件转。从而有利于提升司法权运行的效率、明确司法责任主体、消除司法机关系统内部的行政化现象。

2. 设置法官、检察官单独的职务序列

长期以来，我国对公务员实行单一化的管理模式，法官、检察官的职务层次套用国家行政机关职务层次。从最高人民法院(检察院)到区县一级法院(检察院)，四级院的院长(检察长)、副院长(副检察长)、审委会委员(检委会委员)、审判员(检察员)、助理审判员(助理检察员)共20个法官(检察官)职务，分别对应从国家级副职到科员的十个职务层次，在具体的管理中也是实行"院长(检察长)——业务部门负责人——法官

① 郝洪：《司法改革上海方案瞄准去行政化》，载《人民日报》，2014-07-13，第2版。

② 王守安：《司法官职务序列改革的体制突破与司法价值》，载《当代法学》，2014年第1期。

(检察官)"的科层管理体制。目前我国实行的这种法官、检察官的职务层次对应综合管理类公务员的职务层次的制度设计，是科层行政管理体制在司法领域的体现。然而，法官、检察官的司法属性决定了其应适用与普通公务员不同的职务序列①。我国公务员法明确规定对公务员实行分类管理，法官、检察的管理制度可以另行规定。2011 年，两高会同中组部对法官、检察官职务序列进行改革，分别出台了法官和检察官的《职务序列暂行规定》。这次改革提高了法官、检察官职务与公务员职务的对应关系。但是法官、检察官与行政官员整体上的职务对应关系没有改变，改革并不彻底，科层行政体制在司法领域积存的问题未能得到根本的解决。

上海市的司法改革改变了以往的做法，为法官、检察官设置了单独的职务序列。在司法系统中，法官、检察官适用的是法官、检察官职务序列，司法辅助人员适用的是行政执法类、专业技术类及人民警察职务序列，行政管理人员适用的是综合管理类职务序列。在此基础上，科学核定法官与检察官的等级，法官、检察官等级晋升不与行政职务挂钩。而其工资待遇等与其等级挂钩。因此，即使法官、检察官不担任领导职务也可以享受同领导相同的工资待遇。法官、检察官的等级晋升采用按期逐级晋升与择优选升相结合的办法。该项改革为法官、检察官单独职务序列管理设置了 3~5 年的过渡期，最终目标是推行严格的分类管理制度，建立以法官、检察官为核心的人员分类管理体系，不断优化人员结构，促进队伍的专业化、职业化发展。

3. 提高司法人员准入和选拔标准

目前我国法官、检察官的选任存在标准低，选任渠道窄等问题。以法官的选任为例，法官选任的标准主要由《法官法》第 9 条所确立，即包括国籍、年龄、政治、业务素质和良好的品行以及相关学历、法律工作经验。② 其中，政治、业务素质和良好的品行等条件无配套考察机制予以甄别，具有现实甄别意义的学历、法律工作经验的门槛较之其他公共行政部门的人员选任标准难以体现较大的区别，这种较低的法官遴选门槛与欧美等国高标准的法官选任标准形成了鲜明的比照。③ 使我国无法形成法学理论知识扎实，实践经验丰富的法官、检察官队伍。

---

① 邹荣:《完善法官管理制度是司法改革的核心》，载《上海法治报》，2014-08-13，第 B06 版。

② 《法官法》第 9 条规定:"担任法官必须具备下列条件:(一)具有中华人民共和国国籍;(二)年满二十三岁;(三)拥护中华人民共和国宪法;(四)有良好的政治、业务素质和良好的品行;(五)身体健康;(六)高等院校法律专业本科毕业或者高等院校非法律专业本科毕业具有法律专业知识，从事法律工作满二年，其中担任高级人民法院、最高人民法院法官，应当从事法律工作满三年;获得法律专业硕士学位、博士学位或者非法律专业硕士学位、博士学位具有法律专业知识，从事法律工作满一年，其中担任高级人民法院、最高人民法院法官，应当从事法律工作满二年。本法施行前的审判人员不具备前款第六项规定的条件的，应当接受培训，具体办法由最高人民法院制定。适用第一款第六项规定的学历条件确有困难的地方，经最高人民法院审核确定，在一定期限内，可以将担任法官的学历条件放宽为高等院校法律专业专科毕业。"

③ 参见蒋银华、肖芃:《审判权视角下的法官选任与管理模式研究》，载《江西社会科学》，2014 年第 4 期。

为了改变前述问题，上海市司法改革方案规定法官、检察官的选拔采用法院、检察院系统内部择优遴选和面向社会从优秀的律师、法律学者等专业人才中公开选拔或调任相结合的办法。其中，在法院、检察院系统内，法官、检察官主要从法官助理、检察官助理中择优选任。上级司法机关的法官、检察官主要从下级司法机关中择优遴选。四级法官、检察官至三级按期晋升，二级、一级择优选升，每晋升一级一般不少于4年。对于法官助理、检察官助理的任职条件以及两者被选任为法官、检察官的条件，上海市也作了比较严格的规定。其中，上海的首批法官助理、检察官助理都具备高等院校全日制本科以上学历，具备法律职业资格，并通过上海市公务员统一招录考试，且试用期满经考核合格。而法官助理、检察官助理要任助理满五年，方可以择优选任为法官、检察官，选任一般每年组织一次。法官助理、检察官助理根据工作年限，由低到高依次设置五个等级，五级至一级助理均实行按期晋升。所谓择优选任，则要综合考虑政治素养、廉洁自律、职业操守和专业素质、办案能力、从业经历等多种因素，从而公平、公正地选任法官、检察官，解决目前法官、检察官队伍大、门槛低的问题，提高队伍素质，提升公正司法能力。

（二）健全法官、检察官及司法辅助人员职业保障制度

按照权责利相统一的原则，在提高法官、检察官的入职门槛、严格办案责任的同时，也要健全法官、检察官的职业保障制度①。法官、检察官的职业保障与其职、权、利密切相关，它包括法官、检察官的职业权利保障、职业地位保障、职业收入保障、职业安全保障和职业教育保障等内容。《法官法》、《检察官法》规定法官、检察官享受国家规定的业务津贴、地区津贴、其他津贴以及保险和福利待遇。但现行的司法人员经费保障模式仍然是按《公务员法》的规定执行，现有的检察官、法官津贴只是以辅助的形式计入个人待遇。既受行政职级数的限制，又受当地津补贴不平衡的制约，造成检察官、法官晋级津补贴待遇空挂。现有模式没有考虑到司法人员属于国家司法类人员，其与国家综合类公务员有着本质不同的属性。没有建立区别于公务员的司法职务序列和职数比例；没有建立不同于一般公务员的工资、津贴和待遇标准。而由于人员经费由同级财政负担，司法人员的工资津补贴待遇相差悬殊。导致司法人员待遇“两极分化”。人员经费保障尤其是基层人员待遇低，带来人才引进难、留住人才难、安心基层难。②

为了健全司法人员职业保障制度，上海市司法改革方案基于司法人员分类管理的理念，对不同类别的司法人员设置不同的工资待遇。对于行政管理人员直接适用现有的与普通公务员相同的职业保障制度。对于具有专业等级职务序列的法官、检察官适用以专业等级为基础的工资待遇保障机制。而对于司法辅助人员，则按照其相应的级别建立分级管理的薪酬制度。细化法官、检察官延迟退休，申领养老金办法。符合条件的基层女

① 张晓毅：《论法官职业保障》，载《法制与社会》，2013年第35期。

② 参见徐汉明、林必恒、张孜仪、徐晶：《深化司法体制改革的理念、制度与方法》，载《法学评论》，2014年第4期。

法官、女检察官可根据其意愿延迟5年到60周岁退休，领取养老金。专职办案的一级高级法官、检察官可延迟3年至63周岁退休，领取养老金。专职办案的二级高级法官、检察官可延迟2年至62周岁退休，领取养老金。

可见，上海市的司法改革方案建立了符合法官、检察官及司法辅助人员职业特点，有别于一般公务员的司法人员职业保障体系。这有助于增强法官、检察官的职业荣誉感和使命感，为依法公正履职提供必要的职业保障。同时，司法权是对争议事实和适用法律的判断权、裁决权，不仅要求司法人员具有良好的法律专业素养和司法职业操守，而且还要具有丰富的实践经历和社会阅历。因此，改革方案延迟了优秀法官、检察官的退休及领取养老金的年龄。

（三）完善司法责任制

为了改变目前司法机关内部权责不清、行政化严重以及监督不畅等问题，上海市司法改革方案从以下几方面对完善司法责任制作出了努力：

1. 推行办案责任制

司法体制改革的目标，是建设公正高效权威的社会主义司法制度。实现司法公正，关键是要建立符合司法规律的办案责任制，做到“有权必有责、用权受监督、失职要问责、违法要追究”①。为此，必须改变目前的审者不判、判者不审等问题，在法院和检察院系统推行办案责任制。上海市改革方案对办案责任制的制度设计主要包括以下两个层面：首先是建立主审法官、主任检察官制度，并设置司法办案组织②。主审法官、主任检察官在法官、检察官中择优选任。司法办案组织由一名主审法官或主任检察官、二名以上法官或检察官及若干辅助人员组成，实现办案组织专业化、扁平化。司法组织在主审法官或主任检察官的组织下全权办理案件。凸显主审法官、主任检察官在办案中的主体地位，同时也要尊重其他法官、检察官的办案权力。在法院系统，合议庭各办案法官都有平等发表意见的机会。在检察院系统，主任检察官对组内检察官办案审查决定进行审核，但不能改变决定。其次是推行主审法官责任制、合议庭办案责任制和检察官办案责任制。在适用简易程序审理案件中，主审法官依法对案件审理全程、全权负责。在合议庭审理案件中，主审法官承担除应当由合议庭其他成员共同担责部分外的所有责任。主任检察官在检察长依法授权内对作出的案件处理决定承担办案责任。

2. 削减司法机关领导的行政权力

上海改革方案规定，法检机关各级领导，都应当担任主审法官、主任检察官，亲自参加办案。此外，法院还特别提出，在规范裁判文书签发制度上，包括院、庭长不得对未参加审理的案件的裁判文书进行签发。从而削减领导的行政性权力，加大专业活动的权重，让业务能力较强的领导直接进入办案第一线。法检机关领导参与的办案活动也要

① 刘武俊：《新一轮司法改革前瞻》，载《检察风云》，2014年第15期。

② 张栋：《主任检察官制度改革应理顺“一体化”与“独立性”之关系》，载《法学》，2014年第5期。

遵循办案责任制的相关要求，并不能因为他们的参与，而让其他人丧失发言权。这样既可以有助于司法机关去行政化，又可以提升办案队伍的整体素质。同时，还有利于提升部分领导的法学水平，强迫他们去学习法律知识，否则将无法办理案件①。

3. 改革审判委员会制度

现行的审判委员会制度存在着“多头处理一案”、“集体会议审判”之类的流弊，导致审者不判，判者不审。这既违反了司法审判中的直接言词原则，又使得责任主体不清，出现错案后难以追责。② 为此，上海市改革方案规定，改革审判委员会制度，大幅减少审判委员的个案指导。强化审委会总结审判经验、讨论决定审判工作重大问题、实施类案指导等方面的职能。从而可以让法官真正地独立办案，使案件审理的责任更加明确。

4. 加强对司法权的监督

针对目前司法系统权责不明、错案责任追究难以落实的问题，上海市司法改革方案在如下几个方面作出了规定：首先是在对办案人员进行放权的同时，建立办案人员权力清单制度，明确法官、检察官权力行使范围及法院院长、检察院检察长与办案人员的权力与责任。其次是完善办案数量指标体系、科学的质量评价体系和有效的监督体系，加强业务考核，并建立退出机制。建立执法档案，法官和检察官对其所办案件质量终身负责，严格错案责任追究。加强人大法律监督和党委政法委执法监督。最后是运用信息化手段，加强和规范对司法活动的监督；加大司法公开力度，全面推进办案工作全程录音录像、生效裁判文书上网；充分发挥律师在诉讼中的作用。力图通过加强对司法权力的制约监督，形成权责明晰、权责统一、管理有序的司法权力运行机制和监督机制。确保司法权依法公正运行，真正让人民群众在每一个司法案件中都感受到公平正义。③

（四）建立市以下法院、检察院的法官、检察官市级统一管理的体制

1. 建立法官、检察官遴选（惩戒）委员会

上海市秉持开放的原则，组建由党政部门、司法机关人员以及社会上的专家学者组成的全市统一的法官、检察官遴选（惩戒）委员会，负责全市法官、检察官的遴选和惩戒。为了保证遴选（惩戒）委员会的持续运行，还要组建一个专家库。由遴选（惩戒）委员会负责统一制定各级法官、检察官任职标准，根据缺额情况定期组织法官、检察官拟选工作，对法官、检察官的违法违纪行为组织核查，认定责任，提出惩戒意见等。

2. 对法官、检察官统一提名、党委审批、分级任免

上海市改革方案坚持党管干部原则与尊重司法规律相结合，落实全市“统一提名、党委审批、分级任免”的制度安排，改革现有法官、检察官管理制度，形成全市法官、

---

① 梁艳：《法官职业“去行政化”改革的现实意义及其未来走向——以2014年深圳法官职业化改革为视角》，载《天水行政学院学报》，2014年第3期。

② 参见张卫平主编：《司法改革论评》（第一辑），中国法制出版社2001年版，第7~8页。

③ 徐昕：《提升司法公信的九个建议》，载《学习与探索》，2014年第1期。

检察官省级统管的管理新格局。其中，提名权在省一级法官、检察官遴选委员会。遴选委员会主要是从专业角度提出法官、检察官人选。然后由组织人事、纪检监察部门在政治素养、廉洁自律等方面对提名人选进行审批。这一环节组织人事、纪检监察部门只能在遴选委员遴选出来的人员的基础上做“减法”。即杜绝在这个环节绕开遴选委员会往里塞人的现象。① 最后再由各级人大及其常委会对法官、检察官的人选依照法定程序行使任免权。

而对于遴选委员会遴选的对象，上海市司法改革方案规定，法官、检察官的遴选采用法院、检察院系统内部择优遴选和面向社会从优秀的律师、法律学者等专业人才中公开选拔或调任相结合的办法。其中，在法院、检察院系统内，法官、检察官主要从法官助理、检察官助理中择优遴选。上级司法机关的法官、检察官主要从下级司法机关中择优遴选，即建立逐级遴选制度。

上海市的法官、检察官遴选制度改变了过去“从校门到衙门”的路径②。上级司法机关的法官、检察官主要从下级司法机关中择优遴选有助于保证上级法院、检察院的法官、检察官具有较丰富的司法经验和较强的司法能力。而面向社会从优秀的律师、法律学者等专业人才中公开选拔或调任则拓宽了法官、检察官的选任渠道，吸纳更多的优秀人才进入司法系统，为建立法律共同体搭建制度平台③。更重要的意义是，市一级对法官、检察官统管有助于司法机关在人事任免上摆脱地方党委和政府的不当干涉，促进司法系统逐步去除地方化。

（五）建立市以下法院、检察院经费市级统一管理的机制

为了改变长期以来地方法院、检察院经费按行政区域实行分级管理、分级负担的体制，排除地方不当干预，为各级法院、检察院提供充足的物质保障，上海市改革方案规定，建立市以下地方法院、检察院财、物统一管理体制。为此，要建立统一管理全市人民法院、人民检察院经费、资产的保障机制。对于经费的统一管理，要将各区县法院、检察院作为市级预算单位，纳入市级财政统一管理。落实“收支两条线”管理。使得法院、检察院在经费层面能够独立于本级政府，并避免通过处理案件进行创收的现象。对于资产的统一管理，要清查登记法院、检察院的各类资产。将区县法院、检察院各类资产，由区县划转市相关部门统一管理。上海市改革方案力图通过建立市级管理部门统一管理全市司法机关财、物的机制，形成符合分类管理要求的经费分配体系，为司法机关依法独立公正行使司法权提供可靠保障④。

---

① 汤维建：《组织部门对法官检察官遴选应只做“减法”》，载《21世纪经济报道》，2014-06-18，第8版。

② 季卫东、陶鑫良：《专家解读司法改革“上海方案”——突出法官检察官主体地位》，载《人民日报》，2014-07-15，第11版。

③ 杨知文：《中国法官的职业化遴选：现状、改革与发展》，载《重庆工商大学学报》（社会科学版），2013年第4期。

④ 贺小荣：《掀开司法改革的历史新篇章》，载《法制资讯》，2013年第11期。

三、上海市司法改革可能存在的问题

上海市本次司法改革试点与以往的司法改革相比，有很多值得肯定的地方。比如，制定了许多可操作的改革方案，这些方案既有市一级的，又有法院、检察院各自系统内部的，既有宏观层面的，又有与宏观方案配套的具体规定；突破了现有的司法体制框架，比以前的小修小改步伐更大；成立了推进改革的领导机构，即中共上海市委全面深化改革领导小组及上海市司法改革试点推进小组，此外全市三级司法机关也相应成立推进小组和办公室。这有助于司法改革协同、有序推进；法院改革与检察院改革联动，避免改革过程中由于两者方案相互抵牾而出现的体制上的矛盾现象；遵循循序渐进的原则，在全市选定四家法院和检察院进行为期半年的试点工作，通过试点论证改革方案的可行性，以期在试点的基础上形成可复制、可推广的经验等。但根据能公开了解到的信息，我们也可以发现上海市司法改革试点工作中可能也存在一些问题。

(一)司法改革中如何保障宪法的权威

从十几年来的司法改革经验来看，都是撇开宪法来进行改革的，似乎宪法关于司法制度的基本规定对司法机关并没有强制约束力，司法机关想怎样改就怎样改。宪法关于人民法院以及人民检察院的设置，以及两院组织法对司法制度的规定，仿佛都可以置于一旁。在某种程度上，所谓的“良性违宪”成为司法改革的基本特色。上海市本次司法改革试点工作同样也存在上述问题，改革方案中的很多内容与宪法及组织法对法院、检察院的基本规定是完全不一样的。比如，建立市以下法院、检察院的法官、检察官市级统一管理的体制就进一步使得人大及其常委会对本级法院、检察院的监督功能虚置。违背了宪法和组织法中有关各级人民法院和各级人民检察院由同级人民代表大会产生，对它负责，受它监督的规定。由此，要想做到既要进行司法改革，又要保障宪法权威。最高立法机关必须作出一个决定，授权相关部门进行司法改革，这样就可以在不违背宪法基本原则的情况下，进行司法改革的试点，总结经验，最后拿出确定的改革方案后，通过修宪和修订两院组织法，完成司法改革。① 但遗憾的是，到目前为止没有看到相关的授权决定。

(二)司法改革中如何保障青年法官、检察官的利益

上海市司法改革方案要求法官、检察官占法院、检察院工作人员总数的33%，但现在法院、检察院的法官、检察官人数比例远超过33%。以法院为例，上海各级法院的法官数量目前大约占总人数的50%~60%，也就是说，至少将有17%的法官必须转为司法辅助人员或者行政管理人员。改革方案还规定，法检机关各级领导，都应当担任主审法官、主任检察官，亲自参加办案。同时，法检机关的领导不论是参加一线办案的，

① 参见杨立新：《国家治理现代化与司法改革》，载《法制与社会发展》，2014年第5期。

还是负责党政、后勤的，一般都是有较高职称的法官。这就很有可能导致那些在一线办案的青年法官、检察官，会因为行政级别不够，而被挡在那33%的“精英队伍”之外。以至于这33%的法官、检察官队伍成为领导们的专属俱乐部。因为我们很难寄希望那些既得利益的法检机关领导能够主动让贤，把法官、检察官的位子让给真正有能力办案的青年人才。而且，一旦那些没有办案能力和经验的法官、检察官占据了这33%的位子，以后法检机关如何高效、公正的办案也将成为问题。有些领导的能力根本无法胜任处理数量庞大的案件，如果强逼着他们办案，也只能是瞎判或者让其他法官、检察官或司法辅助人员判，尸位素餐，浪费职位资源，并造成法检机关青年人才的断层。① 因此，完善法官、检察官遴选机制，及时出台一套合理的筛选制度和标准，将真正有能力的人才遴选为法官、检察官就成为迫切需要解决的问题。切莫在遴选过程中论资排辈，惟权不惟才，牺牲青年法官和检察官的利益。

（三）司法改革中如何正确处理人大及其常委会同遴选（惩戒）委员会的关系

根据上海市司法改革方案关于法官、检察官“统一提名、党委审批、分级任免”的规定，法官、检察官遴选（惩戒）委员会在法官、检察官的任免上拥有实质性的权力，各级人大及其常委会只拥有程序性的权力。这就使得《法官法》第11条、《检察官法》第12条关于人大及其常委会任免法官、检察官的权力进一步被弱化。而人大及其常委会对法官、检察官行使任免权是民主原则的体现，行使法官、检察官实质性任免权的遴选（惩戒）委员会显然难以满足司法机关人员产生的民主性要求。因此，如何正确处理人大及其常委会同遴选（惩戒）委员会的关系还存在疑问。

（四）进行司法改革如何理顺高级法检机关与下级法检机关的关系

去除法检机关的行政化是此次司法改革试点工作的重要目标，其中就包括去除司法机关内部管理的行政化。但上海市司法改革试点方案在人财物管理方面赋予上海市高级法院和检察院很大的行政管理权限。以检察院为例，改革后，市检察院负责全市检察官的统一管理，组建检察官遴选（惩戒）工作办公室，具体负责相关工作组织实施。建立市级管理部门统一管理、市检察院协助管理的全市检察机关财、物统一管理的机制。而且整个司法改革试点工作，也是由高级人民法院和高级人民检察院分别在法院和检察院系统主导和推进的。因此，与改革前相比，高级人民法院和高级人民检察院获得了更大的行政管理权限。在人财物等方面对下级法检机关也有了更大的控制权。这种行政管理权一旦失控，就会异化高级法检机关与下级法检机关的关系。高级人民法院与下级人民法院之间也有可能由监督关系异化为领导关系。审判权、检察权与行政管理权混淆后，高级法检机关利用行政管理权不当干涉下级法检机关办案的风险将有扩大趋势。这对司

---

① 参见《上海司法改革：法官、检察官缩减至员工总数的33%》，载凤凰网：http：//news.ifeng.com/a/20140809/41507347_0.shtml，最后访问时间：2014年9月22日。

法责任制的真正贯彻落实、司法权的独立行使显然是不利的。① 因此，如何将高级法检机关的审判、检察职能与其行政管理职能进行严格区分，并在此基础上分别理顺审判权、检察权层面高级法检机关与下级法检机关的关系，以及行政管理权层面高级法检机关与下级法检机关的关系将成为一个重要课题。

当然，上海市司法改革试点工作中存在的问题可能还不止上述这些，如改革不透明的问题等，或者说在相关配套规定的制度安排下，上述这些问题可能根本不算问题。因此，上海市司法改革试点工作究竟能取得怎样的成绩，能够走多远，尚需实践的检验。

（作者简介：王昭华，武汉大学法学院 2013 级宪法与行政法学硕士研究生。）

◎ **点 评**

第一，司法改革的必要性问题。(1)现有制度是否解决得了实际问题，只有穷尽了现有制度依旧存在问题才能谈改革。(2)改革的终极目标是什么？改革内容与此有没有关联性？是否有利于该目标实现？(3)改革可能带来的后果与其可能带来的收益是否成比例？已预测到的改革可能产生的后果能否用现有制度进行解决？第二，司法改革的可接受性：(1)司法机关内部是否可接受？普通大众是否接受？学者官员等社会精英等接受否？(2)这种改革方案不公开的秘密改革是否能推行得下去？(3)现有法院正面影响大，人民已经习惯，改革能否达到预期良好效果？(4)党委机构秘密改革的目的是什么？第三，司法改革会加强党委聚权。改革开放的重要成果之一是把党委权力分割给人大，而此次司法改革把法官任免权力直接交由党委，是对人大权力的弱化。第四，改革与法官经济利益直接挂钩，普通法官利益得不到保障，高薪养廉养的是既得利益者，普通法官利益失衡引发的心态失衡会导致法院系统内部关系失衡。第五，法检越来越趋同。检察院系统作为司法机关本身就是比较牵强的，应该与法院有区分，此改革却使两者更靠近，改革后果令人忧虑。第六，制度需要相应的土壤，改革可能会导致换汤不换药，实质掌权的领导没有发生变化。第七，改革中涉及的科学性问题：法官条例出台的依据是什么？在个案差异下能否得到推行？

（点评人：武汉大学法学院　江国华教授）

① 参见支振锋：《“体制决定论”的力度与限度从司法机关人时物省级统管切入》，载《法学杂志》，2014 年第 4 期。

法院组织法和检察院组织法的修改问题

杨丽娟

摘　要：法院组织法的存在必须保障审判独立、审判公正与审判效率的实现。但现今，我国法院组织法在此三个层面均面临着诸多问题，致使法院组织法之修改已势在必行。笔者认为，此次修改应强化司法机关的“独立性”，保障其实践价值的真正实现。而增强其独立性的前提在于法院之职权活动均需“以法为据”、“以法为尊”。具体而言，在组织法的修改中，应强化审判权之独立性，理顺上、下级法院间的关系，强化法院人员的专业性、强化法院组织的合理性；改进立法技术，实现逻辑结构和文字表达上的规范化；预防违宪行为的发生，如增加激励性措施，等等。

关键词：法院组织法；立法修改；司法改革

一、《人民法院组织法》修改

（一）法院组织法修改之理论前提

法院组织法能不能修改，适不适合修改，笔者认为需考虑以下因素：其一，修改的正当性问题，即谁有资格改、改革的依据、改革的边界在哪。其二，是否具备了修改的土壤。如果一部法的修改是自然而然，顺势而生，那么它便会在后序的修改过程及诞生之后的实效上，产生事半功倍的效果。正如英国历史学家奥克肖特所言，“自发形成是一种美德”。这句话不仅是历史学的重要方法，而且法学亦然。其三，是否具备了修改的必要性。具体而言：(1)我们应审视现有的法律是否得到了较好的运用，如果没有，则我们重制新法的意义何在；(2)修改的愿景与手段是否相匹配；(3)改革的成本与实效是否成比例；(4)修改的可接受性。此点主要是指司法机关、普通民众、社会精英对组织法的修改是否认可、是否接受。笔者认为，从专业角度而言，司法机关内部的可接受性应极其重视，尤其是基层司法机关。他们活跃在基层，面临着大量的案源，不仅能够了解社会动态、百姓需求，而且更能发现法在实施过程中所产生的问题和相应的补救措施。法之修改，是理论与实践相结合的议题，缺一不可。其四，法之修改所带来的忧虑。

上面我们谈到，法院组织法适不适合修改要考虑的几点要素。接下来所要谈的是，如果具备了修法的土壤，那么该如何改、怎么改的问题。笔者认为，一部法的修改无非涉及三个层面：其一，体系结构的修改。即框架的调整，该整合则合并，该强调则单列，无则添加，多则删除。其二，具体内容的修改：(1)与相关新法相适应、相协调；(2)过于原则的内容具体化。笔者强调，具体化并非完全依条文而为，事无巨细，均由法定，即此处的具体化有着自定的边界；(3)不恰当的，甚至错误的内容应及时修正；(4)没有的内容及时增加，坚持修法的与时俱进理念；(5)过时的、已废除的内容及时删除。其三，强化立法技术的运用。即对逻辑结构、语言表达上的规范化。

针对目前《法院组织法》的现状而言，其修改已势在必行，见下文分析。

(二)法院组织法之现状

司法独立、司法公正和司法效率是我国司法制度改革的三大终极目标，也是《人民法院组织法》修改的逻辑起点。试想如果《法院组织法》的存在无法保障审判独立、审判公正与审判效率，那么其修改是必然之势。

1. 审判独立性问题

(1)法院上下级关系的异化。

司法实践中，上下级人民法院关系发生扭曲，呈现“行政化”之趋势——下级法院向上级法院回报的“案件请示”、上级法院对下级法院的“指示”、精神、政策等往往隐形地成为下级法院的根据，成为制约或指导下级法院法官行为的“规范”。①

(2)人大与法院关系的异化。

人大通过对个案审判的监督，严重影响了对法院的独立审判：其一，个案监督易演变成个人监督——由人大的某些处室甚至个人来监督；其二，人大法律知识欠缺，难免落入外行监督内行的困局；其三，人大作为立法系统，过多涉及“个案”必然会对我国的政治平衡造成损害。

(3)本级行政机关与法院关系的异化。

其一，人民法院的人事任免权属于人大及其常委会，然而，在现实操作中法院的人事权掌握在同级党委的手中。

其二，法院的财政权从属于地方，依赖于地方拨款，致使法院的建设、工作人员的工资奖金等受制于地方政府。

其三，长期以来的“人治”思想，加之一些人缺乏基本的法治观念，行政机关干预法院审判的现象并不鲜见。

(4)审判人员的独立。

法官独立性难以保障，就会影响参加合议庭法官的独立判断，最后也会使合议制度

① 杨艺红：《法官独立审判的制约性因素及其消解》，载《中山学刊》，2007年5月第3期。

名存实亡。

2. 审判公正性问题

（1）法院司法地方保护主义倾向。

司法实践中，司法机关或者地方利益集团的不当干扰，导致司法机关及其工作人员丧失了应有的独立性。①

（2）司法行政化倾向。

目前，我国法院在整个体制构成和运作方面与行政管理体制构成和运作有着基本相通的属性。② 法院组织法无预防司法的行政化，可谓是一大缺陷。

司法实践中，普遍存在着院庭长案件审批制，虽然法院组织法等相关法律无此规定。这种审批完全是行政机关的工作方式，往往会给一些人利用审批程序对案件进行干预，甚至改变合议庭的裁判。法院组织法规定审判委员会的决定合议庭必须执行——这一规定具有明显的行政性，直接违反了"公开审判原则"及"直接言词原则"。

3. 审判效率问题

（1）法院组织设置与司法效率。

我国法院的内部审委会是集权中心，审判庭经常通过庭务会间接地影响案件的审理，而审判庭的庭长也可以通过对裁判文书的把关影响案件的审理……审判委员会的存在和审判庭的干预往往导致了独任法官和合议庭功能的弱化，使审理权和裁判权相分离。

《人民法院组织法》第 40 条规定："地方各级人民法院设执行员……"该条的规定存在两个问题：一是仅设执行员易造成执行难的问题；二是对执行员的条件无明确规定，易影响执行效率。

（2）法官职业化与审判效率。

法官的职业化最重要的两点是：首先，法官的高素质。在我国，法官任职门槛过低，素质整体不高。且法官队伍过于庞大，待遇不高。虽然《法官法》第九条对法官的任职条件作了规定，但仍然失之过宽，且过于原则。其次，法官的独立性。在我国法院严重受制于同级其他国家机关，而法官严重依附于法院，难以真正独立。

由于法院组织法没有规定法院院长、副院长、庭长和副庭长必须具备法律专业知识和资格，因此，使一些不具备法学素养的人被任命为法院的院长或副院长，让他们来领导审判工作。

（三）法院组织法之修改建议

1. 强化审判权的独立性

审判权的独立以法官独立为核心，包括三个层面：一是司法机关外部独立；二是法院系统内部审判组织独立；三是法官裁判权独立。

---

① 张伟平等：《司法改革：分析与展开》，法律出版社 2003 年版。

② 张卫平：《我国法院体制的非行政化——一种法院体制的基本思路》，载《法商研究》，2000 年 3 月。

(1)理顺上、下级法院的关系。

其一，强化上级法院积极监督下级法院的职责。笔者认为，《人民法院组织法》第16条第2款应修改为：上级法院通过二审程序和审判监督程序对下级法院的审判工作进行监督。此外，应逐渐完善发回重审制度——明确其次数及上级法院改判与发回重审的事由，且上级法院应积极针对此类案件与下级法院沟通；强化上级法院启动再审的责任，摆脱再审虚置状态。

其二，在人大与法院的关系上。笔者认为法官任免应严格按照法定程度进行，同时规定法官实行终身制和与之配套的法官精英化——《人民法院组织法》第34条修改为：基层、中级法院院长、副院长、庭长、副庭长、法官由最高人民法院法院任命；高院院长、副院长、庭长、副庭长、法官由全国人大常委会任命；最高院院长由全国人大选举产生，最高院副院长、庭长、副庭长、法官由全国人大常委会任命。法院组织法第35条第1款修改为：法官实行终身制。法院院长、副院长、庭长、副庭长的任期与选举或任命其产生的机关的任期相同。第2款修改为：人大和常务委员会有权罢免由其选举或任命产生的法院院长、副院长、庭长、副庭长。此外，检察院对“个案监督”较之人大具有天然的优势——专门性、人员专业性、操作性强。因此，《人民法院组织法》应对“个案监督”的机关、范围、方式进行明确的界定。

其三，强化法官独立。建立法官统一由省提名、管理并按法定程序任免的机制。完善主审法官责任制、合议庭办案责任制为抓手，突出法官办案的主体地位，明确法官办案的权力、责任，对所办案件终身负责。并运用信息化手段，健全对司法权力的监督机制；细化宪法中公开原则，规定公开的对象、范围程度等。同时，加大司法公开力度，全面推进办案工作全程录音录像、生效裁判文书上网；充分发挥律师在诉讼中的作用，确保司法权依法运行。

其四，减少同级行政机关对法院的影响。笔者认为，要从经济上割断法院对同级行政机关的依赖——“司法经费由中央财政或者产生该法院的地方财政予以保证”。① 需建立省以下地方法院经费由省级政府财政部门统一管理机制——基层、中级法院的财政由省级财政保障，高级以上法院财政由中央财政提供。同时，应科学地规范司法行政管理机制、考核机制，处理好组织任免与法定任免间的关系。

其五，改革法院的设置体系。实行司法辖区与行政辖区的分离，即法院不按行政区域设置，而是根据人口及纠纷的数量、交通状况和通讯状况划分司法区划，形成跨省、跨市的司法体系②——可在现有基础上，由最高院在省、自治区、直辖市设立相应的巡回法庭，负责审理跨区域的案件，设立的巡回法庭并不是一级法院，不会改变我国当前的四级两审终审制模式，由最高人民法院派出人员和省、自治区、直辖市的高级人民法院的法官组成巡回法院，其所作出的判决效力等同于各个地方的高级人民法院，当事人

---

① 孙谦、郑成良：《中国的检察院、法院改革》，法律出版社2004年版，第203页。

② 任广浩：《当代中国国家权力纵向配置问题研究》，中国政法大学出版社2012年版，第232页。

不服相关判决的仍然可以向最高人民法院提出上诉。此外，还应摆正上、下级法院间的关系——审判关系是根本性任务，司法行政管理关系则是附属性的。

(2)强化法院人员的专业性。

其一，选任上的专业化。首先，选任途径的扩大化。扩大法官的选任渠道，实行有别于普通公务员的招录办法，招录优秀律师和具有法律职业资格的法学学者等法律职业人才进入法官队伍，为建立法律共同体搭建制度平台。此外，还应建立逐级遴选制度，即上级法院的法官原则上可从下一级法院中择优遴选；其次，选拔方式的专业化。对于法官的选任，要采取双重考察标准，即政治素质与专业能力的综合考察。具体而言：专业能力层面，在省一级设立法官遴选委员会，从专业角度提出法官人选。政治素质层面，由组织人事、纪检监察部门在政治素养、廉洁自律等方面考察把关。双重考察标准合格后，由人大依照法律程序任免。

其二，管理上的专业化。笔者建议，将法院工作人员分为法官、司法辅助人员、司法行政人员，对法官实行有别于普通公务员的管理制度。并在分类管理的基础，是建立法官额制，提高法官任职条件，从而渐进地提升我国公正司法能力。

(3)强化法院组织的合理性。

其一，精简机构、转变职能。笔者认为《人民法院组织法》第 18 条、第 23 条、第 26 条以及第 30 条可以合并规定为一条，即各级人民法院由院长、副院长、庭长、副庭长、审判员和助理审判员若干人组成。各级人民法院设刑事、民事、行政审判庭及行政管理局和执行局。人民法院无权增设其他机构。

其二，转化审判委员会的职能。笔者赞成谭世贵教授①之观点，审判委员会不一定非得废除②，我们可以转化其职能——《人民法院组织法》第 10 条第 1 款修改为：各级人民法院设立审判委员会，实行民主集中制。审判委员会的任务是总结审判经验，研究法院的审判工作，讨论重大或者疑难案件并为合议庭提供咨询意见，但其决定对合议庭没有强制力。

其三，明确审判庭的职能。笔者认为必须去除审判庭的审判功能，即案件的审判交予独任法官或者合议庭全权负责，审判庭无权过问，庭务会不能讨论具体案件的审判，案件的审理也无须向庭长“请示”或“报告”。

其四，设置行政管理局。笔者不主张把相关的司法行政权力分立出去，以免影响到法院之独立性。因此，在《人民法院组织法》修改中增加关于行政管理局——其对法院院长负责，管理法院行政性事务和后勤事务。

---

① 谭世贵教授认为：“可以把审判委员会改为审判咨询委员会，该委员会由人民法院中的资深法官和法学专家组成；合议庭在遇到重大、疑难案件而产生较大分歧时，可以提交委员会讨论提出处理意见供合议庭参考，但是否采纳则由合议庭决定，以示负责。”谭世贵：《论人民法院的机构精简和职能转变》，载《中国律师》，2000 年第 2 期。

② 有学者建议取消审判委员会的设置，认为审判委员会的存在纯属多余。彭东钫：《刍议废除审判委员会制度的可行性》，载《西部法学评论》，2009 年第 1 期。

其五，设置并强化执行机构。笔者建议通过立法的形式，把专门的执行机构作为法院的常设机构固定下来——第40条第1款应修改为：各级人民法院设置执行局，专门负责办理民事案件判决和裁定的执行事项，办理刑事案件判决和裁定中关于财产部分的执行事项。

其六，完善法院内部的监察机构。笔者认为应强化法院内部的监察机构——有权对法官的违法乱纪行为进行监督，对于法官的违法行为可进行立案调查，但无权对审判工作进行不合理的干涉，内部监察应该更多地归属于事后监督。法院内部的监察机构对院长负责。

2. 改进立法技术

针对逻辑结构、文字表达上不规范化问题，法院组织法应着重改进立法技术。如"地方各级人民法院"，它虽是一个普遍概念，但却忽略了几处例外情形。法院组织法第16条第1款规定："地方各级人民法院对本级人大及常委会负责并报告工作。"但中级人民法院中有"在省内按地区设立的中级法院"，法律没有规定地区一级设人民代表大会。如此条建议按宪法第128条，"地方各级人民法院对产生它的国家权力机关负责并报告工作"之提法修改，就会避免上述矛盾。立法已注意到这一例外情形。但第34条第1款仍然使用"地方各级人民法院"的概念，出现了以偏概全之矛盾。该条第3款规定，民族自治地方法院院长等人的产生办法与第1款完全相同。那么，从概念的属种关系来讲，前者包含了后者。因此，第3款对第1款就是重复的，可删去。如果立法本意是强调"民族自治地方设立的各级人民法院"的话，那么第1款的概念除限制第2款中的例外情况外，还得限制第3款的情况。①

3. 预防违宪行为的发生

服从法律除了是一种信仰以外，在大多数人看来它更多的是一种利益激励的手段与措施。由于法院组织法缺乏相应的法律后果，因此，应增加相应的激励措施，其中惩罚性措施占主要地位。

(四) 法院组织法之修改重点

笔者认为，综上所言，此次《人民法院组织法》的修改应注意以下问题：

其一，此次修改应强化司法机关的一种特性，且这种特性一定要具有实践性的意义——独立性。"独立性"是司法机关天生的一种特质，司法是社会保障的最后一道防线，如果司法机关自身不独立，其谈何维护社会正义。而增强其独立性的前提在于增强司法职权、树立司法权威。

其二，司法机关获得独立性的前提——司法机关的一切行为应"以法为尊"。笔者认为，"法"是一种客观、公正的规则，是一种超越意志的强大规范力量。在我们没有找到能够替代"法"这规则的情况下，它便是司法机关行使职权的唯一依据。曾有人说，道德是我国长久以来约定俗成的一种规则。因此，它可以在某种程度、某种层面来代替

① 赵泽君：《人民法院组织法与宪法的关系》，载《山西师范大学学报》，2007年3月。

法而成为社会的普适性规范力量。但是，我们应知道，道德是一种规则之前，它首先是一种意志的体现，即无法超越人之主观意识的影响。且我们应知道“道德在律己时是最好的法律，在律他时却是最坏的私刑”。而“以法为尊、以法为据”也是与我们十一届三中全会所提出的“法治中国”的理念相呼应。秦前红老师曾在其一篇文章中谈到，中国要想解决其面临的最大挑战与威胁——制度性腐败，其途径只有一条可行，即运用法律控制中国的整个政治权力。①

二、《人民检察院组织法》的修改

摘　要：经研究指出，在我国司法实践中，《人民检察院组织法》日益陷入运行之困境，造成检察院组织法之体系结构设置缺乏合理性、全面性，检察机构设置有违精简原则，加之对检察职权的设置不合理，也严重违反了检察权法定原则，致使诸多成果难以实现制度化与法定化。此外，检察监督机制的严重缺失，与长久以来的“权力本位”观的盛行，等等。这一切均造成了检察院组织法之修改已势在必行。在具体修改过程中，笔者建议逐步完善检察组织法之体系结构，调整组织法之整体框架结构、理顺各章之间的逻辑关系；完善检察机构设置，在修改过程中应坚持机构设置法定化之原则，保障机构设置精简化与司法实践之需求相匹配；完善检察职权，构建科学的检察职权体系、实现与其他新法的合理衔接、保障检察职权行使的独立化与法定化；最后笔者建议，完善检察监督机制，坚持检察监督法定化之原则，扩大检察监督的范围、强化监督的手段及增加人民监督员制度，等等。

关键词：人民检察院组织法；司法改革；立法修改

（一）《人民检察院组织法》之现状

《人民检察院组织法》乃关于检察院组织机构设置、人员安排和权力配置之基本法，是构建我国检察制度的法律基础。从其诞生至今，虽曾发挥过巨大作用，但也在法治完善的今天暴露出诸多问题——内容上滞后，无法与时俱进，有些条款与新创法律的规定不适应，甚至产生冲突；结构体系简单，不够严谨，与其在法律体系中的地位不相衬；机构设置、职责及人员分配不合理；监督措施不全面，等等。因此，急需对此予以修改。

其一，检察院组织法之体系结构设置缺乏合理、全面性。

在结构体系上，检察院组织法比较简单，条文较少，与其在法律体系中仅次于宪法

① 秦前红：《司法改革要处理好几种关系》，载《法学学术前沿》，2014年10月。

的地位实不相衬。加之不够严谨，致使各章之间缺乏严密的逻辑关系和内在联系——对专门的检察院未作出特殊的规定，如军事检察院。此外，既然是组织法，则人民检察院的职权就应当作为独立专章而存在，但该法关于职权的内容却散见于各章，冗杂且混乱，且在立法技术、文本上无法找到立法的基本规律。更令人不解的是组织法中没有规定"检察职权"的章节却规定了"行使检察职权的程序"，虽然两者同样重要，但却罔顾前提与根本。

随着我国改革开放的进一步深化，全国各地建立了一些由国务院批准的经济开发区、保税区和保税港区。为此，有必要在这些区域设立基层检察院。随着省直管市县行政管理体制改革的推行，对没有较大市管辖的县级制区域，有必要相对集中划定一定区域设立检察院分院。这些都应当在检察院组织法上得以体现，获得法律依据。

其二，检察院组织法之机构设置有违精简原则。

现今，检察机关的设置及人员之配置严重不合理，已不能适应我国经济社会的发展和检察工作的实际需要。以基层检察院为例，根据《人民检察院组织法》第20条规定："最高人民检察院根据需要设立若干检察厅和其他业务机构，地方各级人民检察院可以分别设立相应的检察处、科和其他业务机构。"此规定的出台，使检察机构的设置不断地膨胀化。具体而言：内设机构泛滥、分工过细，管理混乱。如检察院办公室、政治处都可以发出会议的召开通知，但往往都不作为，在一般情形下，只有院领导明确由哪个部门负责后才会将通知发出；部门职能重复，致使重审现象时常发生，工作效率低下，资源浪费、成本高的现象普遍存在，如反贪污贿赂局与渎职侵权检察科存在；称谓混乱，缺乏统一。如按照我国行政组织级别，基层检察院之内设机构应统一为"科"。由于有的职位级别可以高配一档，但仍与科是同一层级，如政治处主任、反贪局局长。这一现象检察系统内部是明了的，但却易使外界产生误解①；同时，由于领导职数太多，不仅挤占了一线办案人员名额，而且也使行政经费开支巨增。加之长期的行政化管理模式致使人员管理不够规范，检察员、检察辅助人员职责不清、权限不明的现象时常发生，如在没有任何法定程序之下，辅助人员变成了代理检察员。而检察机构内也时常充斥着一些未取得检察员身份的人。这一切致使机构膨胀现象一直得不到根本解决，严重影响了检察职业化队伍的建设与形成。

其三，检察院组织法之职权设置有违法定原则。

现行《人民检察院组织法》对检察职权规定的不准确、不完整，诸多职权成果难以法定化。如检察机关对经济、政治、文化、社会协调发展的保护、促进作用，对人权的保障作用，以及预防职务犯罪职能等，都没有明确作出规定。时代性缺陷和滞后性缺陷日益暴露，致使许多内容与目前检察机关实际履行的职权相脱节，已不能适应我国法治发展之形势和检察工作的需要。具体而言：

① 张群、何结乐：《浅议基层检察院内设机构设置的现状与改革》，载《法制与社会》，2011年10月。

(1)检察机构的设置有违独立原则。

现行《人民检察院组织法》第3条第2款规定，“各级……如果检察长在重大问题上不同意多数人的决定，则可以报请本级人民代表大会常务委员会决定”。此处，“如果……”之规定是违背检察院独立行使职权之精神的。试想如果将重大事项的决定权交予人大，则其实质是允许人大常委会行使检察机关之权力。如果人大代替检察机关作出决定，监督者与被监督者混为一谈，那么这样的决定又有何意义，检察权的独立行使又从何说起。此外，第22条、第23条存在同样的情形。

(2)职权衔接缺乏合理、有序性。

现行《人民检察院组织法》在立法体例上没有与其他类型的法律区分开来，存在组织法与宪法、诉讼法、检察官法相混淆的情况。如组织法中相关职权行使的内容比较多，但这些内容都可以在其他的相关法律中得以体现。因此，难以突出组织法中应重点规范的内容。且现有调整检察职权的部门法在相关内容的规定上还存在瑕疵。如已取消了“法令”形式和“免予起诉”制度，但组织法中却仍有此内容。此外，《人民检察院组织法》与其他部门法之间存在断裂。组织法其部分条款与其他新制定或修改的法律规定不一致，如与三大诉讼法之内容相脱节，给诉讼监督带来实际困难。具体而言：①组织法第5条仅对检察院在刑事案件中的职权作了规定，但是，对民事审判活动、行政诉讼的法律监督之职权却未在《人民检察院组织法》中得到体现。②组织法第11条、12条、13条、14条、16条、17条的规定明显与新修改的刑事诉讼法、民事诉讼法不一致。

(3)职权内容缺乏与时俱进。

检察院组织法关于检察机关任务的规定不够全面，一些表述已不适应形势的发展。现今，检察院的任务不仅限于打击犯罪，更重要的是保障国家宪法和法律的统一正确实施。组织法第4条中“维护无产阶级专政制度”的表述与宪法第1条第1款的规定不一致；经济方面，给予非公有制经济法律上的平等保护也是检察机关的任务；宪法、刑法及相关法律已取消了“反革命”用语，代之以“危害国家安全”的表述，但检察院组织法第4条却仍未改变。

(4)职权成果缺乏法定化。

现行检察院组织法未及时吸收借鉴改革创新成果，过于原则、粗糙与滞后。在司法实践中，几乎没有通过立法的形式将司法改革和检察改革成果制度化、法律化。如主诉、主办检察官办案责任制改革工作、人民监督员制度试点工作，超期羁押责任追究制等工作成果均缺乏法律支持，修改之势已不可挡。

其四，检察组织法之监督机制缺乏

由于现行《人民检察院组织法》关于法律监督的法条分散于其他程序法中，致使检察职权的作用受到了限制：

(1)对有限监督机制的缺失。

在我国法律框架下，法院独立行使之审判权要受到检察院的有限监督。组织法第5条规定，检察院对法院所行使的监督权具体表现为公诉权、抗诉权，而这些权力的行使又主要是通过对个案全过程的监督。这种监督的权力过大，一方面，破坏了控辩平等的刑事诉讼结构；另一方面，也使检察院可能对法院的审判进行干涉，这是不可取的。

(2)检察机关监督范围过窄。

在我国，侦查机关已由公安机关扩展到了国家安全机关、海关。而检察机关作为法律监督机关，应当将规定中新增侦查机关的侦查活动纳入法律监督范围。如国家安全机关行使的侦查、拘留、预审和执行逮捕等职责，检察机关应对诸上活动予以法律监督。

(3)对检察机关自侦案件、自诉案件裁判之法律监督缺失。

组织法第5条第2款规定："检察机关对直接受理的刑事案件，进行侦查。"足见，检察机关的法律监督职权中并未将检察机关自身侦查活动纳入法律监督的范围。此外，人民法院对自诉案件的裁判属于刑事审判活动，理应纳入检察机关法律监督的范围，但在司法实践中，却并非如此。

(4)对检察机关法律监督手段之规定的缺失。

检察院组织法对检察机关履行法律监督职能的措施方面十分缺乏，如知情权、调查权、必要的监督措施等都是检察机关所不足的，我们有必要将检察机关的实践经验和司法体制改革的成果上升为法律，体现于组织法中。此外，对职务犯罪预防工作的规定也存在缺失现象。

其五，检察院组织法缺乏正确的观念导向。

在检察实践中，我国长期受占据统治地位之"人治"思想的影响，加上一些人缺乏基本的法治观念，在不少同志的头脑中，并没有真正、全面地认识到检察机关的性质、任务，因而在开展检察业务中，易造成工作上的偏差和失误。

总之，现今之《人民检察院组织法》弊端重重，其修改迫切且必须。

(二)《人民检察院组织法》之修改建议

笔者认为，《人民检察院组织法》的修改就考虑以下几点：其一，以宪法为基础，与三大诉讼法相协调；其二，取消已过时的内容，优化结构设置；其三，坚持与时俱进，吸纳司法体制改革成果；其四，彰显检察理论与实践的成功经验；其五，听取检察机关的修改建议与意愿，尤其是基层检察官；其六，强化立法技术的运用。即对逻辑结构、语言表达上的规范化。具体而谈：

其一，完善检察院组织法的结构体系。笔者认为，检察院组织法之体系结构需要在原有的基础上予以调整。具体代表性的为卞建林教授的观点，先生指出对我国现行《人民检察院组织法》的修改绝不能只是小修小补，只作个别条文的调整，而应进行较为重大的修改，甚至在结构上都要作一些调整，如单设检察职权一章，对专门检察院作出特殊规定等。具体而言，该法修订的理想结构应按照总则、组织体系、组织职权、组织主体、特殊组织来创制，即第一章，总则；第二章，人民检察院的职权。第三章，人民检察院的机构设置和人员任免。其他内容保持不变，以从根本上克服现行法结构不严谨的问题，又可以保持法律修订的连贯性，符合立法的基本规律和原理。①

其二，完善检察机构设置。笔者认为，检察机构的完善需考虑两个层面：(1)检察机构设置法定化。如应对《人民检察院组织法》第 20 条作出修改，明确规定“基层检察院”之机构设置的方式、标准等问题，保障基层检察院机构设置有法可依。(2)机构设置精简化与司法实践相匹配。即设置精简化、去冗求必——职能重复的机构应予以合并，人员膨胀的部门予以精简。根据实践需求可将此部分人员可充实到一线岗位，充分发挥每一位检察人员的工作效能，提高检察工作的整体效率。如将反贪污贿赂局与法纪检察科、纪检监察与政治处合并为一。② (3)设置权责统一，名副其实的内设机构。以基层检察院为例，在设置内设机构时，应统一称为“科”，并保障其机构称谓与其职责相匹配。如此一来，既便于检察机关内部管理、也便于群众识别，促使检察权之高效、权威的实现。

其三，完善检察职权设置。(1)构建科学、健全的检察职权体系。如职务犯罪侦查权；批准和决定逮捕权；刑事公诉权；刑事立案监督权；侦查监督权；刑事审判监督权；民事审判、行政诉讼监督权、刑罚执行监督权，等等③。如增强检察院对民事审判与行政诉讼的监督权。据此，可将原法条第 5 条增加一项作为第 6 款，即“对于民事、行政诉讼活动是否合法，实行监督”。此外，还应在检察实践中应积极拓展非诉讼监督的空间，通过修订该法强化检察建议、纠正违法通知书等非诉讼监督方式的运用，促使检察职权在组织法层面得以科学配置。④ 如可将第 11 条修改为：“人民检察院发现并且认为有犯罪行为时，应当依照法律程序立案，或者按照管辖规定移送有关机关进行立案侦查。侦查终结，人民检察认为必须对犯罪嫌疑人追究刑事责任时，应当向人民法院提起公诉；认为不需要追究刑事责任时，应当将原案撤销，并可同时提出检察建议。对于检察建议和立案监督通知，有关单位应予以回复。”(2)职权配置与相关法律及时、合理地衔接。首先，组织法的修改应与宪法相协调，坚持与时俱进。如《宪法》对检察机关的性质作出了规定，组织法则不应再次重复，而应将其具体化。其次，与三大诉讼法的

① 第一部分：“总则”，检察机关的组织性质、组织任务、组织与外部的权力机关的关系、组织内部的领导体制、组织活动原则等组织制度方面的基本规范内容。第二部分：“组织体系”，即关于检察机关的机构设置体系的规范；第三部分：“组织职能”，即关于检察机关的职权体系的规范。第四部分：“组织主体”，即关于检察机关中检察人员的设置、任免、权利、义务方面的规范。第五部分：“特殊组织”，即关于军事检察机关在组织方面的特殊规范。卞建林、田心则：《论我国检察院组织法结构体系的立法完善》，载《人民检察》，2007 年第 2 期。

② 张群、何结乐：《浅议基层检察院内设机构设置的现状与改革》，载《法制与社会》，2011 年 10 月。

③ 徐光岩：《关于对人民检察院组织法中检察机关职权修改的思考》，载《人民检察》，2010 年第 8 期。

④ 王国明、朱志勇：《法制视野下的检察权配置研究》，载庄建南：《强化法律监督与检察权配置》，中国检察出版社 2006 年版，第 35 页。

协调。如为了与刑事诉讼法第18条①相适应，组织法第5条第2款可修改为：“对于法律规定由人民检察院立案侦查以及其他人民检察院认为需要由其直接立案侦查的刑事案件，进行侦查。并对其直接受理的刑事案件的立案和侦查活动是否合法实施监督。”此外，三大诉讼法中未规定的“监督程序”，检察院组织法应在具体的修改中得以体现与充实。(3)强化检察权的独立性。首先，财权的独立。笔者建议，在检察院的财权问题上，应建立一种“统管式”经费保障体制。即最高检的经费由中央财政负担，省级以上的检察院由省级统筹、统一拨付。其次，人事任免权的独立，检察院组织法第22条、第23条建议修改为，“地方各级人民检察院检察长由上一级人民检察院检察长提名，并由同级人民代表大会选举和罢免”、“地方各级人民检察院检察长由上一级人民检察院检察长提名，并由同级人民代表大会选举和罢免”。此条修改意在赋予上级人民检察院对下级人民检察院检察长选举的提名权，加强上级检察院对下级检察院的控制权，保障检察机关的国家性与系统内部的一体性。再次，职权行使的独立：现行检察院组织法第3条第2款规定，“各级人民检察院设立检察委员会……如果检察长在重大问题上不同意多数人的决定，则可以报请本级人民代表大会常务委员会决定”。此处，“如果……”之规定是违背检察院独立行使职权之精神的。因此，建议修改为：“如果检察长在重大问题上不同意多数人的决定、与检察委员会多数成员的意见不一致的，有权自行决定并独立对该决定负责，也可以报请上一级人民检察院决定。”……②(4)检察权坚持与时俱进之精神。具体而言，应将组织法第四条中的“反革命活动”改为“危害国家安

① 《刑事诉讼法》第18条：“刑事案件的侦查由公安机关进行，法律另有规定的除外。贪污贿赂犯罪，国家工作人员的渎职犯罪，国家机关工作人员利用职权实施的非法拘禁、刑讯逼供、报复陷害、非法搜查的侵犯公民人身权利的犯罪以及侵犯公民民主权利的犯罪，由人民检察院立案侦查。对于国家机关工作人员利用职权实施的其他重大的犯罪案件，需要由人民检察院直接受理的时候，经省级以上人民检察院决定，可以由人民检察院立案侦查。”

② 再如，现行《人民检察院组织法》第10条规定：“最高人民检察院对全国人民代表大会和全国人民代表……上级人民检察院领导下级人民检察院的工作。”这条规定了我国检察院组织机构的领导体制。有学者建议修改为：“地方各级人民检察院和专门人民检察院须向最高人民检察院报告工作，下级人民检察院向上级人民检察院报告工作；最高人民检察院可以改变或者撤销地方各级人民检察院和专门人民检察院的决定；上级人民检察院可以改变或者撤销下级人民检察院的决定。最高人民检察院的决定，地方各级人民检察院和专门人民检察院必须执行；上级人民检察院的决定，下级人民检察院必须执行。”支持此条修改的学者主要着眼于解决人民代表大会制度与检察院的国家性、检察系统的一体化之间的冲突，意在加强检察院独立行使职权的依据，使其具体化、明晰化——在我国，人大制度的基本要求在于国家行政、审判、检察机关由其产生，对其负责，受其监督。因此，无论是最高检还是地方检察机关都需向同级人大及其常委会负责并报告工作，这是人大制度的要求，也是检察机关存在及其行为合法性的依据和源。“检察院的国家性”内涵，是指检察机关是我国的法律监督机关，只要发生了危害国家利益的行为，检察机关就应予以监督，即检察机关的监督权是国家性的，以维护国家的根本利益为目的。“检察一体体制”是指为保持检察权行使的整体统一，在肯定检察官相对独立性的同时，将其组成统一的组织体，即采取检察官所有活动一体化的方针。但同时，也有学者指出，在我国，上、下检察院之间是领导与被领导的关系。因此，对第十条的修改是没有必要的。笔者认为，两种说法各有一定的道理，但是从我国司法实践中来看，检察机关的某些权力是形同虚设的，其监督过于被动。如果将其条文具体化，监督方式、途径法定化，则势必会改变这一弊端。因此，笔者支持修改。

全的活动”；将“维护无产阶级专政制度”予以废除。将第五条中“法令”予以废除，此外，还应将第5条、第13条中的“免予起诉”①之词废除。由于我国劳教制度已然废除，因此，应将第19条中关于“劳动改造机关”予以去掉，防止混乱现象的发生，等等。

其四，完善检察监督机制。(1)扩大检察监督的范围。为了与刑事诉讼法相协调，笔者认为，检察监督的范围应从刑事检察监督扩展到民事审判、行政诉讼的监督。(2)强化监督的手段。如检察院的司法解释权、检察建议权、知情权、调查权、职务犯罪技术侦查权等均需要组织法来赋予和确认。如上文所述对现行法第11条的修改。(3)检察监督“法定化”。笔者指出，此处的“法定化”包括实体法与程序法，即“依据法定化”——检察监督应严格依“法”行使与“程序法定化”——检察机关一切活动严格依法定程序进行。(4)人民监督员制度。此次对检察院组织法的修改扩大了人民检察院的职权，如监督权、人事任免权等各方面的权力，为了防止检察系统内部集权化现象的发生，建议增加“人民监督员制度”。人民监督员制度是一种群众性的监督制度，其设立的目的在于规范检察机关的职权活动。因此，我们应从对检察监督的视角对人民监督员制度进行规定，而不宜就人民监督员制度本身详加叙述。②

三、检察院组织法之修改重点

笔者认为，综上所言，此次《人民检察院组织法》的修改应注意以下问题：

其一，司法是社会保障的最后一道防线，笔者认为，此次检察院组织法的修改应强化检察机关的对内、对外之职权，使检察机关在行使职权活动中获得一种不受外界非法干扰的超然地位。但是为了防止其检察系统内集权情形的发生，应建立人民监督员制度，通过双重制约机制来保障检察机关的维护社会公义之性质，以实现高效司法、维护司法公正、树立司法权威。

其二，检察机关扩大其职权的前提在于——检察机关一切行为应“以法为尊”。笔者认为，“法”是一种客观、公正的规则，是一种超越意志的强大规范力量。在我们没有找到能够替代“法”这规则的情况下，它便是司法机关行使职权的唯一依据。曾有人说，道德是我国长久以来约定俗成的一种规则。因此，它可以在某种程度、某种层面来代替法而成为社会的普适性规范力量。但是，我们应知道，道德是一种规则之前，它首先是一种意志的体现，即无法超越人之主观意识的影响。且我们应知道“道德在律己时是最好的法律，在律他时却是最坏的私刑”。而“以法为尊、以法为据”也是与我们十一届三中全会所提出的“法治中国”的理念相呼应。秦前红老师曾在其一篇文章中谈到，

① 免予起诉，是指人民检察院对已构成犯罪，但依照法律规定不需要判处刑罚或者免除刑罚的被告人不予起诉的一种法律制度。事实上，我国在1996年对《刑事诉讼法》进行了修订，已经废除了“免予起诉”制度，也就是说在我国的现行法律中“免予起诉”已经不存在，取而代之的是“不起诉”制度。参见痪向荣：《令人费解的“免予起诉”》，载《河南商报》，2010年5月。

② 万春：《人民检察院组织法修改的基本原则》，载《人民检察》，2007年第2期。

中国要想解决其面临的最大挑战与威胁——制度性腐败，其途径只有一条可行，即运用法律控制中国的整个政治权力。①

（作者简介：杨丽娟，武汉大学法学院2014级宪法与行政法博士研究生。）

◎ **点　评**

第一，司法改革之所以重要是因为由司法主导的法治文明才是法治完善的出路。第二，法院组织法和检察院组织法的修改应该落实在司法改革的背景之下，主讲人的内容虽然详实但关键不太突出，没有围绕改革的措施和要点来着重突出修改内容，没有厘清组织法和诉讼法的边界。第三，主讲人忽视了对现实的关照，我们可以观察司法改革试点如深圳前海和珠海横琴的司法改革来完善我们的研究。第四，宪法实施不应局限于文本，没有必要因为宪法没有修改就不可以修改两部组织法，宪法实施的重点是维护好我国根本政治制度即人民代表大会制度。第五，法的制定不同于法的实行，两者的冲突和矛盾在立法时就应该提前预见和避免。第六，法院组织法和检察院组织法的条文很少，是否可以制定司法基本法将两法条文进行有效地统合。

（点评人：武汉大学宪法与行政法学博士　彭超）

① 秦前红：《司法改革要处理好几种关系》，载《法学学术前沿》，2014年10月。

美法两国司法管辖制度及其借鉴意义

赵新磊

摘　要：司法管辖制度是实现司法权力运行的基础制度之一。健全完善的司法管辖制度对于审判权的独立行使有着积极意义。我国司法管辖制度存在诸多弊端，亟待解决；考察外国司法管辖，借鉴其中有益部分，十分有必要。本文详细介绍美国法国两个国家的司法管辖制度，希望能有所裨益。美国作为属于英美法系的联邦制国家，其法院设置分联邦和州两个系统，且各自独立互不隶属，是典型的双轨制。法国是大陆法系单一制国家，它的法院设置在保证法制统一的前提下，为了实现司法公正也存在司法管辖同行政区划不一致的情况。

关键词：法院；管辖；行政区划

“他山之石，可以攻玉”，我国司法制度的创新发展与改革，需要借鉴其他国家司法制度上的优点。同时，结合我国具体法治实践加以改良，从而推动我国司法制度的不断完善。本文通过对美国和法国两国的法院体系和设置的介绍，为我国法院制度改革提供有益借鉴。

一、美国法院设置

美国法院体系分为联邦和州两种，这样的组织体系是由美国宪法规定的联邦和州分权的体制决定的①。联邦法院负责实施联邦的法律，各州法院负责实施各州的法律。联邦法院的经费由联邦议会负责，州法院的经费由各州议会负责。联邦法院和州法院之间没有隶属关系，这种法院设置体制被称为双轨制。此外，在联邦和州普通法院之外还存在着专门法院。下面对美国法院进行具体介绍。

① 白绿铉：《美国民事诉讼法》，经济日报出版社 1996 年版，第 22 页。

（一）联邦法院体系

1. 普通法院

联邦法院分为三级，自下而上分别是：联邦地区法院、联邦上诉法院和联邦最高法院。

联邦地区法院是联邦法院组织体系中最基层的法院，又被称为是民刑案件的初审法院。联邦地区法院根据人口和案件的多少在各州设置，每个州至少有1个，最多有4个。美国本土的哥伦比亚特区设有一个地区法院，海外的关岛、波多黎各、维尔京群岛和运河地区分别设有1个联邦地区法院①。人口较多的州，如加利福尼亚州、纽约州和得克萨斯州各设有四个地区法院。目前，美国全国共有94个联邦地区法院，也被叫做94个联邦司法管辖区。

联邦地区法院管辖权主要体现在以下几个方面：联邦问题管辖、州籍不同管辖和联邦法院专属管辖。联邦问题管辖最普遍适用的管辖权存在于：民事权利案件，反托拉斯案件，违反联邦刑事制定法案件，破产案件，侵犯专利和版权案件，证券违规案件和违反劳工法案件②。州籍不同管辖是指联邦法院对于不同州公民之间产生的争议或者一州公民与外国公民之间产生的争议拥有管辖权。联邦法院专属管辖的案件包括：海事海商案件，外国领事、副领事作为被告的案件，罚款、处罚或没收案件，破产案件，不属于海事或海商管辖权范围的捕获案件。

联邦上诉法院是联邦地区法院的上一级法院，在1981年设置，其目的是为了减轻联邦最高法院受理联邦上诉案件的负担。联邦上诉法院管辖的区域叫做巡回区，每个巡回区管辖3个或3个以上的州。除哥伦比亚特区作为单独巡回区设置联邦上诉法院外，其余共设置11个巡回区，这11巡回区每区各设1个联邦上诉法院。此外，在哥伦比亚特区还有1个联邦巡回上诉法院，该法院负责最高法院委托案件、美国国际贸易法院上诉案件和联邦赔偿法院上诉案件。也就是说，美国联邦上诉法院共有13个。

联邦上诉法院虽然管辖数州（除哥伦比亚特区外），但是有的法院在数个城市轮流开庭，有的则固定在一个城市开庭。联邦上诉法院受理的案件主要是来自联邦地区法院的案件。同时，联邦上诉法院还受理对联邦税务法院判决的上诉以及对一些联邦行政机构的命令的上诉。

联邦最高法院是美国联邦法院组织体系中最上层的法院。联邦最高法院具有管辖权的案件有：对于联邦地区法院的裁决；对于联邦上诉法院的裁判；对于其他联邦法院的裁判；对于州最高法院的裁判。一个由州管辖的案件只有在涉及联邦法律并且在经过一整套州法院上诉程序后，才能进入联邦最高法院。联邦最高法院还有违宪审查的权力。

2. 其他法院

联邦国际贸易法院，其前身是联邦海关法院。在1909年修改《关税法》时设立海关

① 周道鸾：《外国法院组织与法官制度》，人民法院出版社2000年版，第19页。

② 齐树洁：《美国司法制度》，厦门大学出版社2010年版，第75~76页。

上诉法院。1980年，国会颁布了《海关法院法》，对海关法院进行改革和完善，并将海关法院更名为国际贸易法院。国际贸易法院对根据关税法及国际贸易法律而向美国提出的大多数诉讼拥有专属管辖权①。

联邦索赔法院受理大部分向美国政府要求金钱赔偿的索赔案件。它也受理以美国政府作为一方当事人的合同纠纷案件。该法院所能提供的救济只有金钱上的损害赔偿②。

联邦税收法院的前身是1924年建立的联邦税务上诉委员会，该委员会在1942年更名为美国税务法院，1969年改称联邦税收法院。它对全美税收争议案件有专属管辖权。

此外还有军事法院和退伍军人上诉法院，等等。

(二)州法院体系

美国各州的法院不是联邦法院的下级，它是和联邦法院平行的司法机构。美国各州法院设置类型复杂，没有统一标准或者具有代表性的州法院系统。然而，从各州法院司法权限方面来区分，大致可以分为三级：初审法院、州上诉法院和州最高法院。各法院司法权限的划分是由各州宪法或立法机关确定的。

州的初审法院又可以根据其管辖权分为普通管辖权和有限管辖权两个方面③。普通管辖权的法院可以审理任何除法律规定由联邦法院审理的案件。有限管辖权的法院其审理案件的范围被控制在一定范围内，主要是根据惩罚标准来确定。

州上诉法院的设置是为了减轻州最高法院不断增加的负担。在一般情况下，州上诉法院只行使上诉管辖权，对上诉案件进行审查。

州最高法院是一州的终审法院。它审理来自本州初审或者上诉法院呈送的案件。通常情况下刑事案件可以向州最高法院提起上诉。同时，州最高法院对涉及本州宪法和法令解释上出现争议时，有最终裁定权。

美国州法院体制多样性是它的显著特点，但由此带来的法律程序过于复杂饱受批评。

二、法国法院的设置

法国法院组织体系由宪法委员会、普通法院体系和行政法院体系三个部分构成，其中行政法院是法国法院区别于其他国家最显著的特点。

(一)宪法委员会

1958年法兰西第五共和国建立，同时设立宪法委员会，赋予它违宪审查权，从而实现监督立法机构保障行政权正常运行。法国宪法规定宪法委员会的人数为9人，任期

① 齐树洁：《美国司法制度》，厦门大学出版社2010年版，第64页。

② 朱福惠，邵自红：《美国与德国法院体制之比较》，载《现代法学》，2001年第6期。

③ 周道鸾：《外国法院组织与法官制度》，人民法院出版社2000年版，第9页。

9年，不能连任。每三年改选1/3。9名法官中3人由总统任命，3人由参议院议长任命，3人由国民议会议长任命。宪法委员会的功能有两个方面。第一，对宪法的保障，对规范性文件法律进行合宪性审查，而且议会、政府和总统都要遵守宪法委员会对宪法和宪法性文件所做的解释。第二，对政治力量的平衡功能，宪法委员会可以说是政府和议会的平衡支点，政府和议会的一些争端通过宪法委员会后得以解决①。

(二)普通法院体系

法国普通法院数量庞大，它们处理法国几乎所有民商和刑事案件，设置较为复杂，按照管辖案件的性质可分为民事法院和刑事法院。

1. 民事法院

民事法院由小审法院、大审法院、近民法院和特殊民事法院构成。

小审法院是处理一些小额民事案件的专门法院。现在法国共有473个小审法院，它们主要分布在省会所在城市和各市镇，平均每个省有5个②。小审法院的职权管辖权包括以下内容：(1)标的额在4000欧元以上10000欧元以下动产纠纷的民事案件。(2)标的额低于4000欧元的不动产和消费贷款案件。(3)其他特殊性质的案件。

设立于1958年的大审法院是法国非常重要的民事一审法院。现在法国共有181所大审法院，法国本土有175个，海外省有6个。设置原则是每省各有一个，但是在经济发达、人口较多的省份，设有多个大审法院。③ 比如，在诺尔省就有7个大审法院，在加莱海峡省有4个大审法院。大审法院的职权管辖非常广泛，概括来说除了由其他法院(小审法院、近民法院、商事法院等)管辖的案件外，其他案件都属于大审法院管辖。大审法院专属管辖的案件有：家庭案件、不动产案件、民事继承案件、协会解散案件，等等。除此之外，大审法院还受理对小审法院的上诉案件④。

近民法院是2002年才产生的，是法国司法改革的一个重要结果，其设置目的是为了更加方便民众接近司法。每个近民法院管辖范围是5~10个县区。近民法院的法官不是来自职业司法官，而是来自公民。当然为了保证司法质量对此公民进行了严格的条件限制。近民法院作为小审法院的补充，它受理诉讼的标的额在4000欧元以下。

特殊法院有商事法院、劳资争议委员会、社会保险法院和农村租约对等法院。商事法院负责一审商事纠纷，它的法官不是职业司法官，而是从商人中选举产生。法国现在有185个商事法院，其设置考虑的是商事活动是否频繁，在没有商事法院的地区，当地的大审法院行使商事管辖权。⑤ 劳资争议委员会专属管辖因劳动合同或者试用合同产生的纠纷，对于标的额低于4000欧元的，具有一审终审权。为了更好保障受雇人利益，

---

① 金邦贵：《法国司法制度》，法律出版社2008年版，第247页。

② 金邦贵：《法国司法制度》，法律出版社2008年版，第130~131页。

③ 刘新魁、陈海光：《法国司法制度的特色与发展》，载《法律适用》，2004年总第220期。

④ 吴玲：《法国司法体制》，载《中国司法》，2005年第6期。

⑤ 刘新魁、陈海光：《法国司法制度的特色与发展》，载《法律适用》，2004年总第220期。

它的地域管辖有如下要求：受雇人在机构以外的地方工作，在发生劳动纠纷时有权向其居住地的劳资争议委员会起诉；受雇人为原告时，可以根据自己方便选择劳动合同签订地或者雇佣人所在地的劳资争议委员会诉讼。社会保险法院有社会保险法庭负责审理社会保险普通纠纷，有无劳动能力及工伤法庭处理带有医疗性质的技术性纠纷。农村租约对等法院是专门负责审理与农村租约有关的纠纷①。

2. 刑事法院

刑事法院组成部分包括违警法院、轻罪法院和重罪法院，此外还有特殊刑事法院。

法国违警法院由近民法院和治安法院构成。根据违法后果，违警罪分为五级：第一级罚款不超过28欧元；第二级罚款不超过150欧元；第三级罚款不超过450欧元；第四级罚款不超过750欧元；第五级罚款不超过1500欧元，累犯时不超过3000欧元，但法律规定累犯违警罪构成轻罪的除外②。近民法院负责审理前四级违警罪，治安法院负责审理第五级违警罪；但对于未成年人触犯前四级违警罪的可以在近民法院审理，第五级违警罪则不能在治安法院审理应在专门的未成年法院审理。

轻罪法院与大审法院是同一个法院，在审理刑事案件时被称为轻罪法院，审理民事案件时被称为大审法院。一般而言大审法院只有一个法庭，同时负责刑事和民事案件，但是在一些犯罪多发地区，大审法院下面会设置多个法庭负责刑事案件审理，如巴黎大审法院有15个轻罪法庭，里昂6个，马赛有5个③。

重罪法院是负责审理重罪的刑事法院，它不是一个常设机构，一般每年三月开庭一次；如有需要可以增加开庭次数。④ 重罪法院是法国唯一设立陪审团审理刑事案件的法院。原则来说每省各设一个，不过也有省份会设置多个重罪法院。重罪法院的判决是终审，但也可以就法律问题申请最高法院复议。

法国的特殊刑事法院是未成年人法院、军事法院和海商事法院。

（三）行政法院体系

法国的行政法院体制是区别于其他国家法院设置的显著特征，行政法院产生的理论根源在于孟德斯鸠“三权分立”学说。法国人认为司法权管辖的应该只是民事和刑事纠纷，但行政机关的纠纷属于行政权的范围，由此设立行政法院专门解决行政纠纷。法国行政法院分为初审行政法院、上诉行政法院和最高行政法院。

初审行政法院是法国本土和海外省的地方行政审判机构，现有39个初审行政法院，30个在本土，9个在海外。海外每省各有一个初审行政法院，法国本土则几个省设一个初审行政法院。初审行政法院有非行政诉讼职能——负责回答地方国家代表提出相关的法律问题，行政审判职能——除法律特别规定，所有属于行政法院管辖的一审案件，均

---

① 金邦贵：《法国司法制度》，法律出版社2008年版，第159页。

② 周道鸾：《外国法院组织与法官制度》，人民法院出版社2000年版，第109页。

③ 金邦贵：《法国司法制度》，法律出版社2008年版，第174页。

④ 曾涛、梁成意：《法国法院组织体系探微》，载《法国研究》，2002年第2期。

归其受理。

上诉行政法院是法国行政法院的二审机构，主要是处理对初审行政法院判决不服的上诉案件。现在法国有 8 个上诉行政法院，分别设在巴黎、波尔多、里昂、南锡、南特、马赛、多埃和凡尔赛。上诉行政法院没有初审管辖权，其主要是负责对初审行政法院的上诉。同时，上诉行政法院也有非诉讼职能——接受大区国家代表的咨询，就执行司法判决向有关行政机关下达命令。

最高行政法院不仅是最高行政审判机关，是全部行政法院共有的最高法院，而且还是中央政府最重要的咨询机关。总理是法定的院长，但从不参加最高行政法院的任何活动，其实际负责人是由内阁任命的副院长。最高行政法院职能有诉讼职能和非诉讼职能之分。诉讼职能是法律复合审、上诉审和部分案件的初审。非诉讼职能是对政府提供法律草案的咨询意见。

三、美、法两国法院设置及管辖对中国的借鉴

我国现在已经开始进行新一轮的司法改革试点，此次改革其中一个重要内容就是破除司法地方化，保持司法独立。通过对美国法国法院体系和设置的了解，对于我国的司法改革，有以下几个方面可以提供借鉴：

首先，建立独立的司法管辖区域，设置巡回法庭。不管是美国联邦法院还是法国行政法院，它们的司法管辖区域同行政区划都是分离的。目前我国司法管辖区域同行政区划是一致的，这就使得司法很容易受到地方势力的影响，其公正性受到质疑。建立新的独立于行政区划之外的司法管辖区域，司法管辖区域具有分离性即人为地分割行政区划，自主性即有相对独立的活动空间①。这种地域空间上的相对超然，能够给法院在处理案件时减少地方干预提供便利。以此为基础设置巡回法庭，巡回法庭的优点在于：一则赋予行政案件和跨区域民商案件当事人自主选择权，避免地方保护；二则由于这种当事人选择的存在，产生巡回法院和地方法院的竞争，从而约束可能出现的司法腐败②。

其次，调整地方法院的提级管辖。美国联邦法院和州法院之间存在着管辖权的重合，就重合部分，当事人有权选择起诉至联邦或者州法院。我国需要借鉴的是在诉讼双方为跨区域的公民时，给予当事人选择管辖法院的自主权。这种自主权，不仅是可以规定在合同中的“协议管辖”，而且可以选择更高等级法院的管辖。具体体现是：同市不同县(区)的，可以向中级人民法院起诉；同省不同市的可以向高级人民法院起诉。

再次，完善司法系统的财政保障。法院经费来源是司法地方化产生的重要原因，解决法院经费问题对于保证司法独立十分重要。美国联邦法院的经费是由美国议会拨付，

① 李卫平：《关于司法管辖区制度的几点思考》，载《河南社会科学》，2004 年第 4 期。

② 邓娜：《我国建立与行政区划相分离的司法管辖制度探索》，载《中共桂林市委党校学报》，2014 年第 1 期。

独立于各州，从而为联邦法院摆脱地方干扰创造了有利条件①。建议国家财政保障最高人民法院、高级人民法院和中级人民法院的经费，省财政保证初级人民法院的经费。这样的经费安排旨在更为彻底地排除地方因素对法院的影响。

最后，建议尝试以法院专门化克服司法地方化。美国联邦税收法院、联邦国际贸易法院，法国行政法院，以及参照我国的海事法院，建立起更多专门法院，从而减少地方对法院独立审判的干预。

（作者简介：赵新磊，武汉大学法学院2014级宪法与行政法学硕士研究生。）

① 黄国桥：《美国法院体制与中国法院体制之比较》，载《云南财贸学院学报》，2004年第4期。

日本司法管辖制度及其借鉴意义

向　虎

摘　要：日本的司法管辖制度的主要内容是基于司法管辖制度内容以审判为重点、检察权设置与审判权对应，着重于日本的法院管辖制度。其概括可以分为司法管辖区域与司法管辖事项两个方面。(1)所谓司法管辖区域即考察日本法院管辖区域与日本行政区划之间的关系，从最高法院、高等法院、地方、家庭法院到简易法院各自对应的管辖区域范围。以日本青森县为例的分析则尤其凸显上述法院管辖区域与行政区划之间相对应又相分离的关系。(2)对管辖事项的列举，以级别管辖为重点，辅之以诉讼类型管辖的诸原则，对日本司法管辖制度内容进行了较为全面的概括。

关键词：司法管辖；日本司法制度；级别管辖

根据《日本国宪法》第76条的规定，“所有司法权属于最高法院及由法律规定设置的下级法院；不得设置特别法院”。① 日本法院组织有最高法院一所，为最高级别的和最终审判的法院。下级法院分为高等法院、地方法院、家事法院与简易法院；高等法院为最高法院之下，居于地方法院、家事法院和简易法院之上的下级法院。地方法院与家事法院同一级别，简易法院为最低级别。

一、司法管辖区域与行政区划

(一)日本司法组织管辖区域与行政区划的对应

依现行行政区划，全日本共分为两府(大阪、京都)、一道(北海道)、一都(东京)和43个县，作为同一行政级别。又称为广域的地方公共团体、类似于我国之省、直辖市一级。基础的地方团体则为市町村以及郡、特别区。依据地理位置亦常有八大地方的划分，由北向南大体为北海道、东北、关东、中部、近畿(关西)、中国、四国、九州

① 参董璠舆编著：《日本司法制度》，中国检察出版社1992年第1版，第6页。

及冲绳地方①。

日本法院的管辖区域亦内在相关联于此种行政区划体制。高等法院相对应于地方的范围，全日本共有8所高等法院，分别设置在东京、大阪、名古屋、广岛、仙台、札幌、高松和福冈这八大城市并命名之。由于管辖区域广泛、为了方便国民诉讼，下设了6个支部。支部作为高等法院的派出机构，只能以高等法院的名义发送判决书。

地方法院设立在各都、道、府、县的官厅所在地，每地仅一所。北海道由于地域较广而设置4所，分别为函馆、札幌、旭川、钏路地方法院，全国共有地方法院50所，且均设置有支部或者派出机构。日本全国共有50所家事法院，设置几乎同于前述地方法院。家事法院根据审判的需要在其辖区内设立了方便国民诉讼的支部，法官可以不定期地在支部处理家事案件，共设与地方法院相独立的支部共77所。

简易法管辖区域院对应于行政区划中的町村区，作为与国民交往最为频繁的法院，是最为基层的法院，全国共设置了438所。处理案件数量多，标的额较小、案情与办案程序相对简单，主要在于行使基层法院对所提请案件的裁判权。

上述内容乃是审判制度之内容，于检察权则由于日本的检察权之管辖区域和管辖事项要和裁判所的管辖区域和管辖事项所对应，因此检察厅的设置和裁判所的设置完全一致。② 申言之乃有，最高检察厅对应于最高法院，高等检察厅8个对应于高等法院；地方检察厅50个与地方法院、家事法院相立，区检察厅设置在全国主要的市区町，共计438个、同于简易裁判所。

(二)以青森县为例的司法管辖区域分析

依日本青森现行行政区划，共有10市8郡22町8村，共40市町村。所辖10个市为青森市(县厅所在地)、弘前市、十和田市、五所川原市、三泽市、津轻市等；八个郡为东津轻郡、西津轻郡、北津轻郡、上北郡和三户郡等③。

青森县属于东北地区，归属仙台高等法院管辖，由于设有秋田支部、青森县部分地区(弘前市、五所川原市、北津轻郡等共约8个郡市)亦可由秋田支部行使管辖。青森县地方及家庭法院本厅各一所，各自分设弘前、八户、五所川原及十和田市支部共4所；其中，家庭法院独立设陆奥(市)和野边地(位于上北郡内的一个町)2个派出所。以十和田支部为例，其管辖区域为十和田市、三泽市、上北郡的六户町和三户郡的五户町、新乡村。陆奥的家庭派出所管辖区域则为陆奥市和下北郡。在简易法院设置上，共设有青森、野边地、弘前等8所。以青森简易法院为例，其管辖区域为青森市内、旧青森市和东津轻郡。

以上分析可知，日本法院组织下的各级法院司法管辖区域与行政区划单位之间存在

① 礒岐初仁、金井利之、伊藤正次著：《日本地方自治》，张青松译，社会科学文献出版社2010年版，第3~5页。

② 裘索著：《日本国检察制度》，商务印书馆2003年第1版，第15页。

③ 维基百科青森县：http：//zh.wikipedia.org/wiki/%E9%9D%92%E6%A3%AE%E7%B8%A3.

着相互对应亦相分离的样态。

二、司法管辖诸事项

司法管辖除却管辖区域，则以管辖事项为重点。下述以一般各审级法院管辖案件范围为主轴，辅以特殊管辖之事项。结合前文所述，检察权与审判权的对应关系，可大体梳理日本司法管辖的基本内容。

(一)级别管辖事项概述

审级制度上、日本法院组织设上下四级，除个别类型案件是一审终审外，大多是二审终审或三审终审。

最高法院为最高司法权的主体。最高法院的管辖范围为：(1)同于高等法院的受案范围。除有关刑事案件外，对地方法院的第二审判决以及简易法院的判决不服的上告；上告(即再次上诉)，以及诉讼法上的特别抗告。(2)违宪法令审查权、法令解释适用的统一问题以及基于当事人的申请，对法令是否合乎宪法的审查权。例外，当简易法院为第一审、高等法院为第三审，当事人认为高等法院的判决违反宪法及其解释时，则可向最高法院提起的特别抗告之审理。

高等法院是位于最高法院之下，地方法院、家事法院和简易法院之上的下级法院。高等法院的管辖案件范围为：(1)地方法院和家事法院所作的第一审判决的控诉，简易法院刑事判决上诉(即再次上诉)的案件；地方法院所作的民事第二审判决，以及简易法院越级上诉的事件；(2)地方法院和家事法院作出的决定、命令或者简易法院有关刑事案件方面的决定、命令抗诉的案件；(3)根据法律特别的规定，对经济贸易委员会和特许厅作出的准司法裁决不服的案件，与选举有关的行政诉讼；(4)刑法第七十七条至七十九条罪名(叛乱罪一类)相关的第一审诉讼。

地方法院原则上是第一审法院，是高等法院下位的下级法院。依日本《法院法》相关内容，地方法院的管辖范围有：除法律另有规定外，所有的一审案件均归地方法院管辖；民事案件 90 万日元以上以及内乱罪和罚金刑以外的所有刑事案件；有关不动产诉讼的第一审。

家事法院作为同于地方一级的法院设置，主要任务乃是家庭案件的审判和以及青少年保护案件的审理。家事法院的案件管辖范围为：依《家事审判法》规定的相关案件，《少年法》规定的审理少年保护案件、对 14 岁以下少年触犯刑法的行为的审理及其他少年案件。家事案件具体分为甲类 39 项和乙类 10 项。①

简易法院作为最常见的一审法院，其案件管辖有：(1)民事案件 30 万日元以下的请求支付金钱的小额诉讼；民事案件标的额为 90 万日元以下的诉讼，诉讼以外的民事案件的调停及和解；适用督促程序审理的案件；(2)刑事案件上，适用罚金刑以下的刑

① 冷罗生著：《日本现代审判制度》，中国政法大学出版社 2003 年第 1 版，第 85~89 页。

事犯罪行为；多次盗窃犯罪应该判处 3 年以下有期徒刑的刑事案件；处 50 万日元以下罚金或者罚款的刑事案件；按略式程序处理的刑事案件。

(二)其他特殊管辖事项概述

所谓其他特殊管辖事项，用意乃是为上述级别管辖内容所未尽列举之事项，非特定为日本法律为其专作特殊管辖之规定内容。如指定管辖、协议管辖、移送管辖、应诉管辖四者，本为诉讼管辖的一般原则但非为上述切入之视角。篇文重在梳理司法管辖的事项内容，则着意于宏观司法组织的管辖内容及其管辖对象内容的类型与可确定。故而，阐述下列管辖事项内容为级别管辖的事项补充。

(1)民事诉讼案件上的专属管辖，主要是有关专利权诉讼的管辖，乃指与专利权、实用新型设计权，电路配置利用权或程序设计作品作者的权利有关的诉讼，全国各地方法院都有权管辖审理。为使专利诉讼案件相对地集中在日本东部的东京地方法院和西部的大阪地方法院，依日本新《民事诉讼法》第 6 条规定，此类案件除向当地地方法院起诉外，日本东部各高等法院所辖区的地方法院管辖的专利案件，也可以向东京地方法院起诉；西部相应的、可向大阪地方法院起诉。东京高等法院对有关请求撤销专利权审议决定的诉讼案件专属管辖。

(2)行政诉讼案件的管辖，依日本 1962 年制定颁布的《行政事件诉讼法》，一般分为事物管辖和地域管辖。事物管辖上、行政诉讼无论诉额多少，原则上都以地方法院为第一审法院、即使诉额在 90 万日元以下。有关征用土地及企业权等不动产的行政案件诉讼，可在不动产地所在法院起诉。行政事件，只能在法院本部审理而不得在支部进行审理。①

(3)刑事诉讼案件的管辖，刑事案件依上述审级管辖内容外、还有事物管辖和犯罪地管辖(又称地域管辖)之分。前者以犯罪的种类为标准，依据其社会危害程度决定管辖法院、内容同于审级管辖。地域管辖则主要与案件的发生地、结果地以及犯罪行为持续发生地等相关场所有关系。存在数人或数罪的“连带案件”时，一般有合并管辖，合并审判或分离审判。

(三)经验借鉴与启示

一国之制度孕育于自身国家之发展境遇与社会土壤，司法制度的确立更是与所处的政治经济、文化社会背景相关。论及借鉴倒不如以其经验内容为导向，探其内理，以求有所启示，所谓古语“他山之石、可以攻玉”。时逢我国新一轮司法改革之时，诸多制度内容已被提上议程，如“完善确保依法独立公开行使审判权和检察权的制度、探索设立跨行政区划的人民法院和检察院。”总体上而言，乃是呈现出从全体主义体制转向利益多元化的法团主义体制，从硬性权威转变到软性权威的统治，使缓和限制的市场法

---

① 参日本裁判网 http：//www. courts. go. jp/saiban/kankatu/aomori/index. html.

则、民主法则深入与司法过程之中。① 观之于上述日本司法管辖制度，下篇以管辖区域与管辖事项作可供借鉴内容的分析。

司法管辖区域与行政区划相分离的可能性。如前文所述，日本司法组织的设立与管辖区域在行政区划上虽有对应关系，但亦有呈现与行政区划相分离的样态。如高等法院管辖区域大体以八大地方区域为范围，其标准则为历史文化、地理缘由的考量。其高等法院支部的管辖区域亦脱离于行政区划。我国于建国初期亦曾有行政大区域级别的设置，尽管于行政事务上为废止，但于司法管辖制度上的引鉴，亦不妨可作为孕育于本土区域文化上的制度构建，并且有利于脱离地方之干预司法。

于管辖事项上，基于专利事项的专业性并且与地区经济发展状况相关。大阪与东京地方法院的集中性选择管辖，基于二者地区的技术内容保障、可为此类案件的审判提供诸多便捷。我国经济发展之当下，专利保护、知识产权制度化的保障内容与审判制度亦当可予借鉴。其次，日本行政诉讼事项不论诉讼标的之内容，一审级别起于地方法院及本厅、支部无权审理。而日本县厅之级别，在行政区划上类似于我国之省、直辖市级别，则行政诉讼的审判不为地方市町区所影响。

（作者简介：向虎，武汉大学法学院 2014 级宪法与行政法学硕士研究生。）

◎ **点　评**

第一，设置巡回法庭的目的？一是为最高法院减轻负担，二是去司法行政化，三是提高法院的专业化程度。第二，设置巡回法庭的必要性？要剥离最高法院的部分职能，如司法解释、行政事务等这些本非其职权范围内的职能；还要限制最高法院对下级法院的权力，将其权力束缚在法律规定之内。同时，我们已经有指定管辖、协议管辖等制度，在制度层面是完全满足要求，因此是否有必要设立巡回法庭有待考究。第三，跨区的法检系统与原来的地方法检之间的关系？需要考虑的是巡回法庭和原来地方法庭管辖相冲突的情形，还要考虑这些跨区域的法检系统的相关法律依据问题、它们的定位，以及相关法律修改的问题。

（点评人：武汉大学法学院　江国华教授）

① 季卫东著：《世纪之交日本司法改革的述评》，载《环球法律评论》，2002 年春季号。

论审判中心主义

阳曼怡

摘　要：刑事审判中心主义是刑事诉讼中一项基本原则，在诉讼进程中起着核心作用。我国由于立法上的缺失，使得这一原则迟迟难以确立，严重阻碍我国刑事司法改革的进程。针对此问题，本文从审判中心主义的概念和价值入手，结合刑事审判中心主义在西方主要的法治国家确立的相关经验，对我国刑事审判主义的制度现状及其存在的问题进行了分析，并从诉讼关系构造、庭前程序和庭审程序三个方面提出了完善建议。

关键词：刑事诉讼；审判中心主义；司法体制改革

刑事审判中心主义是刑事诉讼中一项基本的诉讼原则，它涉及侦查、起诉、审判等多个环节，在诉讼进程中起到核心、关键的统领作用。刚刚结束的十八届四中全会作出的《中共中央关于全面推进依法治国若干重大问题的决定》明确指出要“推进以审判为中心的诉讼制度改革，确保侦查、审查起诉的案件事实证据经得起法律的检验”。如何将“以审判为中心的诉讼制度改革”真正落到实处，无疑是一个值得研究的问题。

一、审判中心主义概述

（一）概念

“中心”一词顾名思义就是在整个事物或活动中居于核心和关键性的位置，一切的活动作为都是为核心来服务的。“审判中心主义”这一概念也很好的体现出“中心”的原义。

通常情况下，“以审判为中心”，一方面，在全部审判程序当中，第一审法庭审判是中心，其他审判程序都是以第一审程序为基础和前提的，既不能代替第一审程序，也不能完全重复第一审的工作；① 另一方面，强调以庭审为中心，要求诉讼各方有证举在法庭、有理辩在法庭、法官心证形成在法庭，防止庭前、庭外因素的介入和干预，以此

① 孙长永：《审判中心主义及其对刑事程序的影响》，载《现代法学》，1999 年第 4 期。

推动直接言词、审判公开原则的落实，实现“看得见的正义”，真正让人民群众在每一个司法案件中感受到公平正义①。

（二）审判中心主义的价值

在对刑事审判中心主义的概念有一个大概清晰的了解之后，对其价值的总结也是不容忽视的。这将更有助于深入理解对于我国审判中心主义确立的紧迫性。概括起来该价值包括以下几点：

1. 公正价值

所谓刑事诉讼中的公正价值，既体现为程序正义，罗尔斯的《正义论》中将程序正义划分为三种，即纯粹的程序正义，完善的程序正义以及不完善的程序正义（第一种即为：不存在对正当结果的独立标准，而是存在一种正确的或公平的程序，这种程序若被人们恰当地遵守，其结果也会是正确或公平的，无论他们会是一些什么样的结果；第二种即为：程序之外存在着决定结果是否合乎正义的某种标准，且同时也存在着满足这个标准的实现的程序这样的情况。不完善的程序正义基本标准为：当有一种判断正确结果的独立标准时，却没有可以保证它的程序。）

审判中心主义要求在诉讼过程中，强调对庭审的重视，推进庭审实质化，包括现今对案卷移送方式的度量，直接言辞原则的落实，证据规则的完善，辩护人介入刑事诉讼的提前等一系列措施，都体现了刑事诉讼要求审判者在庭审过程中尽量保持中立、不偏不倚的态度和地位，防止法官过早对案件事实形成自己的预断和偏见，保证对抗式的控辩双方地位平等，能够通过庭审中辩论、质证等方式，证明案件实情，并由法官以此公正的依法作出案件判决，维护了司法的公正，树立法院的权威。

同时，由于审判中心主义强调审判机关在侦查、控诉和审判三大环节中的至高地位，尤其是侦查与控诉两大环节服务于审判，形成“俯仰”之关系，否定了我国当前的“侦查中心主义”中侦查权过于膨胀的现状，从而在一定程度上遏制了侦查过程中，过于依赖口供和案卷材料的弊端，有利于防止刑讯逼供与冤假错案的发生。

2. 效率价值

效率本是经济法学中的概念，但是由于现在社会的不断发展和进步，社会关系日益复杂，社会矛盾突出，案件数量激增，如何在诉讼资源高效利用的情况下保证司法正义走进公众视野。关于诉讼效率，即为单位司法资源的投入和诉讼产出之间的对比关系；换言之，在保证案件质量的前提下，以一定司法资源处理越多的案件，诉讼效率越高。②

首先，审判中心主义虽然重视审判阶段，提高法院的权威地位，但不代表侦查权与控诉权的绝对弱化。从刑事案件的立案、侦查到起诉，为了保证案件审判集中审理原

---

① 韩旭：《韩旭解析四中全会：什么是“审判中心主义”?》，最后访问时间 2014 年 11 月 15 日，原文链接 http://focus.scol.com.cn/zgsz/content/2014-10/24/content_9425766.htm? node=540.

② 孙彩虹主编：《刑事诉讼法学》，中国政法大学出版社 2011 年版，第 36 页。

则，侦查机关与控诉机关在案件证据的收集、排查以及不同刑事案件的分流，是否进入审判程序，这几个方面，应当对审判阶段高度负责，从而保证了审判阶段的诉讼程序的正常、高速的运转，兼顾效率与公平。

其次，在庭审阶段，集中审理之原则的贯彻也是审判中心主义之要求，对于审判人员来说，能使法官、陪审员通过集中、全面地接触证据对案件形成全面、准确的认识从而作出正确的裁判，对于控辩双方而言，其可以通过大量，集中的证据展示以及当庭辩论实现其诉讼权利，有利于保证相对准确的判决结果。

最后，审判中心主义强调直接言辞原则，交叉询问制度以及证人出庭制度的落实，正是庭审过程中，控辩双方通过这些制度维护自己的权利，一定程度上可以减少刑讯逼供、冤假错案的发生，这对于之后冤案的重审等一系列诉讼活动的再度展开，确实有利于诉讼效率。

3. 现实价值

十八届四中全会作出全面推进依法治国的若干决定，推进以审判为中心的诉讼制度改革这是依法治国在司法改革方面作出的重要决策。“保证公正司法，提高司法公信”这个章节，开篇就不同凡响，提出“公正是法治的生命线。司法公正对社会公正具有重要引领作用，司法不公对社会公正具有致命破坏作用”。这里的“引领”表述，还是第一次提出来；采用的是“致命破坏作用”，而不是“严重破坏”等其他形容词，这些都强调了司法公正在“依法治国”框架内的重要地位①。

二、审判中心主义在西方国家的适用

审判中心主义在西方民主法治国家得到普遍确立，当然，贯彻这一理念的具体程序设置不是仅仅通过一个机关、一项诉讼行为就可以完成的，两大法系国家各自存在着不同程序设置，以实现审判中心主义，从案件的侦查、控诉到审判各个诉讼阶段都规定为具体的诉讼行为，形成了具体的侦、控、审三方关系。下面将通过对两大法系各自在不同诉讼阶段的旨在实现“审判中心主义”的诉讼法律构造关系、诉讼程序设计进行比较，突出审判中心主义。英美法系刑事诉讼法的相关构造、程序设计更为典型的反映了“审判中心主义”。不过，经过长期的司法改革，德国、法国、意大利等大陆法系国家也在很大程度上具有了“审判中心主义”的构造和程序设计。

（一）诉讼构造：侦查、控诉、审判分立

1. 侦、控关系

英美法系：在英美法系国家，侦查和控诉关系主要表现为分立关系，相对独立地行使侦查权和公诉权，双方不存在指挥与被指挥、领导与被领导的关系。因为在这些国家

① 《诉讼法学奠基人：巡回法庭立案受理标准应细化》，最后访问时间 2014 年 11 月 14 日，原文链接 http：//www. chinanews. com/fz/2014/10-31/6735178. shtml.

中，法治观念上认为侦查权是行政权，警察机关是行政机关，代表国家行使管理国家的权力；检察机关不被视为国家和政府的代表，检察官大多是通过选举得以行使权力代表民众。两者权力性质不同。所以，警察机关与检察机关不存在结合或统一的基础。关系也就自然表现为各自独立行使职权。

大陆法系：在大陆法系国家，侦查和控诉的关系主要表现为诉讼智能结合关系，即将侦查活动视为公诉活动的一部分，使侦查职能与控诉职能紧密结合。检察官有权对警察进行直接的指挥、领导，甚至检察官可以自己行使侦查权进行侦查活动。在侦查与控诉活动中，检察机关的控诉活动成为主导，通过决定来推动刑事诉讼的前进。

2. 控、审关系

英美法系，“不告不理的诉讼原则”，只有经过公诉机关合法有效的起诉才意味着审判程序的启动，即递交起诉书等相关材料。英美法系国家实行的是非案卷移送方式。“所谓非案卷移送，是指检察机关在提起公诉时只向法院移送它的起诉书，有关案件的其他证据材料留待法庭审时由控辩双方向法官出示，法官负责法庭审判，控审职能完全分离的一种程序结构①。它是控审分离原则的要求。这种连接控审关系的移送方式可以及早地防止法官在审判前接触大量的案件事实和相关证据，不容易形成先入为主、预断，令审判阶段的审判活动经过平等对抗也极具意义，使控审分离原则得到真正贯彻，形成较为规范的控审关系。

大陆法系：大陆法系国家连接起诉与审判的桥梁是“案卷移送方式”。它是指检察机关在提起诉讼时，不仅仅递交起诉书，而且还要向法院同时递交全部卷宗及相关证据材料，法官在对案卷材料审理基础之上再通过开庭来进行最终的审判。实行这一方式与大陆法系旨在“发现真实”的刑事诉讼目的相吻合。法官在开庭前接触全部卷宗，可以详细了解争议案件的焦点，对控方提供的证据先行审查，庭审时有针对性地提取证据，有利于案件事实的查清，提高诉讼效率，同样突出了审判阶段的中心地位。

同时，大陆法系国家在构建“审判中心主义”观念的指导下，近些年来开展了司法改革，更多的开始关注控审分离原则，采取积极措施应对刑事诉讼中容易出现的不公正环节。

3. 侦、审关系

英美法系：二者之间的关系并没有完全阻隔，而是依靠司法审查原则来进行调节。审判机关用签发种种形式的令状约束着侦查机关行使权力的恣意性、易侵犯性，使得审前程序所进行的一切活动有倾向性的被审判程序所吸收，更加充实了审判程序。

另外需要说明的是，这种发生在审前阶段的司法审查对审查起诉过程中采取强制措施的情况同样适用。这属于对控、审构造关系的一点补充。

大陆法系：大陆法系国家在审前程序中同样存在司法审查机制，司法权制约行政权，实现了侦查职能与审判职能的分离。

两大法系国家在司法审查机制的一致性，说明审判机关在审前就导入一些制约机制

---

① 宋英辉著：《刑事诉讼原理》，法律出版社2003年版，第241页。

的话，可以为审判阶段审查侦查、起诉程序中开展的诉讼活动的质量提前打下良好的基础，提高庭审效率。司法审查机制成为构建侦查机关和审判机关之间科学关系的良好桥梁，在这架桥梁上各自实现着自己的功能和作用。

（二）审前程序

（1）英美法系：庭前程序的科学设计有利于提高诉讼效率，确保利用更多精力去解决最终进入审判阶段的案件的公正判决，避免司法资源的浪费、司法成本的过高。

英美刑事诉讼法的基本价值取向是公平、正义，旨在通过控辩双方之间的平等对抗解决争端。因此，审前程序的设计力求实现平等、公平等价值，以便与真正审判阶段的庭审活动衔接。

英国实行由治安法官预审的制度。即在正式进入审判程序前对警方和检察官提起控诉的案件，必须由治安法院先行进行审查。预审除有特殊理由外，一般公开、书面进行。开庭时要求被告必须出庭，虽然达不到审判阶段时的真正对抗，但明显包含对抗因素，防止辩方诉讼权利无故被侵犯。治安法官经过预审审理后，如果认为起诉方提供的证据足以支持案件成立，就可以决定将被告交付正式审判；如果认为起诉方提供的证据不充分，不足以支持案件进入正式审判的话，就作出不起诉决定并立即释放被告人。预审治安法官决定正式移送起诉案件时，按照要求必须提供相关的材料方可交付审判，至此真正启动审判程序。

美国的刑事诉讼中也设有预审程序，主要是针对重罪案件。一般要经过大陪审团审查程序或特殊的预审程序才可以正式进入审判程序。其目的是在于保护重罪被告人免受无根据的指控，防止由于轻率而误将被告人交付真正审判。《美国宪法》第五修正案规定："无论何人除根据大陪审团的报告和公诉书，不得以死罪或其他重罪受审。"另外，依据《美国联邦地区法院刑事诉讼规则》第 5 条第 3 项之规定，被控犯有应由地区法院审判的除微罪以外的罪行的被告人，有权获得预审，除非他放弃这种权利。预审程序中要求检察官和被告均到庭，在案发地区法院进行，主要也是审查证据的合法性与充分性问题，成为交付正式审判的一道屏障。

（2）大陆法系：与英美国家类似，大陆法系国家在庭审前各自也设有预审程序。法国的预审制度具有相当的复杂性和特殊性。针对案件性质不同，程序的繁简度也不同。预审主要包括侦查和对侦查结果进行审查以决定是否交付审判两个方面的内容。就轻罪和违警罪而言，预审程序比较简单，况且违警罪只有在检察官请求时才进行预审；根据《刑事诉讼法》第 83 条、第 175 条及随后的条款，共和国检察官向预审法官发出提起公诉意见书，也称之为立案侦查意见书，由预审法官对案件进行侦查。预审法官在认定调查已经结束，并在一定的期限届满后，应当将案卷转送共和国检察官，由检察官在法定期限内提出最终意见书。预审法官在接到检察官的最终意见书之后，或者在规定期限内没有收到最终意见书，即以制作终结侦查裁定书终结侦查。就重罪而言，预审程序分成了三个部分：一级预审、二级预审、审判长在庭前对审查批准的起诉及有关证据材料的审查。其中，一级预审主要由预审法官负责，二级预审由管辖重罪的地方上诉法院审查庭预审。如《法国刑事诉讼法典》第 177 条规定，在审查过程中，上诉法院提起审查庭按照与预审法官相同的情形，对不应当继续追诉的行为作出不予起诉裁定。

德国刑事诉讼中庭前预审程序设计相对而言较为简洁。侦查活动完成后，检察官欲意提起公诉则应将案卷材料和起诉书一同移交法院，法院启动一个预审程序决定是否开庭。不过，德国早先废除了预审法官制度，预审程序的进行要依靠庭审法官，职权主义色彩要浓厚，不利于实现控、审分离。由于不利于突显审判阶段的中心地位，因此借鉴意义不大。

(三)审判程序

1. 英美法系

案件正式交付审判后，审判程序得以启动。在此之前，审前程序与审判程序其实一直是处于一种隔离状态。审前程序中所作的准备活动都是为了方便庭审时平等对抗、辨明是非、查明真相的展开。审判活动完全独立，不受审前程序中追诉机关各种结论的影响，法官地位居中独立，具有权威，完全可以根据案件的审理情况作出自主的裁判。双方当事人在诉讼中的主体地位和诉讼作用得以强调，审判活动依据控诉方和被告方的主张和举证进行，审判机关不主动依职权无故干涉控辩双方对抗。我们对于英美法系国家所采用的这种审判方式称之为“当事人主义”。在整个审理过程中，法庭严格贯彻诸如直接言词原则、交叉询问原则、非法证据排除原则、无罪推定原则等等，给予被告方最大可能的权利，使之能够与控诉方抗衡。同时，代表国家的检察官进行指控时受到较多的限制。

例如，英国检察官在总结发言中，要求不得抨击被告人及其配偶的作证以及他们提出的证人。在这些理念和原则的具体引导下，法庭审理程序成为最后定罪量刑的中心环节，实现了司法终结性、独立性。在为此目的进行的审前程序中一系列诉讼活动也体现出自身价值和基石作用。

2. 大陆法系

法国、德国等欧洲大陆国家在传统上大多采用职权主义审判方式。它强调法官在审判中依职权的积极作用，指挥整个庭审过程，主导和推动诉讼的进行。法官依职权主动收集和调查证据，而控辩双方在审判活动中则较为被动和压抑。

例如，法国《刑事诉讼法典》第 401 条规定：“庭长有维护庭审秩序和指挥审理的权力。”德国《刑事诉讼法典》第 238 条规定：“审判长负责指挥审理，讯问被告人和调查证据。”在法官积极主动就案件的事实收集和调查证据方面，法国《刑事诉讼法典》第 310 条第 1 款规定：“审判长被授有随机应变权，他凭借自己的名誉和良心，可根据此项权力采取他认为有益于发现真相的一切措施。”同时，在德国《刑事诉讼法典》第 244 条第 2 款中规定：“为了查明事实真相，法院应当依职权主动采取足以证明一切事实真相的证据，以及对作出决定所必要的一切证明方法。”

职权主义审判方式充分发挥了法官自身的积极性、主动性，有利于发现案件真实，显然能够更快地结审案件。法官可以控制整个庭审的进程，引导控辩双方针对焦点展开辩论，避免毫无意义的争论。另外，通过主动调查证据，抓取肯定信息作出较快的最后判决。实体正义的实现容易达到。当然，职权主义也存在许多不足。例如，导致程序正义的实现不足等等。就目前发展趋势而言，当事人主义与职权主义开始各自借鉴对方的有利之处，相互吸收、取长补短。这与一个国家的价值观念和历史国情休戚相关。因此，在审判环节上体现出各自不同的特点。

三、我国刑事审判主义的制度现状及其存在的问题

（一）法律规定

中国的法律理论界通说是承认“审判中心主义”的，虽然在法律制定上并没有关于审判中心主义的宏观规定，在一些具体法律制度中，审判中心主义在中国刑事诉讼法确实有所体现。例如，辩护律师的提前介入，直接言词原则以及交叉询问原则的规定，等等。但是这些制度受到观念以及体制的影响，并没有得到很好地实施。

（二）存在的问题

依据审判中心主义原则在国外确立的经验可知，一个完整的审判中心主义原则的确立，需要在三方关系构造、审前程序、审判程序等三个环节都有相关的配套制度。以此作为参照，反观我国的现状，制度构造与现实状况却不得不令人担忧。

1. 三方构造

刑事案件一般经过“侦查、起诉、审判”这三个环节①。按诉讼规律，只有审判才能决定一个人是否有罪。但是之前，我国刑事案件办理，侦查占的分量过重。法庭审判时，对侦查取证的材料通常只是书面核实，证人一般不出庭，由检察机关宣读一下材料。即使被告人当庭提出证人证言不实，要求证人出庭，也极有可能被驳回，因为证人是否需要出庭，由法院决定。这就导致一定程度上，法庭审判流于形式。法庭判决结果很大程度取决于侦查结果，哪怕法官发现侦查存在一定问题，也不敢轻易否定侦查结论。法学界对此曾概括为“侦查中心主义”、“案卷移送主义”。

（1）公安机关权力得不到制约，形成单方的追诉活动。刑事诉讼法中，将刑事案件的侦查、拘留、执行逮捕、预审权限赋予公安机关；检察、批准逮捕、检察机关直接受理的案件的侦查、提起公诉权限赋予给人民检察院。两个国家机关各司其职、互不管辖、互不隶属。同样作为国家权力机关，检察院应当对公安机关行使监督职能，但由于缺乏制度通道，检察院行使的监督成为摆设，长此以往，公安机关的追诉活动形成单方的追诉活动，容易产生司法不公与冤假错案。

（2）“侦查中心主义”。当前的诉讼体制，给予侦、控、审平等地位，缺少对权力属

---

① 余澳：《侦查终结制度改革研究》，载《四川民族大学学报》（人文社会科学版），2005 年第 2 期。

性的认识和划分，导致检察控诉权、检察监督权的萎缩，势必会出现“侦查中心主义”，以侦查阶段的活动、结果为核心，影响后续进行的控诉职能、审判职能。这样的直接后果会出现侦查阶段即可提前定罪，出现庭审虚化的问题，剥夺控辩双方平等对抗的机会，破坏刑事诉讼法律关系。

(3)复印件移送主义。经过1996年刑事诉讼法的修改，我国的检察机关在提起公诉时，不再像大陆法系国家那样移送全部案卷，当然也不像英美、日本等国那样彻底实行“起诉状一本主义”，而是要求应当向人民法院移送起诉书、证据目录、证人名单和主要证据复印件或者照片。有助于弱化庭前审查，减少法官预断，避免庭审空洞化，但是这种综合式的案件移送方式，并没有彻底切断侦查活动与审判活动的联系，其贯彻审判中心主义的目的被岂不彻底性所抵消，如法官容易对案件形成不全面的预断以及辩护律师的阅卷权问题，这些都影响着庭审实质化的问题。

现行刑事诉讼法规定检察院提起公诉时向法院移送主要证据复印件，但没有明确规定主要证据复印件的范围①，对此六部委规定中明确了主要证据的范围，且对于具体案件中哪些为“主要证据”，由检察院决定。出于追诉机关的本能，检察机关可能会认为罪轻、无罪的证据不属于主要证据，而在起诉时不予移送。法官手中的主要证据复印件实际上只是案件的部分证据材料，在法官预断没有被阻隔的情况下，法官根据部分材料而作出的预断，其危险性更大。

在参与庭审的控、辩、审三方中，只有律师不能掌握全案证据材料，因为律师在法院进行阅卷时，只能查卷检察院在提起公诉时所移送的证据材料主要证据复印件或照片，对于检察院没有向法院移送的有关证据，律师是无法掌握的。虽然六部委规定：“在法庭审理过程中，辩护律师在提供被告人无罪或者罪轻证据时，认为在侦查、审查起诉过程中侦查机关、人民检察院收集的证明被告人无罪或者罪轻的证据材料需要在法庭上出示的，可以申请人民法院向人民检察院调取该证据材料，并可以到人民法院查阅、摘抄、复制该证据材料。”而在现行卷宗移送制度下，辩方一般不掌握侦查机关、人民检察院是否收集有证明被告人无罪或者罪轻的证据材料，往往无法行使申请权。

2. 审前程序

审前程序缺乏。西方虽然主张建立“侦审阻却机制”，但是这种阻却是相对而言的。侦审构造关系主要表现为司法审查机制的建立。审判机关通过令状来控制侦查机关的侦查活动；侦查机关只享有执行权却没有命令权。可以说司法权在侦查阶段就已经开始显示威力了，引导侦查行为符合程序正义的要求。而我们国家在审前程序中，侦查机关和审判机关未发生任何接触，刑事诉讼法中也没有直接叙述的条文调整二者关系。对于侦查手段是否合法、侦查中违法活动如何制裁、依非法手段获取的证据可否被运用等没有明确的法律依据。使得侦查活动长时间处于一种封闭的状态，由此也导致了侦查阶段在整个刑事诉讼中暴露的问题最多。“侦查中心”正是由于缺乏权力制约，完全僵化地割裂侦审关系所导致的。

① 杨婷：《刑事诉讼法再修改下的庭前审查程序评析》，载《昆明学院学报》，2012年第4期。

3. 审判程序

当前审判阶段的主要问题，即在于侦查中心主义下庭审虚化。所谓“庭审虚化”，就是说，法官对证据的认定和对案件事实的认定主要不是通过法庭调查来完成，而是通过庭审之前或之后对案卷的审查来完成的，或者说，法院的判决主要不是由主持庭审的法官作出的，而是由“法官背后的法官”作出的。换言之，庭审在刑事诉讼过程中没有起到实质性作用，法院不经过庭审程序也可以照样作出判决。① 庭审虚化既危害司法的程序公正，也危害司法的实体公正。具体表现有以下几点：

(1)法官对于案件事情有预先的判断。我国在案件移送方式上实行“复印件移送主义”，容易导致法官事先对案情产生预判，从而使得后续的一系列审判活动不公正。

(2)依赖案卷卷宗，在“以侦查为中心的流水线”诉讼模式下，法官审理案件自然是“以案卷为中心”的，因为在这个“流水线”上传送的就是包括各种证据材料的案卷。侦查机关制作的案卷既是检察官提起公诉的主要依据，也是法官作出判决的主要依据②。在案卷中，笔录是各种证据的基本形态。于是，法官对证据的审查也就成为对各种笔录的审查，如询问笔录、讯问笔录、勘验笔录、检查笔录、搜查笔录、辨认笔录等。就审查案卷中的各种笔录而言，开庭审判没有太大意义，而且在法庭上的审查效率会低于在办公室里的审查效率，因为法官坐在办公室里审读案卷可以更加专心细致，可以不受他人的干扰。

(3)证人出庭率较低。目前的刑事审判实践中，证人不出庭作证的问题仍然相当严重。由于上述规定为证人出庭设置了一个“法院认为”的主观要件，所以法官的态度就成为关键。各级法官切不可把该“要件”用作不让证人出庭的借口。据实证调查显示，刑事一审中证人出庭作证率普遍在3%以下，有的地方甚至不足1%。由于种种原因，大部分证人以宣读书面证言的形式代替出庭、这不仅不利于查明案件事实真相，而且侵犯了当事人的诉讼权利，特别是被告人的质证权，极大地影响了审判的程序公正，忽视了庭审环节的重要作用。

(4)法官审判地位不独立，审委会权限过大，陪审员几乎形同虚设。我国现行的人民陪审制度很难保证陪审员在刑事审判中发挥“促进司法公正”的作用，也很难发挥促进刑事庭审实质化的作用，因为在“1+2”和“2+1”的合议庭组成模式中，势单力薄的陪审员难免成为法官的陪衬。

(5)法院地位不独立，容易受到行政权力的干预。由于受到政府财政与人员配置上的限制，法院的独立地位很容易受到政府的威胁，法院无法独立判案，案件庭审背后常常有“背后的法官”对案件进行定夺，不利于庭审实质化的落实。

---

① 何家弘：《从“庭审虚化”走向“审判中心”》，载《法制日报》，2014-11-05，第10版。

② 《关注冤假错案　支持依法治国》，最后访问时间：2014年11月15日，原文链接 http：//www. wencai9. com/detail_3095. htm.

四、我国刑事审判中心主义原则的制度完善

从上面的分析可知，公检法三方关系构造、审前程序以及审判过程等三个问题是阻碍我国审判中心主义确立的重要因素，针对于此，有必要在这三个方面采取针对性的措施，以更好地实现中国刑事诉讼法语境下的审判中心主义。

（一）构建科学的公检法关系

（1）根据我国宪法规定，公、检、法三机关“分工负责、互相配合、互相制约”是我国刑事诉讼的基本原则，公安机关、检察院和法院分享侦查、起诉和审判权。三家在处理刑事案件的程序上，呈现出明显的“分段包干”式的流水作业现象，只有具体权限上的分工，而不存在司法权对于侦查、起诉权的严格制约。① 所以如何正确认识并分配权力是改革的重点，现今改革中仍然强调相会配合，但却提及互相分离，是对配合之关系又一约束，配合与分立相结合，有助于实现制约机制。

（2）侦查活动监督。可以建立一种准司法审查机制，以检察院监督为主导，即指在我国现有的司法环境下，通过汲取苏俄法律监督原理中适合我国的部分，以及西方的司法审查机制值得借鉴的一面，我国检察机关应当承担（通常由法院承担）的部分司法审查职能，以一种准司法审查的方式对侦查中的权力运用进行监督，使惩罚犯罪与人权保障的双重价值目标得以平衡，保证整个诉讼系统稳定并逐步优化。② 现今我国司法改革也逐渐重视这个问题，例如修改后的刑事诉讼法一个突出的亮点就是保障人权，内化在侦查阶段主要有：更加注重依照法定程序办案，凸显律师在侦查阶段的权利，明确非法证据予以排除的规则，保障侦查阶段的合法性等。

（3）案件移送方式的完善。若完全采取西方的当事人主义模式下的，起诉状一本主义，则会导致检察院权力过大，法官预判并无法完全消除，且由于法官对案情证据的了解处于空白状态，不利于集中审理，这两者相互矛盾可以采取证据展示制度，弥补庭前预审的缺陷。而我国采取的复印件主义具有可实施性，预断并不必然导致不公，法官素质的提高，以及外在制度的阻断，可以弥补这一缺陷。同时，可以监督公诉权，防止检察院滥用权力，保障辩护人的阅卷权。

（二）审前程序之完善

一是通过权力制约权力，即通过法院介入审前程序，形成司法权对侦查权的有效控制，防止侦查权被滥用；二是通过权利制约权力，即改善犯罪嫌疑人的诉讼地位，赋予其足以对抗追诉机关的诉讼权利，以增强其防御力量。导入诉讼机制，在审前程序中形

---

① 孙长永：《审判中心主义及其对刑事程序的影响》，载《现代法学》，1999 年第 4 期。

② 何秉群、陈玉忠、王雷：《我国检察机关侦查监督模式的问题及完善路径——基于诉讼模式进化原理的分析》，载《中国刑事法杂志》，2013 年第 10 期。

成控、辩、审三方组合的诉讼格局，通过司法权的介入形成对侦控权的限制，这是审前程序诉讼化的关键。具体做法是，确立对强制性侦查措施的司法审查机制，凡公安机关或者人民检察院实施的涉及对犯罪嫌疑人的人身自由或者财产权利的限制或者剥夺行为，需向法官提出附有理由的申请，由法官进行审查并决定是否准许，除法定的紧急情况外，只有持有法官签发的有效令状，始得实施强制性侦查措施。需要说明的是，这种权力制衡只能由法院来完成，而不是检察机关。为加强犯罪嫌疑人的权利保障，提高犯罪嫌疑人的防御能力，应当在立法上赋予其包括反对强迫自证其罪在内的一些特权，取消犯罪嫌疑人的"如实回答义务"，修改"抗拒从严"的刑事政策。同时，扩大辩护律师的参与范围和力度，使律师辩护从审判走向侦查。排除律师实现辩护权的障碍，包括赋予律师完整意义的调查取证权，扩大律师阅卷范围，保障律师的在场权、会见权、通信权等。此外，对于审前程序的诉讼化而言，建立有效的司法救济机制也是必不可少的。因此，有必要针对违法侦查行为设置程序性裁判和制裁机制：凡认为侦查机关侵犯自己合法权益或者侦查行为不合法、不适当的，犯罪嫌疑人可以申请法官进行审查；经审查确定申请理由成立的，除解除违法侦查措施、排除相关证据外，还应当依法追究违法者的法律责任。

（三）庭审程序的完善

1. 提高法官素质

由于审判中心主义要求庭审实质化，法官在审判之前对案情是否形成偏见或预断与之息息相关。在我国现行案卷移送方式的背景下，如何令法官在知晓一部分案情的前提下，仍然不影响其在庭审过程中判断能力显得尤为重要。所以，提高法官素质，严格法官准入制度，包括如今五四改革中关于深化法院人事管理改革等措施，都有利于法官在审判阶段保持独立地位，依法适用证据规则与法律依据，直接或间接的影响着庭审实质化的推进。

2. 落实直接言辞原则

直接言词是实现"庭审中心"的重要原则。根据该原则，作为裁判者的法官必须亲自直接审查证据。没有直接在法庭上审查证据的法官不能就案件中的事实认定问题作出裁判。这是实现"庭审中心"所必须坚持的一项原则。因此，笔者建议把审委会讨论决定的事项限定在法律适用问题的范围内。在这个问题上，法院领导需要转变观念，尊重司法裁判规律，抛弃行政决策习惯，让审理者成为真正的裁判者。控辩双方就其各方之主张举出的各种证据均应在庭审时提出，其对裁判者之心证的影响只能在庭审时施加，而不得在任何其他场所，以任何其他方式作出。

3. 交叉询问机制

交叉询问的规则主要包括：对抗性证人分类规则；诱导性询问规则；排除传闻证据规则；当事人异议规则以及关联性规则、可采性规则等证据规则。我国最高人民法院的有关司法解释在一定程度上引进了"交叉询问"制度中的某些做法，但是极不完善。应设计典型的交叉询问方式和相关的询问规则，取消被害人对被告人的询问权，将其纳入控方人证范围，接受控辩双方的询问，完善交叉询问制度。既有利于使"对抗式"庭审方式中控辩双方能够真正对抗起来，提高被告人的防御能力，也有利于法官更好地发现案件事实真相。①

4. 提高证人出庭率，强制证人出庭证人出庭是实现"庭审中心"的基本要求

这既是保障司法公正的要求，也是防止庭审虚化的要求。要改变我国庭审虚化的状况，强调证人出庭作证是至关重要的，因为证人出庭可以切断法官对案卷材料的依赖，促进庭审的"由虚转实"。

5. 立法上明确审委会权限，提高法官以及陪审员的权威

中国现在很难引进英美法系国家的陪审团审判模式，但是可以借鉴法国和日本的改革思路，增加参审陪审员的数量，例如，在审理重大复杂的一审刑事案件时采用"7人制"合议庭，即1+6或2+5模式，并且要制定陪审员的当庭随机选任和陪审员参与审判的规则，明确陪审员的职责是案件事实的认定。

6. 法院地位独立，不受行政机关干预，审判独立是实现"庭审中心"的前提条件

我国《宪法》第126条和《刑事诉讼法》第5条都明确规定"人民法院依照法律规定独立行使审判权，不受行政机关、社会团体和个人的干涉"。法院依照法律规定独立行使审判权是从"侦查中心"走向"审判中心"的前提条件。

（作者简介：阳曼怡，武汉大学法学院2014级宪法与行政法学硕士研究生。）

◎ **点　评**

第一，审判中心主义贯彻于刑事司法过程中，我国《宪法》第135条确立的人民法院、人民检察院和公安机关"分工负责、互相配合和互相制约"原则，以此为基础确立审判终局主义的一般法理。第二，我国当前司法公信力尚有待加强，重新确立审判机关的中心地位，从最末端反馈作用侦查机关与审查起诉机关，"倒逼"前二者增强其公正内容。第三，我国现阶段，为实现审判中心主义，法院审判主体应当恪守直接言词原则、交叉询问原则等制度内容。第四，表达了对于审判中心主义的期待与现实层面滞后的忧思。庭审中心主义对于法官、证人等主体的专业化素养要求较高，且程序烦琐与时间成本皆为现实繁忙的司法系统难以承受，尚需时日才能实践。

（点评人：武汉大学法学院　江国华教授）

① 曹贤信、颜宏辉《刑事审判程序存在的主要问题及对策》，载《河南科技大学学报（社会科学版）》，2008年2月。

执行难及其立法对策

牟　丹

摘　要：我国面临严重的执行难问题，案件执行率偏低，执行难的表现形式繁多。造成执行难的原因有很多，其中立法不完善是造成执行难的重要原因。立法不完善主要表现在以下立法不充分、执行权分配不合理、执行机构设置不科学、社会变化巨大等几个原因。基于此，对于如何解决执行难的立法对策如下建议。第一，单独制定强制执行法。第二，合理分配执行权。第三，科学设置执行机构。第四，完善与创新执行措施。各执行机构可发挥自身的主观动能性，在法律法规规定的权限范围内，探索出符合实际需要的、可行的执行措施。

关键词：执行难；强制执行法；执行机构改革

一、执行权概述

（一）执行权的概念

执行权，又称强制执行权，是指国家执行机关根据申请执行人的申请或法律授权机关的移送，依照法定的程序，运用国家强制力作出执行实施及执行裁决行为，强制义务人履行义务以实现生效法律文书确定的权利的权力。①

（二）执行权的性质

关于执行权的性质主要有三种不同的观点，即司法权说、行政权说和相对独立的国家公权力说。

行政权说的主要观点是执行权在权力属性上是行政权，应当由行政机关负责行使。此说旨在反思执行工作现状，力求通过限缩执行权和变更执行主管机关的方式以规制执行活动和提升执行绩效。司法权说的主要观点是执行行为包括单纯的执行行为和执行救

① 李炎：《和谐社会构建中的强制执行权研究》，武汉大学出版社 2009 年版，第 13 页。

济行为，兼具司法权和行政权双重特征，但在整体上属于司法权。此说力求在执行行为司法性的框架下，在执行现状的基础上改革执行的体制和机制。相对独立的国家公权力说认为执行行为既不是纯粹的司法行为也不是完全的行政行为，而是司法权与行政权有机复合而成的相对独立、完整的权力。①

笔者认为，执行权是一种相对独立的、兼具司法权与行政权性质的国家权力，即采相对独立的国家公权力说。尽管从基本特征来看，它既有司法权的被动性，又具有行政权的单向性，但并不能因为这些特征而简单地将其归入行政权或司法权的范畴。也正是因为执行权的独立性，才有必要在审判程序之外设立独立的执行程序，也才有必要进行强制执行的单独立法，而不是将其归入民事诉讼法或者行政程序法之中。②

（三）执行权的构成

关于执行权的构成，目前主要有两种观点：一是二权说，二是三权说。二权说认为，执行权由执行实施权和执行裁判权构成。执行实施权，是指执行机关依法享有的以实现执行依据所确认的权利为目的，依职权采取执行措施和强制措施，进行具体执行活动的权力。执行裁决权，是指执行机关依法享有的对执行程序中不需经诉讼程序确定的实体和程序事项，依当事人及案外人申请或依职权作出裁断或决定的权力。三权说认为，执行工作往往分为三个方面：一是决定采取执行措施，表现为作出使用何种执行措施的裁定；二是具体实施措施，即按照执行措施的裁定，具体地对财产实施查封、扣押、拍卖等的行为；三是对执行中出现的一些争议进行裁决，以保障执行程序合法有效地进行。相应地，执行权由执行命令权、执行实施权和执行裁判权三种权力构成。③ 笔者采二权说。主要理由如下：首先是三权说的执行权构造观点存在缺陷。一是三权说的权力划分法没有相应的价值基础和理论依据的支撑，仅仅是对执行权力行使过程中各个环节和各种表现形态的细化而已；二是三权说只是对执行权的三种子权力进行了范围界定，并没有深入分析各种子权力之间的关系，但是权力构造不仅是对其子权力的范围进行界定，还包括各个子权力之间的相互关系。其次，二权说是一个具有理论基础的关于执行权力构造的子权力划分。二权说认为，执行权是一种具有行政权和司法权双重属性的行政司法权。决定对当事人采取强制措施，审查、裁判当事人对拘留、罚款的复议申请，变更、追加被执行人主体，审查、裁判第三人对执行标的与权利归属提起的异议，审查、裁判当事人或其他义务人在执行程序中提出的异议，审查、裁判中止执行或终结执行等权力，具有被动性、中立性、公正性等司法权的特征，故而执行权的上述子权力是执行裁判权。对被执行人及财产的调查、搜查，对被执行人的财产进行查封、冻结、

---

① 沈志先主编：《强制执行》，法律出版社 2012 年版，第 6 页。

② 杨荣鑫、谭秋桂：《标本兼治，解决“执行难”——民事强制执行法专家建议稿起草问题研究》，载《政法论坛》，2004 年第 4 期。

③ 杨荣鑫、谭秋桂：《标本兼治，解决“执行难”——民事强制执行法专家建议稿起草问题研究》，载《政法论坛》，2004 年第 4 期。

扣押、划拨或者拍卖、变卖，对阻碍执行的义务主体采取强制措施，具体分配、发还执行案款等权力，具有主动性、积极性、效率性等行政权特征，故而执行权的上述子权力是执行实施权。执行实施权与执行裁判权之间是一种制约监督关系。

(四)执行权的价值取向

我国关于强制执行价值的观点主要有以下几种：其一，价值一元说，即效率；其二，二重价值说，即公正与效率；① 其三，三重价值说，即高效、公正与人性，高效与公正无须多说，人性需要阐释一下，主要是由于强制执行工作的特点是强制性，是执行机构及其人员行使国家强制力，迫使义务人履行义务，因此，在执行过程中，应当注意保护被执行人的合法权益。强调人性关怀和人权保障，亦成为强制执行工作的价值取向。② 笔者认为强制执行应当以效率与公正作为其价值取向。首先，强制执行应当体现效率与公正是执行权的性质所决定的。执行权包含了执行实施权与执行裁决权，分别具有行政权和司法权的性质，根据行政权与司法权的价值来看，效率与公正必然成为执行权的价值取向。其次，人性并不能成为执行权的价值取向。执行权的价值取向决定了执行权运行机制的一系列构造，这些价值在执行权运行机制中都应当得到体现。但是人性在执行权运行机制中主要表现在在强制执行中，应当考虑到被执行人的履行能力，不能为了实现权利人的权利而危及被执行人及其家人的生存。从这点可以看出，人性并不是执行权运行机制中的普遍因素，不能作为执行权的价值取向。

二、执行难概述

(一)执行难的界定

关于执行难的界定，主要争论的焦点是被执行人无履行能力而未能执行的情况是不是执行难的内容。对于此问题的不同看法而形成了两种学说：其一是实际未执行说，此说认为执行难是指由于一些障碍因素的存在使得人民法院对已经法律效力的法律文书无法使之实现或者难以实现的现象；其二是有条件执行而未执行说，认为执行难是指依法应当执行、被执行人有相应的履行能力而因为种种原因没有执行。③

笔者认为，执行难并不是一个严谨的法学术语也不是一个规范的法律语言，执行难应当是对当前执行工作中出现的系列困难的集合性表达与描述。④ 但其有核心内涵，即

① 参见沈志先主编：《强制执行》，法律出版社2012年版，第12页。

② 参见何勤华主编：《首届中国法学名家论坛学术论文集(下)》，北京大学出版社2011年版，第798页。

③ 沈志先主编：《强制执行》，法律出版社2012年版，第6页。

④ 卓泽渊主编：《新时期社会主义法治建设的理论与实践(上册)》，中国法制出版社2013年版，第361页。

赞同有条件执行而未执行说。

(二)我国执行难的现状

1. 案件执行率偏低

根据《人民法院年度工作报告》以及《中国法律年鉴》的相关数据，2000—2009年每年的案件执行率并不低，达到80%以上，但是官方公布的统计数据似乎与普通印象相悖。学者们调查发现，一方面，问题的根源在于对“执行率”的理解，所谓执行率是指执行结案的比率，并不是指判决得到切实执行的比率；另一方面，在于法院统计数据的技术性操作，在法院统计中将实际执行、执行终结、执行中止三种情况均统计为执行结案，实际上在以执行终结和执行中止方式结案的案件中，真正实现权利的却微乎其微。对此，有学者甚至明确指出，依其判断，执行率大致只有40%~50%。① 这一案件执行率是偏低的。

2. 执行难的表现形式繁多

最高人民法院《关于解决“执行难”问题的报告》中提出了四难：被执行人难找，被执行人财产难寻，协助执行人难求，应执行财产难动。

首先，在被执行人难找方面，被执行人心存一种躲一时算一时，避风头的侥幸心理，恶意躲债，居无定所，企图以此逃避履行法律义务；对于进入执行程序的案件，案件的自动履行率整体呈下降趋势。据统计，全国法院2008—2012年执结的被执行人有财产的案件中，70%以上的被执行人存在逃避、规避甚至暴力抗拒执行的行为，自动履行的不到30%。②

其次，在被执行人财产难寻方面，被执行人隐匿财产，使得法院无法查清是执行难最重要的体现。被执行人通常采用的方式有诸多表现形式：有多头开户、化名存款、公款私存的；也有借企业改制之名，悬空债务的；还有恶意提起诉讼、利用法院裁判将财产转移到案外人名下，导致被执行人无可供执行的财产的。总之，有一部分被执行人通过各种方式、途径转移、隐藏可供执行的财产，使得人民法院无从查起。

再次，在协助执行人难找方面，出于各种原因，银行、信用合作社和其他有关部门不但不积极配合法院的执行工作，个别甚至出现欺骗法院工作人员；帮助当事人转移资金、为当事人通风报信等情况，使得法院孤立无援，执行工作困难重重。

最后，在应执行财产难动方面，地方和部门保护主义为执行又增加了一层阻碍。少数地方政府领导和部门领导出于狭隘的个人利益或者维护当地的区域经济发展和社会稳定，对执行中涉及的问题就会以影响稳定或者影响经济发展为由向法院施压，使得执行工作难上加难，甚至被迫中止。实践中，有的执行法官自案件进入执行程序以来就受到

---

① 卓泽渊主编：《新时期社会主义法治建设的理论与实践(上册)》，中国法制出版社2013年版，第362页。

② 李敏：《人民法院“执行难”问题的困境突围——访最高人民法院执行局副局长张根大》，载《中国审判新闻月刊》，2013年9月5日。

来自各方的压力，这加大了执行的阻力。

综上所述，我国现阶段，强制执行面临着严峻的局势，执行难成为强制执行中的突出问题。为解决这一执行难的现状，我们应当对其原因加以分析。

（三）我国执行难的原因分析

总体而言，几乎都认为执行难是我国社会、经济、政治和社会公众意识发展中的不良因素在执行领域内的具体体现和集中反映，具体包括司法权威性不足、诚信文化缺失、执行威慑机制不健全、地方保护主义干扰、公民法律意识淡薄、立法不完善、市场经济不完善、法院执行工作不力等①。其中立法不完善是造成执行难的重要原因。立法不完善主要表现在以下几个方面：

1. 立法不充分

我国现阶段的强制执行立法主要体现于诉讼法②之中，并没有一部独立、完备的强制执行法。《民事诉讼法》第三编规定了“执行程序”，共35条；《行政诉讼法》对于强制执行的规定只有2条，修改后也只有4条。而2011年的《强制执行法（专家建议稿）》中，对强制执行的规定的条文数量达到了368条，差距之大令人汗颜。强制执行权是国家权力的重要内容，是保障公民权利得以实现的重要环节，在法律制度中占有重要地位。而且执行权的行使涉及的内容众多，需要一定规模的法条数量才能将其规范到位，所以我国现阶段的强制执行立法是及其不充分的，严重影响了强制执行的运行。

2. 执行权分配不合理

在现行的强制执行立法中，执行权主要由人民法院行使。这种做法存在严重的弊端。首先，人民法院行使执行权与执行权的性质相悖。在前述中，笔者已经阐明了执行权是兼具司法权与行政权的相对独立的国家权力。执行权兼具了司法权与行政权两种属性，不能完全由作为司法机关的人民法院行使；此外，执行权是一种相对独立的国家权力，由人民法院行使则将其完全司法化，使这种相对独立的国家权力附属于国家司法权，其应有地位与作用未能得到彰显。其次，由于法院内部对于执行工作权力没有统一分配与调度，导致权力分散不集中且对于执行活动的管理体制、指导机制及相关协调事务的职能界限相对模糊，具体领导职务分工不明确导致执行力量相对分散，执行困难增加而导致效果不佳。③

3. 执行机构设置不科学

我国现阶段的执行机构主要是设置在人民法院内部的执行局。这种设置又主要分为两种基本模式。其一是执行裁决权与执行实施权配置在同一执行局中。这其中有五种运

---

① 卓泽渊主编：《新时期社会主义法治建设的理论与实践（上册）》，中国法制出版社2013年版，第365页。

② 在此需要说明的是由于刑事判决中的人身部分的执行主要由监狱法进行调整，因此本文阐述的强制执行立法主要集中于民事、行政与刑事判决中财产执行方面。

③ 蒋建华：《论民事执行难的原因与对策》，湖南师范大学硕士学位论文，2014年。

行形式：第一是在执行局内部设立执行裁决庭和执行实施庭；第二是在执行局内设一个执行裁决机构和多个执行实施机构；第三是执行局内无专门的裁决机构，案件分给每个执行人员后，遇到需要裁决的问题时，另行组成合议庭合议并裁决；第四是执行局内无专门的裁决机构，对需要裁决的问题，由执行局长、庭长及一部分资深法官组成固定合议庭合议并裁决；第五是一名法官配备若干执行员，法官负责重大事项的裁决，执行员负责具体地执行实施工作。其二是设在法院的执行局仅行使执行实施权，执行裁决权由同一法院专门设立的执行裁判监督庭行使。①

以上的机构设置模式存在诸多弊端。一是机构设置不统一，从以上机构设置可以看出，我国的执行机构设置存在多种形式，名称、功能各异。二是执行机构均设置在法院内部，与执行权是相对独立的国家权力的性质相违背。三是执行机构设置没有完全反映执行权的构成，执行权的两个子权力——执行裁决权与执行实施权均由法院行使，且法院的执行机构之间难以存在相互制约监督关系，这违背了执行裁决权为司法权、执行实施权为行政权，两者之间是一种相互制约监督关系的执行权构造理论。权力未能合理分配，机构未能科学设置是造成我国执行难的原因之一。

4. 执行措施不适应现实需要

根据法律规定，现阶段的执行措施主要有罚款，拘留，扣押、冻结、划拨、变价、查封、拍卖、变卖被执行人财产，强制迁出房屋或者强制退出土地等；对于被执行人不执行的，可以采取的措施有代履行、支付利息、采取或者通知有关单位协助采取限制出境，在征信系统记录、通过媒体公布不履行义务信息以及法律规定的其他措施。虽然现阶段有这些措施可供实施，但是由于社会变化巨大，不断出现新情况，特别是网络的迅速发展，这些措施不能完全满足现实的需要。此外，这些措施本身也需加以完善，存在部分执行措施程序可操作性不强、执行措施的对象范围模糊不清等问题。② 执行措施的缺陷与滞后直接影响了我国现阶段的强制执行效果，是造成执行难的重要因素。

三、解决执行难的立法对策

（一）单独制定强制执行法

以上已经谈到立法不充分是造成执行工作难的一个重要原因，除此之外，单独制定强制执行法还有如下理由：

首先，《民事诉讼法》与《行政诉讼法》包括不了强制执行的内容。诉讼、审判和强制执行在性质、任务、目的、措施、工作方式方法等各个方面，都是完全不同的。其次，强制执行的对象繁多，有些对象已经超出了《民事诉讼法》与《行政诉讼法》的范围。

① 参见最高人民法院研究室编：《审判前沿问题研究——最高人民法院2005年重点调研课题报告集(上册)》，人民法院出版社2007年版，第659页。

② 参见魏庆华：《论我国民事执行措施之完善》，中南民族大学硕士学位论文，2012年。

最后，强制执行有些会涉及实体法的内容，两大诉讼法不宜加以规定。

目前执行实务界明显感觉，寥寥的30多个条文是根本不够的，而且附属在诉讼法中也是不妥的，极盼能够有一部独立、完备、权威的强制执行法，以扭转执行难的被动局面。执行学术界从强制执行与诉讼、审判的根本区别出发，综合考查我国的国情社情民情，结合考虑实务中存在的各种问题，认为解决执行难，提高执行水平，完善执行立法即制定独立的强制执行法，已成为当务之急。另外，从世界各国的立法发展趋势看，已有法国、日本、韩国和俄国将执行程序从民事诉讼法中分立出来，制定了独立的强制执行法。①

（二）合理分配执行权

目前对于执行权的分配主要有两种模式，即“内置式”与“外放式”。内置模式是指坚持现有的制度安排，执行制度仍是法院司法制度的基本组成部分，执行权仍由法院行使，但整合内外部资源，发挥法院的能动性，法院在承担审判职能的同时担负起生效法律文书的执行职能；外放模式认为法院的主要职能是依法裁决纠纷，应将生效法律文书的执行实施权交由法院外的机构担任，其具体方案有如下几种：(1)设立执行法院。该主张认为执行法院的任务是执行生效的法律文书，执行工作具有协调性和相对主动性的特点，为彻底改变执行不力现状，建立区域性执行法院，实行审执分享和垂直领导体制。(2)司法行政机关负责执行。该观点的基本主张是，刑罚执行设置在行政机构中，因此将执行工作从法院中分离出来，交司法行政部门负责。(3)公安机关负责执行。又分为两种具体观点：其一种观点认为，执行判决是一种行政行为，作出判决是一种司法行为，因此，法院应当只负责判决，而执行判决应交由公安局完成。另一种观点主张设立不受同级人民政府领导而受公安部垂直领导的专门执行工作机构。笔者认为，既然执行权兼具行政权与司法权的性质，就应当按照执行权的性质来分配，这样才能顺乎事物的本性，从而达到合理分配执行权的目的。因此，应当将执行实施权分配给行政机关，司法机关则行使执行裁决权。

（三）科学设置执行机构

执行机构的设置应当以执行权的构造为理论核心，主要在于执行机关的内部机构的设置和执行人员的配置。目前，就二权说，主张设立执行实施和执行裁定两个各自独立的组织。在执行机构内设执行法官和执行员，分别负责执行中程序问题的裁定工作和执行措施的实施工作。就三权说，有的主张设置执行命令庭、执行实施庭和执行裁判庭以对应执行权的三种权能；有的主张设立主执法官负责执行命令权和执行裁决权，而助执法官负责执行实施权；还有学者主张执行法官负责执行命令权和执行裁决权，而司法警察负责具体执行实施权。不管二权说与三权说，均主张将执行机构设在人民法院内部，而且严格实行审执分离制度。在对执行权性质与构造的分析中，笔者阐明了执行权是兼

---

① 参见齐奇主编：《执行实务与新类型法律问题研究》，人民法院出版社2011年版。

具行政权与司法权的相对独立的国家权力，包含了执行实施权与执行裁决权。笔者认为应当根据这种分析来设置执行机构并配置相应的人员。具体来说，笔者建议执行权应当由行政机关与司法机关共同行使，其中作为行政机关的政府行使执行实施权，作为司法机关的法院行使执行裁决权，两者形成一种制约监督关系。在行政机关内部，执行实施权可由具有司法行政性质的司法局行使。在法院内部，可以利用现行的执行庭设置，但是应当提高其在人民法院中的地位，使其与审判庭相对应，从而切实实现审执分立的制度，彰显强制执行应有的法律地位。

（四）完善与创新执行措施

在执行措施的完善方面，应当较为详细地规定重要的执行措施的执行程序、执行范围等内容。例如，在《中华人民共和国强制执行法（专家建议稿）》中，拘传、拘留、限制出境、限制消费、公布拒不履行义务的义务人名单等执行措施就得到了详细的规定。

在执行措施的创新方面，各执行机构可发挥自身的主观动能性，在法律法规规定的权限范围内，探索出符合实际需要的、可行的执行措施。此种执行措施不限于法定执行措施，是一种较为广义的概念。例如，在全国范围内构建被执行人信息共享平台，共同对失信被执行人实施信用惩戒，能在一定程度上提高执行效率。①

（作者简介：牟丹，武汉大学法学院2014级宪法与行政法学硕士研究生。）

◎ 点　评

其一，执行权是什么性质的权力？执行权是司法保障权，并且偏向于行政权，从大类来说，其应该归属于行政权的范畴。我们只有知道权力的性质之后，才能找到适格的权力行使机构。在归类上应该让行政部门来行使执行权。在中国现有的体制之下，这种权力让司法行政部门来行使是比较合适的。现阶段，刑事执行权由司法行政部门行使，而法院保留民事和行政执行权。法院同时行使判决和执行两项权力，这是不符合权力制约的基本法理的。这种判决和执行合二为一的体制是需要改革的。我们建议将执行权挪到司法行政部门手中。

其二，对于执行权的价值取向问题，执行权的价值取向即应为严格地、全部地执行法院判决，维护司法权威，维护判决公信力，而不需要去考虑人性的价值取向。我们认为人性应该在立法和司法过程中体现。而且，判决的轻重，不是由被告人的家庭状况来确定的，而是由侵害的行为和后果的严重程度来决定。

其三，执行难的问题。在我国，执行难的问题主要在于民事和行政的案件之中。一个判决没法执行，意味着当事人合法权益得不到保障，严重危害了司法的公信力，还意味着国家通过四大环节承载的国家意志和国家司法权力，由于司法判决得不到实施，导致国家意志得不到实现，国家的权力和法律的权威被侵蚀，在这种情况下，解决执行难

① 参见程苏：《尽快构建被执行人信息共享平台　破解法院执行难》，载《人民法院报》，2014-03-10，第11版。

的问题是非常有必要的，问题的根源有以下几个方面：从社会的角度来看，在于社会整体的法治、法律意识不够高，当事人没有把法院判决当做一件严肃的事情来对待。从执行体制的角度来说，我们现在施行的是审判执行一体化，其主体都是人民法院，法院既是裁判者又是执行者，这种体制违背权力分立的法理。现阶段，这种机制也是构成执行难的重要原因。针对执行难问题的三个根源，我们认为解决这个问题应该要分为三个努力阶段：长期的努力目标是提高整个社会和国民的法治程度，法律意识，只有在整个国家的法律意识和法治程度达到一定高度之后，严格执行司法判决才会成为社会的共识。中期的目标是要进一步提高法律的认同性和可执行性还有司法判决的公正性。当前的目标有两个：一个是将司法执行权从法院手中剥离出来，还给司法行政部门；另一个是制定专门的司法执行强制法，用这样一部法律规范司法判决的执行。当然，关于这部法律的整体框架、内容，我们还要进一步进行研究。

（点评人：武汉大学法学院　江国华教授）

司法改革过程中的律师参与

李福林

摘　要：司法改革的成效是衡量社会法治进步的重要标准。中国的司法改革为律师行业的发展提供广阔的空间和良好的环境，而律师行业的发展有力地促进了中国司法改革的进程，成为中国司法改革不可或缺的一部分。强化律师对司法的监督作用是司法改革的一个重要环节，律师权利保障是否充分和律师地位的高低也可以作为反映司法改革是否到位的一个标准。因此，在现代的法治国家，司法改革和律师制度必然是相因相伴的。

关键词：司法改革；律师行业发展；法律职业共同体

亚当·斯密曾经说："有时候，我们把健康托付给医生，而把自己的财富、名誉甚至生命托付给了律师。"随着依法治国的进一步的实施，法律已经渗透到社会生活的方方面面，律师的作用更加凸显，无论纠纷已经发生或者未雨绸缪都很难离开聘请律师提供法律帮助。所以说中国进行司法改革，不能没有律师的参与。① 在一定程度上讲，律师的参与影响着我们建设法治国家的进程。

① 2011年4月24日，在中国人民大学律师学院成立一周年之际，中国人民大学法学院、中国人大学律师学院等共同举办了"首届律师学院论坛"暨"律师与司法体制改革研讨会"。会上，最高人民法院司法改革办公室副主任蒋慧岭就提出："法治合力离不开律师的参与，司法改革离不开律师参与，律师应有地位的获得离不开其能力建设、职业成熟。"而最高人民检察院司法改革办公室主任王洪祥，同样表示，"律师是法治建设的一支重要力量，司法体制和工作机制的改革离不开律师的参与。检察机关将注重于律师合作，并依法接受律师的监督，进一步扩大律师在司法改革中的参与度"。而中国人民大学律师学院院长徐建则建议，司法改革机构中应有全国律协的一席之地。他认为，其一，律师战斗在法律适用的第一线，司法制度需要怎样改革，律师最有发言权；其二，公检法机关代表公权力，自我改革不易，律师则不存在这些障碍；其三，全国现有20余万律师，具有法律教育的背景，应是司法改革的生力军和适格的主体。由此可见，司法改革的话题，不能没有律师的声音；司法改革的实践，不能没有律师的行动；司法改革的图景，不能没有律师的色彩，这是司法界有识之士的基本共识。参见潘卫群：《推进司法改革离不开律师的参与——"首届律师学院论坛"暨"律师与司法体制改革研讨会"侧记》，载《中国律师》，2011年第6期。

司法改革的成效是衡量社会法治进步的重要标准。因此，笔者认为司法改革是国家民主法制化过程中不可回避的历史性课题。众所周知，一个健全的司法体制是民主宪政的重要环节，深化司法体制改革，是中国建设社会主义法治国家的重要战略举措。通过不断的改革，加强对司法权的监督，使得公众更多地参与司法活动，体现司法民主，增强司法的亲和力，这些至少是当前我国司法改革追求的阶段性目标。在此基础上，应以律师的职业为视角，提出律师要以积极态度和方式投身到我国司法改革当中。中国的司法改革为律师行业的发展提供广阔的空间和良好的环境，而律师行业的发展有力地促进了中国司法改革的进程，成为中国司法改革不可或缺的一部分，两者相互影响，相互促进。因此，在现代的法治国家，司法改革和律师制度必然是相因相伴的。

检视过去的司法改革，我们已经取得了不少的成绩，如国家统一司法考试、最高法院收回死刑复核权、推进量刑制度改革等措施，但是还存在着司法不公和司法腐败等问题。法国学者福柯在描述18、19世纪法国司法运行状况时写到，人们看到的“不是或不仅是司法特权、司法的专横、年深日久的傲慢及其不受控制的权力，而是或更主要是，司法集软弱和暴虐于一身，既耀武扬威又漏洞百出”。① 这一论断对于我国司法而言，可能过于武断，但却不无道理。现阶段我国司法体制存在的主要问题具体表现有：其一，司法正义的体现必然要依赖于法官、检察官和警察，但是他们的专业素养和职业操守却饱受诟病；其二，维护基本人权与人性尊严的法律基本原则都没有被很好地遵循与落实。（如依法侦查原则、无罪推定原则等）；其三，司法人员的人权观念薄弱，他们本应具备的公正性和独立性备受质疑；其四，法官的专业性也难让民众信服，许多判决内容脱离常识和理性，甚至部分案件出现诉讼多年仍然没有判决结果的现象。在我看来，以上所述都成为司法进步的绊脚石。尤其是近几年，上访案件急剧增多，现存的司法制度已经无法满足广大民众的要求，这足以说明了我们要进一步推进司法改革。而在未来的司法改革中，要充分发挥律师的力量。目前中国的律师已经达到20万人，我国的律师群体与整个司法体制都有着密切的联系，律师队伍已经成为推动司法公正的一支重要力量。要知道，现代社会的诉讼是整体机制的配合与运转，是法官、检察官及其他社会机构有机协调的活动。从权利运作的机制看，制约权力的外在力量越弱，权力滥用的可能性就越大。② 我们要建立以人权保障以及人民利益为核心的人民司法，就一定要让这个时代的民主战胜专制，扩大人民的参与和监督，朝向民主化、专业化和透明化的方向提升司法质量，落实司法为民、司法公正和司法独立的理念。

公正是司法的生命线，我们必须进行司法改革创新，在制度设置上，尽可能保障公民在每个案件中都感受到公平和正义。新的律师法开宗明义，强调立法的宗旨是，“发挥律师在社会主义法制建设中的积极作用”。所以，司法改革中不能没有律师的参与。司法改革应当吸纳民众的力量，避免政府的垄断。如果民众无法参与其中，那么司法改

---

① ［法］福柯：《规训与惩罚》，刘北成等译，三联书店1999年版，第89页。

② 王守宽、金红磊：《我国司法制度改革的问题剖析与途径探》，载《武汉理工大学学报》（社会科学版），2002年第4期。

革很容易沦陷为部门的利益之争。具体来说，我从以下四个方面进一步阐述律师参与司法改革的方式。

一、强化对司法独立的监督，保证司法公正

近代以来，西方成功的司法实践表明：律师功能的充分发挥、审判的公开、司法的说理、法庭对抗式的辩论等措施都是防范司法腐败最可靠的制度。其中，律师的监督是动机最强烈的、成本最低的、监督最有效的制度之一。故此，优化配置司法的监督权，必须从充分发挥律师制度的功能和律师的作用开始。首先，律师受当事人的委托，要维护委托方的利益，有动力进行监督。其次，律师精通法律且善于有技巧的表达。最后，律师全程参与庭审的辩论，能够及时对法官的思维盲点提出异议。法官能感受到无数双眼睛在盯着他，能感受到是非对错要经得起考验。所以，充分发挥律师的作用是有效监督司法独立，保障司法公正的重要措施之一。

然而，曾经有些地方的有关部门居然把律师当成打击和迫害的对象，甚至把律师的辩护看成是对法庭的挑战。那是因为有关部门对律师本质的认识不够和对司法规律的不了解。还有一些民众仍然把律师在法庭为被告人辩护看成是替坏人说话，甚至认为律师是犯罪分子的代言人。其实，律师既不帮坏人说话也不帮好人说话，律师只帮当事人说话。律师的本质是保护当事人的合法权益，也就是说，只要这个权益是法律明确规定应该保护的，那么律师替变成当事人的坏人说话也是正常的、应该的、合法的。律师不是绝对正义的化身(比如，律师不得向司法机关揭发在办案过程中了解到的当事人犯下的而司法机关还没有掌握的其他罪行)，所以我们对律师的期望不要太高。律师首先应该是维护好自己的职业道德，然后才是社会道德。律师只要维护好自己职业道德，他们就已经尽到了本分。现代律师制度是民主和法治的产物，律师这个职业没有比今天这个时代更受全社会关注，比如说有些律师的网站、微博点击量惊人，达到几百万，甚至上千万。重大案件得到国人关注的同时律师往往也受到国人的关注。许多案件得到公正的判决，当然有律师的作用。律师天然地以捍卫法治为已任，坚持社会的公平和正义，忠诚于法律，坚守宪法与法律至上，是法律真正的卫士。①

当然，有些人马上就质疑说，律师是司法公正的“害群之马”而不是什么“好鸟”。有些律师成为“贿赂竞赛式”诉讼的参与者、推动者。没错，个别律师的确有“诉棍”的嫌疑。但是，首先，这只是个别现象。其次，我们详细分析病根，就会发现病根还是法律的安定性和可预见性的缺失。如果对构成什么罪、判什么刑罚，谁都无法依法预期，法律的指引功能何在呢？如果法官不以事实为根据，不以法律为准绳，律师也只能有两种应对方法：其一，成为死磕程序、死扣法条的死磕派律师。其二，你法官乱来我律师就乱来。如果司法机关都不顾法律规定、法律推理和司法规律，我们也就很难过分的责怪个别律师挑战现有的秩序。正是司法权的异化、司法性的丧失，才葬送了民众和律师

① 邹小琴：《律师在实现公正审判目标中的地位和作用》，载《学术探索》，2013年第8期。

对法律的信仰。① 众所周知，好的制度可以让坏人办好事，坏的制度可以让好人办坏事。权力本身具有自腐性，且权力的诱惑又是巨大的，我们重要的不是教育律师和法官如何自觉抵制权力的诱惑，而是筑起防备人性洪水泛滥的法治堤坝。自古以来，我们国人都有一种“包青天”情结。其实“包青天”是靠不住的，就像美国人说的“总统是靠不住的”一样。靠得住的永远只有制度。在司法制度设计上，我们让他们无机可乘，不得不为好人，我觉得这才是保障司法公正的上上之策。

二、推动司法改革

笔者坚信改革的力量可以来自民间，有公益心的律师可以立志以民间的、持续的力量来监督司法，推动建立清廉、独立、高品质的司法环境。律师是克服不和谐现象的高手，他们有专业的法律知识，每天处理大量的纠纷和诉讼，又和民众有密切的联系，深知什么地方应该改革。律师对司法进步的推动，并不限于坐而论道，而是着眼于行动。比如，他们可以到法院旁听，记录法官的言行，看哪些法官开庭时迟到、打瞌睡、玩手机，然后把真实的情况公布，法官的态度自然会慢慢变好。又如，他们可以给出庭律师发问卷调查，让他们给法官打分评价，然后公布。法官的态度和司法质量肯定有明显的改善。可能有些人马上就会想到说，这种方法有诽谤的嫌疑。但是只要律师们是为了公共利益，真实的、善意的公布情况就不会构成诽谤行为。

三、加强律师辩护权，完善刑事人权保障制度

全面检讨违反刑事人权保障的制度及其运作，最重要的是要强化律师辩护权。② 我们应该探索建立刑事案件侦查阶段的强制辩护制度。现在绝大部分刑事案件，对侦查人员的制约和监督是不足的，侦查人员往往滥用侦查权，制造声势，威胁、恐吓犯罪嫌疑人，侵犯嫌疑人的财产、自由和生命。类似“俯卧撑”事件、“喝开水”事件和“躲猫猫”事件的一再发生，侦查人员漠视人权，坐视司法公信力持续打折，使得公众对司法系统的怨气如野火蔓延。所以，建立刑事案件侦查阶段的强制辩护制度，加强律师在刑事案件侦查阶段的辩护权是完善刑事人权保障制度的关键一步。

---

① 林喆：《司法公正与司法腐败》，载《政治与法律》，1998 年第 3 期。

② 在实践中，律师辩护权未能得到良好保障，严重阻滞了诉讼公正和效力的实现。因为，律师参与诉讼活动，可以引导当事人陈述事实，有助于法官发现案件的完整事实。在法律的适用方面，律师参与诉讼，发表对于案件的法律适用观点，和法官之间的有效沟通，有助于纠正法官在法律问题上的认识偏差，使其更准确地适用法律，从而保障诉讼结果的公正公平。参见宋朝武：《律师作用与民事诉讼程序优化》，载《中国律师》，2000 年第 6 期。

四、完善对抗式诉讼模式，强化律师作用

现阶段，上下级法院之间的关系实质上是行政化管理，① 下级法院审理案件时常常请示上级法院，而上级法院也经常对下级法院审理的案件作出指令，特别是受到国人关注的案件往往都是按照预先定好的罪名和预先定好的量刑幅度，经过简短的庭审，直接进行判决。这样的做法是对律师刑事辩护的严重挑战，更重要的是这让我国刑事诉讼法规定的两审终审制度从实体正义的角度来说变得形同虚设。实质上，许多案件的庭审只是走过场，庭审的时间之短，匆匆忙忙，草率结束庭审。法院也不可能保证或者强制案件的重要证人到法庭作证。许多法官在判决时仍旧按照他自己事先主观的感觉作出判决，根本听不进律师在法庭上的辩护，这使得最能发现事实真相和最能体现律师作用的法庭辩论和对证人的质疑变得毫无价值。现存的司法体制对律师在庭审中的作用不够重视、对律师在庭审中的权利保护不到位。这才导致佘祥林案这类冤假错案一再发生，更加深了民众对整个司法环境的不信赖感。因此强化律师的作用是司法改革的一个重要环节，律师权利保障是否充分和律师地位的高低也可以作为反应司法改革是否到位的一个标准。强化律师的辩护权，扩大辩护的空间和效果，使得律师可以更好地在法庭上通过交叉询问的辩护方式询问证人、被告人，通过合情、合理、合法的辩论跟检察官进行法律技术竞赛。法官根据法律技术竞赛的结果依法作出判决，司法的质量肯定会大大提升。这样就能保障司法持续为社会提供正义，并且能快速的把正义输送到每个人的家门口。这才是一个国家的司法制度应有的品质。

五、结　语

司法改革是一个系统的工程，是多方力量博弈的结果。律师制度作为国家司法制度的重要组成部分，司法改革应该让律师广泛参与，而不应该只能有官方来主导，这样才能保证司法民主和司法公正。律师是中国司法改革的观察者、思考者、见证者和推动者。律师在司法改革中不应该做密涅瓦的猫头鹰，总是到了傍晚再起飞，而是应该做高卢的雄鸡，在黎明时就要鸣叫。当下是法治发展的时刻，司法改革需要呐喊，你面对危险和不确定性可以保持沉默，但是你不要嘲笑那些勇敢的、有热情的律师。因为律师每一次依法执业，都推动着社会公平和正义的实现。

（作者简介：李福林，武汉大学法学院 2014 级宪法与行政法学博士研究生。）

---

① 现行《宪法》确立了“人民法院、人民检察院依法独立行使审判权、检察权”和“上下级法院之间相互独立(监督权)”。然而，实践中，我国司法机关在人、财、物等多方面处处受制。不仅使法律上理应独立的司法机关实践中常常处于“隶属”或“依附”地位，而无力抵抗地方政权的强行干预；而且使司法机关的建构和运作落入行政体制格式，按照行政权的行使方式行使司法权，行政色彩浓厚。参见马骏驹、聂德宗：《当前我国司法制度存在的问题与改进对策》，载《法学评论》，1998 年第 6 期。

◎ **点 评**

第一，针对文本中提及的事例，邓玉娇一案本为违法犯罪客观要件具备，适用法律清楚，只是由于受网络舆论与民情的影响，判决未严格遵循法律规范内容。第二，对于律师利用自媒体发表评论，则要视其是否公正、客观，不经考证与目的不纯正的舆论则易带来负面影响。第三，作为司法舞台剧的角色之一的律师不能缺少，当前司法改革虽侧重"法检"，但未来审判为中心的机制下、律师庭审中的地位及职业保障也应得在程序法与实体法上得到完善。司法行政机关应当下放"管理权"，实现行业自治。第四，要以"善待违法者"的辩证思维思索法治文明进程。正如盗窃者不断考验着防盗措施并督促其技术安全、精密化，违法者的出现亦考验着并要求法律规范对其行为作出应对。在丰富行为调整的可预期性法律秩序中，驱使法律规则本身趋向科学化。

（点评人：武汉大学法学院　江国华教授）

论终审终结
——兼论诉访分离

佘佳玲

摘　要：终审制指诉讼案件最多经过几级法院审理后，判决或者裁定即发生确定力的诉讼法律制度，以程序的及时终结性和确保社会关系的及时稳定性为设置目的，体现诉讼的终局性；同时也具体论述了我国的终审制，为以审判监督程序和刑事诉讼中的死刑复核程序为特别程序的两审终审制，以及简单论述构建思路。随后，对终审不终的成因及表现进行了分析，表现为在特殊再审程序频繁适用，呈现严重的扩张态势，其成因为：实事求是有错必纠的指导思想、二审裁判功能未有效发挥、再审程序无严格限制、死刑复核程序事与愿违等。对于终身不终导致的涉诉信访问题，文章分析了涉诉信访的概念及本质以及出现原因，并指出相关对策。最后以此为基础提出了终审不终、诉访交织的解决对策，包括注重多重价值取向的协调、落实完善现行终审制、实行诉访分离等几大方针。

关键词：终审终结；诉访分离；两审终审

一、终审制概述

（一）终审制及其意义

终审制指诉讼案件最多经过几级法院审理后，判决或者裁定即发生确定力的诉讼法律制度，① 以程序的及时终结性和确保社会关系的及时稳定性为设置目的，体现诉讼的终局性。所谓诉讼程序的终结性，通常是指法院在作出生效判决以后，除非依据法律的特殊规定，当事人不得就同一争议要求法院进行再次审理，法院也不得就该项争议进行重新审理和裁决，是程序正义的一项重要标准。如美国学者迈克尔·D. 贝勒斯在谈到

① 尹丽华：《刑事上诉制度研究——以三审终审为基础》，法制出版社 2006 年版，第 23 页。

程序正义标准之一的止争原则时曾经指出，如果争执可被再次审理，则争执并未解决；如果案件可以再上诉，相同的争执点在另一案件中仍可提出，则争议仍未解决；倘若人们求助法律程序来解决争执，那么争执必须在某一阶段上最终解决，否则求助法律程序就毫无意义。① 司法程序的终局性是司法固有的特征之一，体现法院在定纷止争中的绝对权威，是社会纠纷及时得到解决的制度保障，是社会成员享有安定性的必要条件，也是公民和法人对自己或他人行为进行合理预期的必然要求。终审制的确立，能维护司法的统一性，保障司法的正确性，协调司法的终局性和正当性，彰显司法的权威性。终审制能否得到有效落实，直接关系到我国司法的公平公正和效率价值的实现，如果法院的终审判决可以被轻易推翻，则社会关系就不能及时稳定，不仅公民正常的生产生活会受到严重影响，而且市场交易所引发的产权变动均处于待定状态，平等竞争的统一市场秩序无法建立。②

（二）我国终审制

我国实行以审判监督程序和刑事诉讼中的死刑复核程序为特别程序的两审终审制。人民法院对案件最多经过两级法院的审判即告终结。第二审法院所作的判决和裁定为发生法律效力的裁决和裁定，当事人不得再对其提出上诉，检察机关也不得再对其提出抗诉。但是我国《刑事诉讼法》在第二审程序之外，又设立了专门的死刑复核程序，由人民法院自行就死刑判决实施审查和核准。这种程序并非严格意义上的"上诉程序"，也不是就死刑案件设定的一个独立的审级，但使被告人在上诉之外又获得了一次法定权利救济的机会，是一种普通救济程序。③ 同时，为了救济两级审判中发生的司法错误，在两级审判的主体结构之外，我国诉讼法规定了针对已生效裁判而进行的再审程序作为非常救济程序，是两级审判的"例外"和"补充"。如此建构两审终审制的思路在于：并不否认两审终审制可能存在审级过少的缺陷，但面对地域辽阔、交通不便以及经济不发达的现实和经济基础，两审终审制的选择和实施却能够带来诉讼效率和实务运作上的方便，而且审判程序上的死刑复核程序和再审程序也能够弥补两审终审制的不足。④ 但是，考察二审终审制运行的实际情况，发现二审终审制并不能如预期般实现司法终局性目标，再审和死刑复核程序在实际操作过程中也发生了偏颇。

---

① 朱立恒：《刑事审级制度研究》，法律出版社 2008 年版，第 240 页。

② 参见贺小荣：《依法治国背景下司法改革的路径选择》，载《人民法院报》，2014-10-31，第 5 版。

③ 陈瑞华：《对两审终审制的反思——从刑事诉讼角度的分析》，载《法学》，1999 年第 12 期，第 18 页。

④ 尹丽华：《刑事上诉制度研究——以三审终审为基础》，中国法制出版社 2006 年版，第 227 页。

二、终审不终的表现及成因

法院的裁判是国家意志的具体体现，体现了司法对纠纷的最终解决，涉及国家法律的权威，需要重视和维护法院裁判的稳定性和权威性。然而，我国终审法院裁判的终局性意识却难以得到确立，终审法院裁判的正当性受到严重的挑战和冲击，对司法的权威造成严重威胁，终审难终已成为困扰我国审级制度诸多问题中的一大顽疾。

（一）终审不终的表现

终审难终表现在特殊再审程序频繁适用，呈现严重的扩张态势。由于存在着法律的规定，加上司法尺度把握上的宽泛，目前我国终审不终的情况大量存在，有些案件的当事人对终审的判决不断地通过寻求申诉再审，以至于一个案件三番五次的再审耗时数年也难以终结。这不仅导致了国家优先的司法资源的极大浪费，而且使当事人疲于奔命，争议的问题长期处于不确定状态。最高院原副院长沈德咏在谈到我国再审程序的现状时曾经概括道："现行申诉、再审的特点是无限上诉无限再审。归纳起来主要有五无限，即主体无限、时间无限、次数无限、审级无限、理由或条件无限。"在这种情况下，我国第二审生效裁判的终结性遭到了极大的威胁。因为，在再审程序不受限制的情况下，无论是法院本身，还是检察机关或者有关当事人，都有可能通过再审程序来动摇二审裁判的法律效力。

再审程序的频繁启动不仅容易导致二审程序终审难终，而且意味着第二审程序难以起到法律赋予它的纠正错误裁判以及为当事人提供权利救济的能力。在这种情况下，我国再审程序不仅无法为两审终审制的缺陷起到良好的弥补作用，而且会架空第二审程序的功能，从而从根本上否定二审终审制的正当性①。

（二）终审不终的成因

1. 实事求是有错必纠的指导思想

造成终审不终的最深层次的原因是诉讼立法尤其是再审程序的重要指导思想："实事求是，有错必纠。""实事求是"是我们党的思想路线，"实事"属于认识论的范畴，强调对真理的发现。将其引入司法领域，就成了"有错必纠"，要求人民法院在发现裁判有误时，坚决予以纠正。它有一定的积极意义：重视保护当事人的实体权利，充分体现实体尤其是个案实体公正，意在使每一个案件都得到正确处理，使每一个错误都得到彻底纠正。但却忽视了司法过程的特点。首先未认识到诉讼规律：客观上，案件不能重现，法官在无法亲历引发纠纷事件的情况下，只能通过证据的采信最大限度地发现案件事实。主观上，作为认定案件事实主体的法官，因个体因素的限制难以完全做到"实事求是"。其次，关于有错必纠，实践中对什么是"错案"，错到什么程度才"必纠"，应该

① 朱立恒：《刑事审级制度研究》，法律出版社 2008 年版，第 241 页。

纠正到什么程度，均需有一个明确、具体、合理的标准。如果事实认定错误就是错案，仍是一种追求实体公正的做法。而实体公正没有一个统一的标准，人们判断审判结果的正当性，一般只能从程序是否正当来看，程序公正才是判断案件正误的合理标准，任何社会都可以实现的唯有程序公正。最后司法过程是一个纠纷解决的过程，诉讼活动固然要体现对实体真实的追求，也必须坚持程序公正的价值目标。还必须考虑诉讼的社会属性和各种价值的均衡，应当在遵循权利救济和人权保障的价值理念的同时兼顾诉讼经济和效率，尤其坚持法院裁判的权威性和确定性的理念。审级制的目的在于获得法院裁判的确定力和既判力，朝令夕改的裁判程序是对法院判决权威的损害。我国实事求是和有错必纠的指导思想下，作为补救的二审程序在救济和防错与纠错功能上不足，再审程序虽然可使个案的错误得以纠正，但过于活跃甚至滥用则可能危及整个司法制度的正当性。①

2. 二审裁判功能未有效发挥

二审程序既是上诉审程序，也是终审程序，其审判质量和效率直接关系到司法程序能否及时终结。二审承担着多样化的司法功能，其中纠错和同一法律适用的功能是两大基本功能。但是从最近几年的学术探讨关注再审程序的完善、国家司法改革中就再审程序所出台的一系列相关规定、不断见诸于报端的对重大案件的纠正和公民上访、申诉的规模与困境等报道，以及一些调查数据来看②，二审的纠错和同一法律适用功能没有得到有效的发挥，仍有相当多的终审案件进入再审程序。终审法院级别过低，法官业务素质不高，特别是经济不太发达的基层和中级法院，受过正规法律教育的法官少。法院审级不独立，行政化倾向严重，下级法院在审判案件过程中对案件的处理依附于上级法院的意见和指示，在法官责任制和法官错案追究制违法责任制之下，请示之风更为严重。实践中二审裁判程序不健全，绝大部分案件没有落实开庭审理，缺乏当事人参与二审直接陈述和论证上述主张，程序保障不足，直接导致二审全面审查大多流于形式，难以发现和纠正一审错误。③ 以上这些因素制约了制约纠错功能和统一法律适用功能有效发挥，造成司法裁判的权威降低。当事人对法院裁判缺乏信任，不断通过寻求申诉再审，以至于一个案件三番五次的再审耗时数年也难以终结。

3. 再审程序无严格限制

(1) 再审启动过于便利。

一方面，表现为再审启动的主体不限。根据现行诉讼法的规定，不仅法院可以自行启动刑事再审程序，而且检察机关也可以通过抗诉的形式启动再审程序。如果当事人不满意生效裁判结果，则还可以通过申诉上访等方式间接地启动刑事再审程序。另一方

① 周孟炎：《民事审判程序研究》，中国政法大学博士学位论文，2004 年，第 169、170 页。

② 具体数据见尹丽华：《刑事上诉制度研究——以三审终审为基础》，中国法制出版社 2006 年版，第 243 页。

③ 参见尹丽华：《刑事上诉制度研究——以三审终审为基础》，中国法制出版社 2006 年版，第 244~247 页。

面，表现为再审启动的理由不限。《民事诉讼法》第198条规定人民法院依职权启动再审的事由是“发生法律效力的判决、裁定确有错误”。第200条规定当事人申请再审的13种情况。其中，确有错误、有新的证据和原裁判主要证据不足，以及适用法律确有错误等这些理由值得推敲。因为不能在审判之前要求确有错误，未经审判事先无法作出判断，而对于申请再审的当事人而言，其心中已经坚信影响自己的生效判决是确有错误的。另外，在司法实践和调查中发现，申请再审的当事人对于证据和适用法律都提出异议，要求再审的理由无限，而一些法院的再审决定书中对此也予以认可，导致申请再审的理由无限。①

(2)再审次数没有限制。

《民事诉讼法》没有就再审的次数作出限制性规定，以至于同一案件可以被数次，甚至十几次再审的现象时有发生。尽管存在司法解释对再审次数不受限制的现象有所遏制，一定程度上弥补不了立法上的不足，但其未对检察院抗诉的次数作规定。实践中这一司法解释也未起到应有的作用，当事人不仅到原审法院要求再审，而且到原审法院的上一级，甚至是最高院以及各级检察院上访要求再审。在这种上访的压力下，法院只要能够息事宁人，不在乎多少次再审，所以实践中仍然能看到一个案件再审、再再审，仍旧还在信访。

(3)再审的时间不限。

虽然说民诉法205条有了6个月的规定，② 但当事人并不遵守这个规定，总是想方设法促使法院、检察院提起再审，一些法院和检察院对于超过时间的申诉人员，由于其长期缠诉缠访，并迫于部门压力，不得不以自己的名义提起再审、抗诉，对生效判决予以改判。从这个意义上说，再审的时间是无限的。③

4. 死刑复核程序事与愿违

从理论上讲，如果死刑复核程序能够发挥应有的作用，则确实能够对第二审的缺陷起到一定的弥补作用。但遗憾的是，这种弥补作用仅仅存在于人们的想象当中，在司法实践中，死刑复核程序难以起到对案件质量的把关作用。根据人民法院的司法解释，死刑复核是采取书面的、秘密的、单方面的复核方式，这种方式导致控辩双方以及被害人无法有效参与死刑复核的过程，不能充分地发表各自的意见和主张，这不仅违反程序公正，而且也不利于承办法官抓住案件的关键要害，大大减少了发现错误的机会和可能性；缺乏参与和社会监督的做法，可能导致承办法官自由裁量的滥用，增加暗箱操作的可能性；审判委员会仅通过听取承办法官口头汇报的方式对案件进行讨论，不大可能发现并纠正原审裁判错误；死刑复核方式不能保证复核法院比原审法院更高明，能对死刑

① 李薇：《涉诉信访：成因及解决》，中国法制出版社2009年版，第177、178页。

② 《民事诉讼法》第205条规定：“当事人申请再审，应当在判决、裁定发生法律效力后6个月内提出；有本法第200条第1项、第3项、第12项、第13项规定情形的，自知道或者应当知道之日起6个月内提出。”

③ 李薇：《涉诉信访：成因及解决》，中国法制出版社2009年版，第178、179页。

那件中涉及的事实问题和法律问题作出更准确的认定和判断。此外，考虑案件请示制度以及错案追究制的负面影响，死刑复核程序难免流于形式，很难期望其能够纠正错误的原审死刑裁判。① 而死刑复核的纠错功能无法实现，司法的正确性无法得到保障，司法的公正性遭受损害，司法的权威受到削弱，人民不信任司法，不断通过申诉、申请再审，请求纠错，以期获得更多救济的机会获得公正的裁判。

三、终审不终的影响——涉诉信访

前面已经论述，判决、裁定生效的意义就在于定纷止争，确定双方当事人之权利义务关系。再审程序是一种特殊程序，它是对可能存在错误判决的一种救济方式，这种救济应当是有条件、有限制的，而不应是无止境的。但是，在实事求是、有错必纠的指导思想、二审纠错功能无法有效发挥、司法裁判权威不足、再审程序无严格限制等因素的作用下，实践中案件反复再审的情况时常发生，一个案件经过一审、二审、再审、再再审，“翻烧饼”似地颠来倒去，当事人反复陷入诉讼的拖累中，极大地破坏了权利义务关系的稳定性，破坏了既判力和确定力，削弱了司法权威。法院作出生效裁判的正当性和公正性并不被当事人认可，当事人信访不信法，不断信访、申诉。自 2004 年以来，涉及不服法院裁判的申诉、信访，即“涉诉信访”量大幅攀升。“信访作为一种正常司法救济程序的补充程序，通过行政方式来解决纠纷和实现公民的权利救济”，如今成为了各地法院普遍的、经常性的工作内容，并大有超越规范化的诉讼制度的倾向。

（一）涉诉信访

涉诉信访，是指公民、法人或者其他组织向各级人民法院受理、审理和执行的各类诉讼案件的情况，提出建议、意见或者投诉请求，要求人民法院依法处理的活动。通过这个概念可以了解涉诉信访的本质。首先，针对的主体是法院而不是国家权力机关、行政机关、检察机关和企事业单位。其次，反映的是各级法院受理审理和执行的案件，包括法院受理和审理的初审、终审、再审判决裁定和法官的行为规范。最后，涉诉信访只能由人民法院处理。具体而言，主要有以下几种表现形式：对人民法院的工作和建议；对各级人民法院及其工作人员的违法失职行为的申诉、控诉或者检举；对生效判决裁定调解不服的申请再审；其他依法应当有人民法院受理的信访事项。② 由此我们可知，与其他信访比较，涉诉信访的特殊之处就在于其针对人民法院审判和执行案件的行为和结果，在性质上属于涉诉争议事项，这正是涉诉信访与公民到行政机关和其他司法机关信访的最大区别。③

---

① 朱立恒：《刑事审级制度研究》，法律出版社 2008 年版，第 236 页。

② 李薇：《涉诉信访：成因及解决》，中国法制出版社 2009 年版，第 59 页。

③ 陈蓓芬：《民事涉诉信访问题研究》，复旦大学硕士学位论文，2011 年，第 8 页。

（二）诉访交织的现状及其原因

一个时期以来，在经济高速增长、社会利益关系急剧调整、社会利益分配不协调和信访工作体制机制抑或司法体制机制存在着阶段性瑕疵的大背景下，我国某些地区也逻辑地出现了阶段性涉诉信访总量高居不下①，信访诉求要求高甚至不合理，群体性上访和表达形式激烈化日趋严峻的形势，已在一定程度和一定范围内对社会和谐稳定构成了威胁。具体表现为：

（1）涉诉信访高居不下；（2）部分当事人试图通过信访一次性解决其所有困难和问题，提出各种不合理诉求，漫天要价信口开河，并采用过激方式给法院施压；（3）呈现出有组织和"专业化"倾向，涉诉信访老户相互串联，交流"经验"，故意制造事端，危害社会。特别值得一提的是，信访工作出现了"边审边访"现象，② 当事人为了给案件审理施加压力，在立案、审理阶段就开始信访，不达目的誓不罢休。诉讼程序还没有终结就上访的占整个信访总量的比例越来越大，严重影响了审判秩序。

经分析，产生诉与访交叉混杂、当事人要访不要诉问题的原因，除了前面提到的终审制难以落实的重要因素外，还有以下几点：

1. 社会文化背景的影响

我国自古就有"刑起于兵"的观念，在民众的心理中法律就是惩罚和约束自己自由的工具形成信官不信法的观念在遇到矛盾纠纷时，首先选择上访鸣冤，请求父母官为民做主为救济途径，而不是积极通过法律程序定纷止争。时至今日这种信人不信法的观念的影响仍然普遍存在。尤其是对某个案件在某个领导的关注和批示下得以较好地解决之类的宣传报道，进一步加剧了民众对引起领导重视依靠领导批示解决问题的依赖心理。

2. 经济成本的考量

涉诉信访的产生很大程度上与司法成本过高、解决时间过长有关。司法作为最后的救济手段，诉讼程序不得不设计得相对复杂以解决各种各样的纠纷，最大程度地实现社会所接受的正义。这就在无形中导致当事人投入大量的时间精力和金钱，提高了司法成本。同时，要通过诉讼解决问题不得不面对两大困扰：可能的司法腐败与难以避免的执行难，使司法公信力受到严重拷问。而信访可诉求的内容相对广泛、解决方式相对灵活，往往成为某些人选择的救济方式。

3. 诉中恶意实施信访

以往的涉诉信访一般出现在法院对案件作出实体裁判后。而滥用信访则出现在案件尚未进行实体裁判的受理、审理期间内，是典型的诉讼程序内的事项。在只能先行行使诉权的情况下，当事人不积极应诉反而乱发告状信、投诉信。通常是为了拖延诉讼干扰法院正常的诉讼秩序，借助外力对审判活动进行不合理的干涉，对法官施加压力影响其

---

① 具体数据参见：陈蓓芬：《民事涉诉信访问题研究》，复旦大学硕士学位论文，2011 年，第 7 页。

② 张琼：《涉诉信访终结机制研究》，上海交通大学硕士学位论文，2011 年，第 7、8 页。

职业思维以期获得在正常诉讼程序中不可能得到的利益。①

一方面，涉诉信访问题来源于司法权威性的不足；另一方面，涉诉信访也反作用于司法，削弱权威性。在实践中通过涉诉信访而达到对原判决的推翻或部分改变，无疑加重了公众对法院终审判决不确定性的怀疑。这种效果的直接后果就是造成社会民众对司法公正的怀疑，进而与司法腐败逻辑地联系起来。一旦法院判决失去了对公众的权威，则不论判决书理由如何充实，结果如何公正，司法活动的相对性都可以使其面临无休止的质疑和抨击。没有司法权威的社会将会很糟糕，会使公众对政府失去信心，当政府的公正性、正当性遭到质疑时，整个社会受到的损害非常大，一旦社会某一部分出了问题，必然引起大面积连锁反应，进而动摇社会稳定的基础。② 所以实行诉访分离十分有必要。

(三)诉访分离的重要性

不仅如此，而且建立诉访分离机制还具有以下重要意义：一有利于提高人民法院的司法权威实行诉访分离。对司法程序尚未完成的涉诉信访和已穷尽司法程序的信访矛盾分类处理，有利于充分发挥司法裁判的作用，提高司法的权威性。二有利于维护人民法院的诉讼程序。将可以通过起诉、上诉或申请再审维护合法权益的案件纳入到诉讼制度框架之内有利于减少外部因素对审判活动的不合理干涉，打击当事人在诉讼过程中恶意滥用信访的投机心理，保障审判权的独立性和权威性，维护人民法院的诉讼程序。三有利于提升人民法院信访处置效力。涉诉信访的产生，是源于个人试图通过向司法机关直接诉求来实现个案的公正。实行诉访分离，对司法程序终结但当事人确因生活困难等客观合理因素来信访的通过司法救助、法律援助、综合治理等手段统筹解决、积极救济，对不具有“法度之外、情理之中”的无理信访，采取果断措施依法处置，从而在整体上提升涉诉信访矛盾纠纷的化解效力。四有利于当事人充分行使诉权寻求司法救济。实行诉访分离，有利于促使当事人充分认识到自己所享有的诉讼权利，督促当事人在司法手段还未穷尽之时及时、合法、合理地行使诉求，最大限度地获得司法救济。③

四、终审不终、诉访交织的解决对策

终审不终，申诉、再审不断，导致社会关系长期处于不确定状态。更有当事人鉴于信访的眼前利益，将原本应通过诉讼程序解决的问题寄希望于通过涉诉信访渠道得到解决，均严重影响了司法权威和司法公信力。要解决这些矛盾和问题，必须加强司法的终局性。具体而言，从以下几个方面实现：

---

① 唐龙生、刘菲：《论诉访分离工作机制之构建》，载《法治研究》，2010 年第 1 期，第 78 页。

② 李薇：《涉诉信访：成因及解决》，中国法制出版社 2009 年版，第 106 页。

③ 唐龙生、刘菲：《论诉访分离工作机制之构建》，载《法治研究》，2010 年第 1 期，第 79 页。

(一)注重多重价值取向的协调

1. 坚持实体正义与程序正义的统一

我国在实事求是有错必纠的思想指导下，价值取向偏重于追求实质正义，而过多牺牲了程序的安定性和裁判的稳定性，危及确定裁判的既判力。审程序在实现个案实体正义时理应受到程序正义的限制。不顾及程序正义的条件限制，片面追求个案实体上的绝对正义，不仅不能实现实体正义，而且更会进一步伤及程序正义。

2. 坚持有错必纠和依法纠错的统一

有错必纠是人民群众对司法审判尤其是再审程序的朴素要求，也是再审程序所必须承载的使命，是注重实体公正，强调纠错的结果。依法纠错则将现代司法公正观引入再审程序，坚持实体与程序并重，不仅表明要纠错，而且注重纠错过程。强调依法定条件、理由、程序纠错，反映了司法工作的特殊性和规律性。

3. 坚持单元多元价值的统一

司法程序制度蕴涵了法的公正、效率、秩序、安定等多重价值，其中有些价值是相互冲突的，必须对这些冲突价值进行平衡和选择。无论是司法程序终结还是再审程序完善，理念应是多元价值的整合，是一种衡平、综合的价值，是法的公正性、合目的性和法的安定性的统一而不应单独强调某一价值。

4. 坚持个案效果与整体效果的统一

而再审制度的根本目的在于最终实现司法公正，通过个案裁判既实现个案的公平又对社会发生积极作用和影响是再审程序的重要任务。在启动再审程序时，必须把实现个案的公正置于维护法的安定性、保护申请再审人和被申请人权利、节约司法资源、维护司法权威等综合价值中去，进行社会需求、社会价值和社会变化的考量，综合权衡各方面的利益关系和价值取向，努力寻求依法纠错的最佳方式和方案，以实现最佳的社会效果。

(二)落实完善现行终审制

1. 实现重心向一审程序倾斜

我国的两审终审制，一审程序是二审程序的基础。若在一审程序中法院能够较为全面地解决案件的事实认定问题，则可以减少上级法院负担，节约司法资源，提高司法效率，最大限度地保护当事人合法权益。若一审程序如果能够有效发挥职能作用，则当事人之间的矛盾和纠纷就可以在一审程序中得到彻底解决，无须在一审裁判后再行上诉，或者在确定裁判作出后又寻求申诉再审救济，所以需要强化一审程序的职能作用。需要着重做好以下方面的工作：

一是明确四级法院在审级上的不同功能定位，降低管辖。赋予基层法院或者中级法院更多对于一审案件的审判权，将高级法院和最高法院审理一审案件的审判权限向下转移到中级法院，高级法院、最高人民法院有权审理有重大影响和自己认为应当做一审的案件，且轻易不启动，以便更多发挥适用法律的功能。①

二是将事实审理的重心放在第一审，注重提高一审裁判认定事实的精确性。通过完善审前诉答程序、证据开示程序、争点整理和固定程序为一审法院的开庭审理打下良好的基础。明确赋予一审法院查明案件的责任，充分贯彻和落实直接言词原则，强化一审的庭审功能，真正使得审判的重心落在第一审。

三是实行案件繁简分流，探索有条件的一审终审制。一审程序经调解结案的，原则上当事人不能上诉。诉讼标的额小、案情简单的案件实行有条件的一审终审制，除极个别符合法定条件外，一般不允许提起上诉。

四是充分保护当事人诉讼权利，注重实质性解决矛盾纠纷。

2. 强化二审程序审级监督功能

如果二审程序能够充分地保障其审判质量，并胜任法律赋予它的救济功能与纠错功能，那么司法程序就能够在审级制度范围内通过普通救济程序及时终结，当事人也就无须在普通救济程序结束后再寻求通过申诉再审这种特殊的救济程序进行救济。

一是正确处理一审和二审的续审关系。当事人和法院第一审程序中所实施的诉讼行为，在第二审程序仍有效力；当事人在第一审中自认的事实，第二审法院应直接予以认定；第一审已经认定的证人证言，第二审不必再对证人进行调查。同时，适当限制当事人在二审期间提出新证据。相较于一审程序重在事实审理和法律适用，二审程序在坚持事实审和法律审的基础上，实现审判重心向统一法律适用和保障司法裁判统一的转移。

二是明确界定二审的审查范围。二审的审查范围应当以当事人上诉提出的请求为基本内容，原则上不应超出上诉和抗诉范围。但是有关案件的定性、适用法律以及重大的程序问题，应依职权主动予以审查。二审法院在致力于维护法治统一、纠正一审裁判错误的同时，也要确保一审法院依法独立审判。

三是不断提高二审开庭审理比例。如果不开庭审理，就在一定程度上剥夺了双方当事人充分参与上诉审理和表达意见的机会，导致诉讼各方无法在法官面前进行理性协商或者平等交涉，也无法对法官如何调查证据、采纳证据形成必要的约束，更没有能力和机会对第二审裁判结果的最终形成产生足够的影响，二审的权利救济和纠正错误功能便因此大打折扣。因此，对于上诉案件在审理时原则上一律开庭审理，以强化监督、纠正错误、吸收当事人的不满、争取当事人和公众的理解和信任。

3. 构建符合审级制度要求的再审程序

一是现行审级制度下再审制度的功能定位。为了实现实体正义与程序正义，应该将再审程序与正常的诉讼程序进行适当区分。再审程序不应和正常诉讼程序一样全面、系统。应该对再审程序的启动设置较高的条件，限制提起再审的时间和次数，使得司法实践中再审案件的比例被控制在一定的范围内，促使当事人充分运用一审、二审常规救济手段救济权利，防止当事人出现“不打一审打二审”、“不打二审打再审”的问题。

---

① 萨仁：《论我国民事上诉审制度的完善——从比较法及审级制度协调的角度出发》，对外经济贸易大学博士学位论文，2003年，第120页。

二是一审确定裁判与再审制度衔接。对于当事人在一审程序中已经知道裁判存在重大程序或实体错误，完全有机会通过上诉或申请复议等诉讼权利主张撤销或者变更一审裁判，而未通过上诉或者申请复议主张的，不允许当事人在裁判生效后再以该理由主张或者变更裁判，充分发挥一审、二审程序功能、提高审判效率、强化既判力，促使当事人及时正确利用普通救济程序寻求权利救济。同时，对于培养当事人正确运用诉讼权利、尊重确定裁判效力的诉讼意识也有积极作用。

三是二审确定裁判与再审制度衔接。《民事诉讼法》将再审案件导向由上一级法院审理，但由于再审程序的特殊性，不否定原审法院及其同级法院对案件的再审。有必要对申请再审上提一级制度进行完善。在坚持上提一级制度的前提下，合理分配上级法院与原审法院之间的申请再审案件。①

（三）实行诉访分离

需建立健全诉访分离工作机制，将属于诉的事项从信访工作中剥离出来引导当事人依法行使诉权提高涉诉信访工作的成效。

1. 从内涵上实现诉访分离

涉诉信访中的诉，是指当事人向有管辖权的人民法院提出的与审判有关，并依据诉讼法的规定、使用诉讼程序予以解决的请求，包括起诉、上诉和申请再审等告诉类诉求，还包括法律和司法解释规定提出异议和申请复议等异议类诉求。涉诉信访中的访，是指当事人通过来信或到访的形式，向人民法院反映与案件有关，但一般不能启动司法程序的问题和事项。也即对属于本院管辖具有一审二审或再审内容的来信来访，应纳入诉的范畴，特别是应从性质上将申请再审界定为当事人的一项诉讼权利，是当事人不服已经发生法律效力的判决裁定调解，在符合法定条件的情况下申请人民法院再审的诉讼活动。对已穷尽一审二审申诉或反映其他事项的则应纳入访的范畴一般按非诉讼的信访机制处理。

2. 从处置原则上实现诉访分离

针对涉诉信访中诉与访的不同特点，应规定不同的处理原则。处理诉的事项，以立审分离维护诉权为原则，处理访的事项，以分级负责综合治理为原则。具体而言，对诉讼程序未穷尽的诉要严格遵守诉讼法的规定，立案后移送相关审判庭审理，引导当事人充分行使诉权，保护当事人的合法权益，维护司法权威。对不能启动司法程序的访要树立责任意识，按照分级负责的原则由原一审法院作为办理信访事项的责任单位，上级法院跟踪催办督办，同时有效利用其他国家机关社会机构等资源，形成联动综合治理，以及时化解矛盾纠纷实现息诉息访。

3. 从处置方式上实现诉访分离

建立健全诉讼分离工作机制，最基础的工作是对诉和访编立不同的案号字号，调整司法统计口径，将程序内的诉从信访中分离出来。对诉的事项，立案庭编立案号立案

① 江必新、程琥：《司法程序终结问题研究》，载《法学论坛》，2013年第7期，第20、21页。

后，移交相关审判庭按诉讼程序处理。尤其是符合再审条件的应依照审判监督程序将案件纳入再审程序。对访的事项编立独立的信访字号，建立信访件档案，收录信访事项的接受、处理、回复和上级意见等内容，按照信访机制办理。通过诉讼程序与非诉讼程序信访机制的分类处置、分别管理，构建程序化、规范化、科学化的诉访分离工作模式，使涉诉信访统计数据更加精确、工作对象更加明确，有效预防和减少各类涉诉信访案件的发生。

4. 注意把握的问题

一是把握诉与访的衔接。审判部门和信访部门在各自的职能范围内应加强沟通协调，发现不属于本部门处置的事项时，要及时进行移送，实现诉与访的衔接。

二是把握申请再审和信访申诉的界限。信访申诉一般是指公民依照宪法享有的一项民主权利，申请再审是宪法规定的诉权在诉讼法中的具体落实和特定化，赋予当事人在法定条件下针对生效裁判寻求救济的行为以诉权或诉讼权利的性质。把握申请再审与信访申诉界限要求对可启动再审的诉要给予当事人充分的程序保障，及时作出裁定展示裁判结果，对信访申诉则按照信访机制处理解决当事人的实际困难化解社会矛盾纠纷。

三是把握审判监督和信访终结的界限。任何纠纷都必须有终结解决机制，对穷尽所有司法程序后仍信访不止的案件，应依法严格处置。强调审判监督赋予当事人申请再审的诉讼权利，既是对当事人程序权利的充分保障，又要求当事人承担相应的义务，绝不允许对生效裁判的任意挑战。对无理信访要及时认定、及时终结，维护司法权威，切实增强司法体制内解决涉诉信访的能力。①

（作者简介：佘佳玲，武汉大学法学院 2014 级宪法与行政法学硕士研究生。）

◎ 点　评

第一，有关终审制。两审终审制是我国的基本司法原则，符合中国国情实际，与大多数国家的司法原则对应。由于我国矛盾纠纷较多，两审终审制度有助于提高司法效率，节省司法资源，但三审终审制并不符合我国国情，在我国行不通。第二，如何实现诉讼终结制度。针对矛盾、纠纷，司法应当作为解决纠纷的最终制度。树立司法最终权威，不是排除社会纠纷有其他解决方式，当其他救济方式穷尽时，应由法院做最终裁决。当案件一穷尽所有救济途径时，司法具有终局性，其判决是最终的、不可改变、不可回转的。同时这也涉及法院既判力问题，对于判决结果除了当事人，其他所有人应当尊重这一结果。第三，两大制度与终审不终的关系。制度上可以改变司法终局的问题：再审，三大途径，申诉抗诉法院自己提出诉讼。关系，矛盾是否在合理范围内。再审是对终审的救济制度，制度安排上合理，为终审可能所存的错误提供制度化救济突进，对当事人多了救济环节。弥补了两大制度的可能缺陷。不存在逻辑上的悖论。应进一步规范再审程序的启动和运用。

---

① 唐龙生、刘菲：《论诉访分离工作机制之构建》，载《法治研究》，2010 年第 1 期，第 79、80 页。

对于信访问题，江老师认为该制度符合国情，具有正当性。私力救济制度，归根结底是弱者的武器。

对于涉诉信访，对终审判决有挑战。通过上访这一方式，对法院施加压力；但是对于无理取闹式的上访，法院应调整思维不要害怕信访，并保障信访的权力。对于已经判决的案件，应当积极执行，否则导致法院无所适从；对于确实判决有误的案件，也应当根据严格标准和条件进行改判。对于无理取闹者，应当按照有关条例对其进行处罚，以免形成恶性循环。所以，应当规范信访行为，保障公民的申诉权。涉诉信访，建议应当由律师代理。因为律师可以做一定化解工作，律师也更加理性务实。对于因经济原因请不起律师的上访者，可以由政府买单，实施法律援助。由此可以解决上访无序以及上访非理性的问题，使上访工作真正纳入理性、有序的轨道。

（点评人：武汉大学法学院　江国华教授）

十字路口上的错案问责机制
——以《广西壮族自治区高级人民法院错案问责办法(试行)》为蓝本

吴晓楠

摘　要：错案问责制度在我国由来已久，随着我国法治进程的不断向前，改革的不断深入，错案问责机制已经成为司法改革的重点问题之一。本文将结合广西高院最新出台的《广西壮族自治区高级人民法院错案问责办法(试行)》(以下简称《办法(试行)》)，分析《办法(试行)》中存在的问题，并以该《办法(试行)》为蓝本，从重新认识司法权的性质与司法独立之意义、重新审视“错案”的概念、问责标准“行为化”、问责机构从内部隶属到外部独立以及完善责任实现方式和完善公开制度等六个方面对错案问责制度的完善进行探讨。

关键词：错案；法官；责任

近些年来，随着媒体的曝光，各种冤假错案走进了人们的视野中。司法不公、司法腐败成为司法领域中的突出问题，也引起社会公众的强烈不满。事实上，我国为了维护司法公正，以制约法官滥用司法权力，防止司法腐败，维护法律的权威，在 20 世纪 90 年代初，错案责任追究制度就已经在地方司法机关产生，并随后推行到全国。然而由于错案评价标准和相应的问责机制的不完备，错案责任追究制度并没有取得所期待的有效成果，重大冤假错案仍然时有发生。正是在这样的背景下，广西高院出台了《广西壮族自治区高级人民法院错案问责办法(试行)》，试图最大限度地减少错案的发生。

一、《广西壮族自治区高级人民法院错案问责办法(试行)》利弊分析

(一)《广西高院错案问责办法(试行)》的亮点

1. 明确责任主体和责任区分

在以往的制度规定中，对责任承担主体的规定往往是一笔带过，含糊不清。而此次公布的《办法(试行)》中，对错案责任大小、主体和区分均作了明确而详细的规定。如《办法(试行)》第 11 条规定，“错案责任分为全部责任、主要责任和次要责任”；《办法

(试行)》第13条规定，“责任人是指案件承办人、审判委员会和合议庭成员、分管院领导、部门负责人”；《办法(试行)》第14条对何种情况承担何种责任，何种情况不承担责任，作了十分细致的分类。根据办案人员对冤错案件形成的影响力的大小，合理地区分了其刑事责任的大小。

2. 明确错案发现途径和认定程序

与已公布的错案问责办法不同，此次下发的《办法(试行)》第9条和第10条分别对错案发现途径和错案认定程序作了详细规定，明确了错案发现的10种途径和5项认定程序。

3. 明确启动问责时间

最高院下发的《人民法院审判人员违法审判责任追究办法(试行)》以及《河南省高级人民法院错案责任终身追究办法(试行)》，对于追究错案责任的时间都没有作详细而统一规定。一般为“自错案确认之日起两个月内，追究责任人的错案责任”。如遇有特殊情况经批准，也可以延长一个月。而此次广西高院下发的《办法(试行)》第15条明确规定：“经审判委员会确认为错案的，案件审判管理办公室将错案确认情况及责任划分意见提交错案问责领导小组研究决定后，在15日内将相关材料分别移交纪检监察、政治部门实施问责。”

(二)《广西高院错案问责办法(试行)》的弊端

1. 法律依据存疑

现代世界各国越来越重视司法的公正，我国也不例外，因为司法公正是社会公正的最后一道防线，这体现了现代法治国家、法制社会对正义的呼唤。为了确保法官独立、司法独立，以致真正地实现司法公正，世界各国特别注意对法官地位和法官独立行使审判权的法律保障和物质保障，各国均以高位阶的法律规范来规定法官的职责、待遇和惩戒①。例如，日本宪法规定，“所有法官依良心独立行使职权，只受本宪法及法律的约束”②。我国也不例外，《法官法》第8条规定，“非因法定事由，非经法定程序，不被免职、降职、辞退或处分”；第32条是关于法官惩戒的具体规定。根据《立法法》的规定，高位阶的法，效力应高于低位阶的法，低位阶法之规定不得与高位阶法相抵触。但是，规定现行错案追究制的是最高院的《办法》，观其属性，应属于法院的内部文件，连广义的法都不是③。而恰恰是最高院的《人民法院审判人员违法审判责任追究办法(试行)》中关于法官问责的规定与《法官法》第32条的规定存在矛盾，其对错案的界定超出了《法官法》第32条中规定的范围。因此，最高院的《人民法院审判人员违法审判责任追究办法(试行)》存在的合法性应受到质疑。如果最高院的《人民法院审判人员违法审判责任追究办法(试行)》本身即为违法，那《广西壮族自治区高级人民法院错案问责办法(试行)》就失去了其存在的制度依据，成了无本之木，无源之水。

---

① 龚祥瑞：《西方国家的司法制度》，北京大学出版社1980年版，第87页。

② 参见《日本国宪法》第76条。

③ 李兴漪：《也谈“错案追究制”》，载《重庆工商大学学报》，2003年第2期。

2.“错案”概念的界定不科学

在《办法(试行)》中，将错案认定为是指人民法院工作人员在办案过程中存在主观故意违反与审判执行工作有关的法律法规致使裁判、执行结果错误，或者因重大过失违反与审判执行工作有关的法律法规致使裁判、执行结果错误，并造成严重后果和社会影响的案件。这是明显的结果中心主义，以案件的判决结果作为认定错案的标准。从《办法(试行)》对错案的认定来看，需要造成严重后果和社会影响的案件，才构成错案。那是否可以这样理解，即使法院工作人员在办案过程中存在主观故意违反与审判执行工作有关的法律法规致使裁判、执行结果错误，或者因重大过失违反与审判执行工作有关的法律法规致使裁判、执行结果错误，但只要没有造成严重后果和社会影响，都可以不认定为是错案，不追究法官的责任。

3. 违背裁判者“不得自断其案”的自然正义原则

首先，广西高院将判定是否为“错案”的权力赋予各级法院审判委员会，而错案问责的组织则是设在同一法院内部院长领导下的纪检监察和组织人事部门。对于这种做法的合理性我表示怀疑，因为它违背了“裁判者不得自断其案”的司法理念。与西方的竞争精神相反，中国文化中“仁爱”是主流，“中庸之道”是习惯，“人情关系”是社会纽带，“和为贵”是极善，无论是监察处还是政治处，要他们对于自己同处一地的“亲密战友”实施问责惩戒确实很难“下得了手”。现实中很多法官感觉纪检监察部门以及审监部门的工作不好做，和同事关系不好处，大抵缘于此故。

其次，依据新修订的《刑事诉讼法》第 180 条的规定：“合议庭开庭审理并且评议后，应当作出判决。对于疑难、复杂、重大的案件，合议庭认为难以作出决定的，由合议庭提请院长决定提交审判委员会讨论决定。审判委员会的决定，合议庭应当执行。”而司法实践中易“出错”的案件也往往就是这些复杂、疑难案件。心理学的研究表明，人类有掩盖自身错误的本能，因此审判委员会是否会认定自己先前作出的裁判错误就成了最起码的问题。

最后，部门保护主义是我国当下的普遍现象，各法院的院长也在努力塑造自己的“政绩”，崇尚文牍主义而报喜不报忧是常态。① 如果自己的下属出了问题，则无疑是给自己的“政绩”抹黑、不利于本部门的公众形象。最高法院曾出台的“院长引咎辞职制度”更是让法院的首长们不得不考虑，一旦本院曝出过多问题，搞不好连自己的“乌纱帽”都要报销。② 因此“家丑不可外扬”的心态在很大程度上会左右院长们在处理本院“犯事”法官时的立场。对于可能涉嫌违纪违法的案件，能够内部消化掉的就内部消化掉，大事化小，小事化了，不了了之，是为经常。

4. 缺乏问责公开制度

纵观已出台的相关法官追究问责条例以及本次广西高院下发的《办法(试行)》，笔

---

① 马进保、易志华：《论对失职法官检察官的惩戒》，载《河北法学》，1999 年第 4 期。

② 参见最高人民法院 2001 年 11 月 6 日下发的《地方各级人民法院及专门人民法院院长、副院长引咎辞职规定(试行)》。

者都没发现有关于错案问责公开的具体条文规定。由于缺乏这样的一项公开透明的机制，难免会让公众产生这样的担心：错案问责会不会不了了之，或者抓几个替罪羊了事？有前车之鉴。

二、错案问责机制的完善

（一）重新认识司法权的性质与司法独立之意义

我国法官问责制度构建过程中所面临的种种困惑，在根本上也是我国司法制度时间与改革所遭遇的迷雾，而这些都无不源于我们对司法权性质的不恰当理解。因此，要改革中国法官问责制度，我们必须先从理论上与观念上正本清源。

司法权与行政权的根本不同在于，前者是一种判断权而后者是一种管理权。行政权的“管理”性质体现在上下级之间“命令与服从”的活动原理，你必须服从我的原因并不在于我的命令之对错，而在于我的权力比你大，权力的强制性迫使你在行动上必须服从我的管理。但司法权“判断”性质却体现在法官利用自己所具备的专业知识对所争议的事实进行识别的思维活动，而不是行政权那样的管理行为。人们之所以要服从法官的判决，并不是因为法官掌握了权力可以命令人们服从，而是因为这种通过专业知识进行判断的思维活动得到人们的信赖，人们认可法官的专业判断是私法判决能够得到自觉遵守的根本动力。换言之，法官在司法活动中所具有的是一种让人信服的“权威”而不是强迫人们行为的“权力”，并且这种“权威”是一种基于专业性而产生的“智识权威”而非基于强制性产生的“政治权威”，因此司法活动是反行政化的。正因为司法权是一种“智识权威”，司法活动是一种智识活动，审判是一种运用专业知识的判断过程，所以要保证这种智识判断的准确性，法官就必须具备专业知识和能力，法官的素质就非常重要，法治先进国家普遍为法官职业设定较高的准入标准正为此故。也因此审判活动是一种专业的智识活动来评判，而不能以行政管理的方式来处理。也是因为司法活动的“专业判断”性质，就不能让法官在审案时的判断受到这种专业知识以外的其他不正当因素的影响，也即法官应仅依其智识独立地对案件事实作出判断，否则判决结果必然偏离依据专业知识所本应得出的结论，也即司法的不公正。司法独立的意义也就在于此，法官只有独立的司法，才能从根本上保障司法的结果符合法律，是为公正。如果司法不独立，外界因素可以容易干扰法官的智识判断，则制度上的普遍公正是无法达致的，只能在某些时候外因不干扰时达致偶然的个案公正。

另外，还必须意识到，作为个体人的思维具有非至上性，任何人智识上都不是十全十美的，任何人都可能因为认识不准确而犯错误，全知全能的只有上帝，而法官是人不是神，因此法官主观上再怎么认真、谨慎都不可能避免在某些案件中对事实产生不正确的认识，对法律产生不准确的理解，司法判决实体不公在此条件下也必然有一定的概率存在。但这是人的智识活动的必然风险，要降低这种风险，除了改进认识手段和完善法律，就是尽可能提高法官的专业水平以尽可能缩小法官智识中的盲区，而不应当是通过科层控制的方式将法官的审判活动“管起来”以及强化对“错案”责任的追究。这种行政化“可能提供了一些人认为必要的某种程度的问责和制约，但其做法似乎有悖于一个正常运作的司法体制的其他理想目标，即程序的公正性与亲历性”。① 由于实体裁判结果“出错”的不可避免性，因此针对实体裁判对错的控制机制和责任追究机制在很大程度上就是“明知不可为而为之”，结果必然是措施的低效、无效和资源的浪费，甚至适得其反。我们法院内部的行政化管理手段，使得法官缺乏独立性，司法过程的结果不是由法官依其智识来判定，而是谁的权力大谁说了算；这造成在法院内部法官为了降低职业风险、取得职业荣耀，其行为模式不是倾向于精通业务以便独立办案，而是倾向于谋求上级的赏识以晋升官位，法院几乎成了政府的翻版。

所以要改革我国的法官问责机制，就必须先给司法权一个准确的定位，还原法院系统赖以运作的司法组织的制度逻辑，尊重法官的智识活动规律，给予司法以独立地位。也许走出这一步很难，我们有太多的现实需要考虑，有太多的观念需要更新，但为了司法公正，我们迫切需要的，也许就是一种“壮士断腕的气概”。

(二)重新审视“错案”的概念

错案，在《汉语大辞典》中解释为“错误处理的案件”②即裁判实体结果之瑕疵，这也是人们对错案最为通俗的理解。但是，这里的错误、瑕疵是否包括程序错误？能否涵摄裁判人员的主观状态？很明显，答案是否定的。虽然，我们能够在立法、执法的过程中将错案概念作扩大解释，但法律并非法学家之法律；当一个概念不能涵摄其应有之义时，我们应当思考的是：是否有必要采用更为准确的法律概念。

我认为，错案概念不科学的原因有两点：首先，在我国的历史文化中，错案概念天然地具有一种政治意味，指无辜之人被错误定罪的冤案，我们习惯性地将之搭配为“冤假错案”。但事实上，错案的含义并非如此单薄，我们至少可以简单将错案区分为两种情况：第一种是有罪者被错误开释，俗称“错放”；第二种是无辜者被错误定罪，俗称“错判”。③ 其次，错案不等于违法裁判，错案概念难以涵摄裁判人员的主观状态，在问责机制中难以回答裁判人员之行为是否具有可责性的基本问题。正如张卫平教授所言：“在法律上，对于一个案件裁判的否定性评价比较准确的概念应当是‘枉法裁判’，即裁判违反了实体法和程序法。而‘错案’却相当含混，错误的裁判既包括了违法裁判的情形，也包括了虽然裁判没有违法，但裁判结论与案件事实不符的情形，甚至也包括了下级法院与上级法院在法律适用和事实认定方面的不一致。”④可见，适用错案概念作为错案问责制度的关键词不够科学。鉴于错案概念本身的政治性和模糊性，有学者建

---

① [美]葛维宝：《法院的独立与责任》，葛明珍译，载《环球法律评论》，2002 年春季号。

② 《汉语大辞典》(第十一册)，汉语大辞典出版社 2001 年版，第 1312 页。

③ 刘品新：《刑事错案的原因与对策》，中国法制出版社 2009 年版，第 396 页。

④ 张卫平：《琐话司法》，清华大学出版社 2005 年版，第 212 页。

议，在法官问责机制中改错案概念为错判概念，以“判”代“案”，以动词代名词。① 如此，我们的目光能够更多地聚焦于法官裁判行为本身，而非判决的实体内容，即把对案件实体结果的关怀转移到法官裁判中不当行为的监控上。

(三)冤错案件问责标准“行为化”

在问责标准上，应当由结果论转为行为失范论。法律运行中存在诸多不确定因素，实体判决公正与否往往很难找到一个绝对客观的评价标准。也正因为如此，人们逐渐对从实体处理结果的关注转向对程序公正本身的关怀。行为化的标准易于观察，便于操作，以行为化作为问责标准，可以促进法官养成遵守司法职业道德与纪律的行为习惯，进而由表及里地通过“守法移转效应”在法官群体中真正形成全面遵守程序法与实体法的良好职业氛围。②

从已发现的冤假错案来看，多少都存在突破制度规定，或者公然违背法定程序的地方。强调程序公正优先，不是说程序公正比实体公正更重要，而是说要高度重视程序公正的独立价值。从一个案件的处理过程看，客观上程序公正是先于实体公正而存在的，更为重要的是，程序公正作为一种“看得见的正义”，对于人格尊严的保障、诉讼的公开、透明、民主以及裁判的终局性和可接受性等方面，都具有更深层次的意义。而且从根本上讲，程序公正是实体公正的有效保障，完备的程序制度，能在最大程度上为防范冤假错案提供制度保障。

问责标准的行为化，我认为，是指能够引起法官问责程序启动的依据是能够从外在表现可以直接观察到或推断出具有失范性的法官行为，而不是行为的结果③。比如，法官收受贿赂的犯罪行为，吃喝嫖赌等有失法官尊严的行为，私下接触当事人等有失公信力的行为，在法庭上限制一方发言权的不公平对待行为，等等。这些外显的行为直接通过观察期外部特征就可以判定其违反了诉讼程序或法官的职业纪律与道德。至于行为的结果，即案件审理的最后实体判决是否受到前述失范行为的影响而有失公正，则并不影响对这些行为的问责。反过来，也不得仅以行为的结果不公正为由，对行为者实施问责。之所以如此，是因为法官的判决结果是否认定事实有错或曲解了法律的意思，这种实质性裁判行为的对错判定已经牵涉到法官自由裁量权的问题，是对法官自由心证结果的审查。除了按照复审程序可由上级法院进行审查外，任何其他人的这种审查都属于侵犯法官独立享有的审判权。而实体裁判之对错判断往往并不一定能形成统一的认识，尤其是比较复杂的法律问题，不同的法官往往有不同的理解，因为“法律在很大程度上曾经是、现在是，而且将来永远是含混的和有变化的”④。法官不是吃进法条就吐出判决

---

① 胡铭：《错案追究制的法理思考与制度构建》，载《学习论坛》，2013 年第 2 期。

② 严仁群：《论弹劾法官的标准》，载《广西政法管理干部学院学报》，2004 年第 4 期。

③ 全亮：《制约公共权力滥用的理论刍议———以法官惩戒为例》，载《社会科学家》，2007 年第 6 期。

④ 张宏生、谷春德：《西方法律思想史》，北京大学出版社 1990 年版，第 425 页。

的自动售货机，自由心证的必然性决定了每个法官对同一案件的法律适用都不可能一模一样，否则无异于取消了法官的自由裁量的权力。即便是实施认定问题，由于人之思维在特定时空条件下的非至上性，也可能出现错误的认知。“许多外界因素会欺骗那些最认真、最审慎的法官”，“公正的审判是不容易的，最审慎的法官也可能把案子搞错”。① 但只要程序是公正的，法官实施的审判行为没有污点，审判结果就应当视为是公正的；即便是复审法院推翻了原审判决，也只能代表复审法官的看法与原审法官不同，并不一定就表明前者的观点更正确。因此，法官实际上是允许犯错误的，人无完人，否则就是苛求圣人。

（四）冤错案件问责机构：从内部隶属到外部独立

权力固然可能由于缺乏制衡而腐败，但也可能由于不正当的控制而滥用甚至腐败。我们很少关注外部监督和内部控制与司法独立之间的紧张关系。实际上，那种认为多一道控制环节便更有助于决策质量的改进的观念是大可质疑的。完善法官惩戒制度，以取代目前问题百出的错案追究制，不仅能够有效地惩治司法中的腐败现象，使司法公正得以保障，而且还可以保证法官能够依法行使独立审判权，保障法官的合法权益，进而实现依法审判，促使社会主义法治进程的深入。在具体如何建构一个科学合理的法官惩戒制度的问题上，针对我国现行法官惩戒制度存在的缺陷，我们有必要吸收现行制度合理因素，同时充分借鉴国外相关制度的合理做法对其进行改革和完善。

在追究主体上，可供选择的有两种模式：一种是借鉴德国的纪律法院制度，即在最高人民法院和各高级人民法院法官内部设立“法官纪律惩戒庭”，最高人民法院和各高级人民法院法官的违法乱纪案件由最高人民法院“法官纪律惩戒庭”管辖，基层法院法官和中级法院法官的违法乱纪案件由高级人民法院“法官纪律惩戒庭”管辖。另一种模式是借鉴美国的做法，即设立一个完全独立在法院系统外的惩戒机构，可在全国人大常委会和各省人大常委会的内务司法委员会中分别设立一个独立的法官惩戒委员会，负责惩戒事务。② 第一种模式比较能契合我国现行的法院运转模式，容易被接受，国内也有不少学者持此观点。③ 但考虑到我国司法机关行政化比较严重，内设机构的独立性明显不足，此种改革可能具有不彻底性；相比之下，我认为第二种模式更具有中立性并更能

---

① ［法］勒内·弗洛里奥：《错案》，赵淑美译，法律出版社1984年版，第2、4页。

② 林喜芬：《转型语境的刑事司法错误论》，上海人民出版社2011年版，第189页。

③ 持此观点的学者认为：法官的错案追责制度是人民法院内部的责任追究制度，是法院对于其法官办理案件的内部纠错机制，其存在的前提也是最高人民法院出台的对于各级法院的《追究办法》，因而如果要设立独立的责任追究机构也应设立在人民法院内部，在法院中设立统一的法官惩戒委员会。具体参见：胡志斌：《完善我国法官惩戒制度的探讨》，载《学术界》，2010年第8期。贺日开，贺岩：《错案追究实际运行状况探析》，载《政法论坛》（中国政法大学学报），2004年第1期。

形成公信力，是未来的方向。①

(五) 完善冤错案件责任实现方式及赔偿机制

在法官的判决被认定为错案之后，其责任实现方式不应仅限于法院内部自己制定的惩罚方式，而应根据其责任以及过错的大小实行全方位责任实现方式。然而，从《办法(试行)》的规定来看，法官的责任仍然局限于行政责任和刑事责任。笔者认为，可以引入民事责任，对违法乱纪的法官所给予经济上的惩戒。

由于法官的错误裁判行为造成当事人的损失，当事人提请国家赔偿并获得国家赔偿的，赔偿单位应当向当事法官进行追偿。进行追偿的前提条件必须是国家赔偿的产生是由于法官的错误裁判产生，并且法官做出错误裁判是由于法官自身的过错。因而，当案件被定性为错案，当事人申请国家赔偿成功并且收到国家赔偿之后，由赔偿法院向作出错误判决的法官进行追偿，追偿决定应当由惩戒委员会作出并执行。

国家赔偿机制是否完善，是评价一个国家刑事司法体系是否符合现代法治要求的重要标志。2012 年 10 月，全国人大常委会对《国家赔偿法》进行了修订，对原法律在执行过程中所存在的缺陷进行了完善，是指能够更加有利于公众在受到不当的刑事追究措施之后可以依法过得必要的赔偿。然而，从现行规定来看，仍有一些缺憾值得我们进行探讨和研究。

明确国家赔偿中精神损害赔偿的具体标准。在修改前的国家赔偿法中，并没有将精神损害赔偿纳入其中；而此次国家赔偿法的修改，则对此予以补充，从而在国家赔偿问题上进一步体现了国家对公众人权的尊重和保障，由此也成为此次法律修改的一大亮点。但应当注意的是，该新法中对可以提起精神损害赔偿的情形，仅限于"造成严重后果的"冤错案件，并没有对具体情形作出明确规定，提出具体的赔偿标准。从司法实践来看，这种概括性、模糊性的规定必然影响被冤错案件追究裁判者及时获得相应的补偿。冤错案件通常会给受冤者个人带来巨大的精神伤害，其发现的周期又比较漫长，而精神损害赔偿对于安抚受冤者及其亲属的心理创伤，促使仍活着的受冤者积极回归社会具有重要意义。因此，我们应当逐步完善刑事冤错案件精神损害赔偿的相关制度，为受冤者的合法权益能够得到全面保障提供制度支持。因此，可以从以下几个方面来考虑：(1)从侵权行为所造成的客观结果来考虑，如对婚姻家庭造成的影响，对个人工作的影响，对个人名誉的影响等；(2)从侵权行为的方式、手段来考虑，如是否遭受刑讯逼供，行为人获得的精神损害赔偿应当有所区别；(3)从侵害人的过错程度来考虑，在故意责任和过失责任中，不同的罪过形式对精神损害赔偿的影响应该有所区别；(4)从当事人所在地现阶段的生活水平来考虑；(5)考虑其他给受冤者人格权益带来损失和精神

---

① 理由在于：(1)人民代表大会是我国宪法规定的国家权力机关，由其行使司法弹劾权有法律依据。根据宪法规定，国家审判机关由人民代表大会选举产生，对它负责，受它监督。人大对法院的监督权自然包括对法官违法犯罪行为的监督。(2)由于人大是法院的权力上位机关，由人大独立于法院行使司法弹劾权，有利于避免目前实践中存在的法院内部处理、惩戒不力现象。

痛苦而应当予以赔偿的情形。

(六)完善冤错案件问责公开制度

我认为，法官问责制度的审理阶段及问责结果原则上应当公开进行。但出于对法官职业名誉的维护、个人隐私的保护以及防止不当的投诉和检举对法官正常司法活动的干扰或可能对司法公正产生的偏见，审理机构在接到正式指控后经研究也可以决定不公开审理，比如初步认为当时法官行为很可能不构成问责事由的情况下。当事法官亦有权主动提请问责机构考虑不公开审理的因素，但“从维护司法公信力的角度考虑，如果投诉已经广为人知，则应公开审理”。① 如果裁决认定当事法官应当受到问责，那么问责机构应当以书面形式公布问责的详细经过及问责结果，以接受公众监督。

三、结语：一个系统工程

自由主义哲学试图以各种制度和一套程序机制来遏制人性的弱点——现代法治实践在很大程序上正是沿着这样一条进路在构建自身。但这样一种构建必须仰赖可靠的操作者才可能顺利实施，而即使是最公正的操作者——法官实际上也逃脱不了人性之弱点的影响。世界上存在各种各样的法官惩戒制度类型，究竟哪一种才是最好的，各国也许很难达成一致意见。不过，无论采用哪种方式，法官惩戒制度都必须竭力保持一种价值平衡状态——法官的独立和法官责任之间的平衡。社会公众对法官托付了主持社会公平和正义的重任，并为此授予其生杀予夺大权，因此法官们必须为其违背公众托付的行为付出代价，因此我们需要惩戒法官的制度。然而，处罚法官并不是法官惩戒制度的最终目的。更重要的是通过处罚法官来维护司法的公正，来维持人们对法官的信任。但司法的公正和人们对法官的信任在很大程度上又产生于法官独立的思考和判断，因此惩戒制度又必须预防对法官独立的侵犯。是以，世界各国的制度设计者们一再绞尽脑汁，无非就是为了能在不侵犯法官独立的情况下尽可能约束法官的言行，强化法官的责任，以实现一个公正而高效的司法。本文结合最高院以及各省高院出台的相关办法，对新出台的《广西高院错案问责办法(试行)》进行辨证分析，并尝试提出相应的完善设想。可是同时，我却产生了一种质疑：任何一项制度，无论我们设计得如何精巧，即便在理论上它已经无懈可击，实践中的效果恐仍然难以预料，因为问题本身以及我们世界的极端复杂性，“世界上很少有仅靠一个法律或一项制度就能改变一种制度局面的”②。中国法官问责制度的改革必然是一项“系统工程”，需要各种配套制度的“综合治理”。

如前所述，行政逻辑对司法的渗透、法官整体素质不高等背景性因素，在很大程度上制约了我国法官问责制度的运作实效。作为一个在学界基本上达成共识的观点，而造

---

① 蒋惠岭：《司法职业道德实施机制探讨》，载《法律适用》，2001 年第 10 期。

② 苏力：《中国司法改革逻辑的研究——评最高人民法院的〈引咎辞职规定〉》，载《战略与管理》，2002 年第 1 期。

成司法不独立状态的是我们"控制司法"的传统治理策略——"我国依赖权威而非制度规范权力运作的传统，极易导致人们观念上排斥司法独立"；① 但行政逻辑对司法的制度性渗透，导致我们对司法的控制其实是一种行政控制。因此，我们必须在司法环境综合治理与配套制度改革上狠下功夫，才可能早日看到司法昌明时代的到来。如果我们的吏治更清廉，则社会风气就会更好，法官们受到不良感染的可能性就更少；如果法官整体素质再高一些，则"自觉性"就会更高一些，抵御腐败和法外干涉的能力就更强，司法水平也会更优；这样，社会对他们的信任就要更多，过分的监督措施就会减少，法官的独立性就会增强；如果我们能更正确地认识司法独立的意义，让法院更独立，则法院抵御外来干涉的能力就更有保障；如果我们法院的行政化色彩再淡一点，则审判活动与司法行政活动分得再清楚一点，则法官们的独立审判权就更有保障，综合来看，公正司法就更易实现。所以，我们不仅要关注法官问责制度本身的建构——不断完善法官问责的机构、标准、程序、措施等环节——更重要的是，须知一个制度的良好实施不仅依赖这个制度本身的完善，而且需要社会大环境和相关配套制度的推动，这必然是一个系统工程。在这一过程中，任何片面、极端与谬误都是难以避免的。试错的过程同时也就是一个不断减少错误从而达致真理的过程，因此我们要有敢于试错的勇气，要有"对找不到现成的令人满意的答案的宽容"②。

（作者简介：吴晓楠，武汉大学法学院2013级宪法与行政法学硕士研究生。）

◎ **点 评**

第一，错案追究制度的必要性问题。之所以要进行司法改革，就是希望得到每一个个案的正义，公正司法的结果并不是司法独立就够了，还需要其他制度。虽然需要独立的司法体系，但是这个独立的司法主体还需要其他机制保持廉洁性。过去只强调独立性，没有关注廉洁性。而类似于法官的弹劾制度是世界共同有的制度，所以各级法院在努力地构建一个制度，对法官的廉洁性进行保障，这个出发点是对的。第二，错案追究本身由于各种问题还不是一个完整的有效制度，因为其本身的性质、定位都是内部的惩戒制度，还是一个自治的范围，其主体不够明确，依据不都完备，程序不够明确，惩戒的效果是非常有限的。根据德国和美国的制度，一个完整的法官惩戒制度应包括法官的弹劾制度和一般的惩戒制度。最高院从1985年以来陆续出台各种行为规范，都没有法律效力，都是内部文件，其效力范围是有限的。一个规则要发挥效力一定是要对内对外都有效，才能产生效力。我们只惩戒了内部，没有惩戒外部。这个惩戒必须是双向的。对法官的惩戒应当有比较严格的程序，位阶高一点的机构来审理。主体不明确，事由不清楚，程序不清楚的惩戒制度，会对法官的权益进行侵害，这个是制度可能带来的问题。第三，现有追究的主要是结果导向，实际上惩戒的目的是要保证公正的结果，所以要监督法官的行为是要从过程上进行控制。另外，惩戒的效力是什么？我对于民事责任

① 周立英：《轮司法独立与司法责任》，载《甘肃社会科学》，2005年第3期。

② ［美］托马斯·内格尔：《人的问题》，万以译，上海译文出版社2004年版，第3页。

的追偿，持保留的态度。一个错案的发生有很多原因，除非是主观上追求枉法裁判，构成犯罪的，应当附带民事责任，如果不是主观原因，则法官的民事责任是可以赦免的。一个案子成为错案要进行一系列的程序，法官很多审理是形式上的审理，实质审是有限的，大量的侦查工作由侦查机关来进行。在质证过程中如果对方没有提出足以推翻证据的证据，那么证据很有可能被采纳，如果证据被认定为有问题，那么追究法官的责任是不对的。第四，一个判决通常是一个合意的产物，审判的过程是一个相互说服的过程，而控诉双方要说服法官，法官要作出判决要说服控诉双方，达成一个结论，这个结论是控辩法官三方合意的结果。这个制度设计了相应的审级制度来纠偏，可以为当事人提供救济。上诉的理由包括证据以及对一审判决为什么不服，在这个情况下二审法院有纠偏的功能，如果一审有问题，则二审可以纠偏，这个时候当事人是自己利益最佳的判断者。如果当事人没有提出申诉，则应当认定案子结果是好的，双方都认可的。即使是审委会最后认定判决有问题，也不能追究法官的责任。因为案件的审判过程是复杂的，应当尊重当事人本身在审判过程中的意愿。一个判决是否是合适的最佳的判断者是当事人，而不是院长或者是人大代表。一个判决的评价是当事人意识自治的范畴。如果当事人提出申诉，则可以进行再评价；如果有问题，则可以再审；如果没有，则应当息事宁人。因而在这个观点上，这个制度是否能达到想要的结果，还要谨慎地看待。

（点评人：武汉大学法学院　江国华教授）

裁判文书上网的“压力”与“动力”

王　瀚

摘　要：首先，本文介绍了《最高人民法院关于人民法院在互联网公布裁判文书的规定》出台的背景以及该《规定》出台获得的社会肯定，同时提出，在裁判文书公开已经取得巨大突破，社会各界为之欢呼雀跃的同时，有许多重要问题迫切需要思考与解决。其次，文章阐述了裁判文书上网所承载的“压力”，主要包括法官的内外压力、对公民隐私权保护的压力以及尚未建立应对处理机制而产生的压力。其中，本文着重就裁判文书上网所带来的公众知情权与个人隐私之间的冲突进行分析，并进一步探讨了是否应将裁判文书内涉及个人敏感信息及有损声誉的事实予以公开以及裁判文书公开可能产生的个人信息被商业利用的问题。相应的，文章阐述了裁判文书上网所承载的“动力”：文书上网“迫使”法官向“专家型法官”转变的动力、裁判文书上网有助于公民知情权的保障以及构建裁判文书上网应对处理机制的动力。最后，对于裁判文书上网应该采取更为理性的态度，不能将司法透明化和审判公开化机械地理解为各级法院的所有文书都应当上网，并进一步就司裁判文书公开的配套制度建设提出了三个方面的建议：(1)区别各级法院的文书上网比例；(2)提高法官自身软实力，打造精品裁判文书；(3)各级法院落实技术支持和人员配合。

关键词：司法改革；司法公开；裁判文书上网

2014年1月1日，最高人民法院《关于人民法院在互联网公布裁判文书的规定》(以下简称《规定》)生效实施。党的十八届三中全会通过的《中共中央关于全面深化改革若干重大问题的决定》，其中提到了“增强法律文书说理性，推动公开法院生效判决文书”。最高人民法院以此为契机，在十八届三中全会刚刚闭幕的第三天，就讨论通过了《关于人民法院在互联网公布裁判文书的规定》，赢得了社会各界高度评价。有媒体评价，这是最高人民法院贯彻落实十八届三中全会精神的重大举措，规定的实施必将进一步规范人民法院在互联网公布裁判文书工作，促进裁判文书上网功能和价值的全面实现。可以说，裁判文书公布是司法公开的核心，裁判文书上网将使中国司法公开工作走上新台阶。

2014年2月24日，中国社科院对外发布了2014年《法治蓝皮书》，通过系统回顾和评价2013年中国法治建设的发展，对2014年中国法治形势进行预测。蓝皮书指出，在去年司法改革所取得的各项成果中，司法公开效果最为明显。司法公开的意义不仅在于保障民众的知情权和社会监督权，而且也在于提升司法机关办案水平和强调程序法治化建设，同时，也是彰显司法公信力的重要举措。只有社会公众都知晓的判决才真正具有法律的生命力，只有敢于“晒”给公众看的判决书才具有真正的说服力。“刑不可知，则威不可测”的“人治”理念早已不符合现代法治精神，也与服务型政府和民主政治社会水火不相容。作为司法公开的一个重要标志——裁判文书公开，既是司法公开的重要内容和形式，也是审判管理的重要内容和树立司法权威的重要举措。

一、裁判文书上网所承载的“压力”

人民法院在互联网公布裁判文书工作之所以会受到社会广泛关注，是因为裁判文书在互联网公开承载着重要的社会价值和功能，是我国司法自信提高的表现，为我国司法公信力的塑造提供了一个很好的平台。但我们不禁发问，纵使中国司法透明度在近年来得到质的飞越，我们真的迎来了全面公开裁判文书的时代吗?

从2013年7月4日全国高级法院院长座谈会，周强院长作出最高法院裁判文书年内全部上网的公开承诺，到2013年底中国裁判文书网和各高级人民法院裁判文书平台联通，短短5个月的时间里全国3000多个法院的裁判文书将实现集中公开。粗略统计，仅在该网站上，最高法已经公开超过3500篇裁判文书，地方法院也超过了5000篇。中国法院的公开力度从未有如此之大，这无疑彰显了最高法院敢于面对公开评判，倒逼提升司法能力的巨大魄力。在裁判文书公开已经取得巨大突破，社会各界为之欢呼雀跃的同时，有许多重要问题迫切需要思考与解决①。

(一)法官的内外压力

在实际操作层面中，文书全面上网既增加法官工作负担，又加重法官的内外压力，这里的法官尤其特指基层法官。裁判文书上网等于将司法活动完全公开，司法的神秘主义被打破，众目睽睽之下，法官必须谨言慎行，必须严格按照诉讼程序来审理②，准确引用法律规定来审判并得到有效执行，可以说这可以从根本上改变法官形象，有助于司法权威提升，但我们不得不看到其背后隐藏的忧虑。

一方面，上网文书使案件质量较为直观地呈现在当事人、律师、其他法官及社会公众的面前，文书不仅在说理、逻辑结构等方面要更加细致严谨，而且还要彻底避免笔误、错字的产生。法官出于自我保护的意识，本能地抵触文书上网。有瑕疵的文书或质量不高的文书出现在网上，势必影响法院形象和司法公信，法院的领导对

① 丁广宇：《构建裁判文书全面公开的配套机制》，载《法制日报》，2014年2月19日，第12版。

② 郑珂：《走出裁判文书上网公开的误区》，载《人民法院报》，2013年12月13日。

此也有许多忧虑①。基于此，笔者认为很可能会催生一批专门的文书“写手”，而出自这些“写手”们的裁判文书会在很大程度上颠覆裁判文书的写作方式。

另一方面，文书上网还要考虑与执行情况相衔接，如果某些案件长期未能执行，而文书又早已上网公开，随着时间的推移带给法院与法官的外部压力有增无减。裁判文书上网可以让当事人或律师对类案进行对比研究，会引发社会公众对“同案不同判”更多的争议，从而引发法院负面舆情的产生，可能会成为信访和投诉的诱因。在此压力下，当法官面对案件时，会不会以一种看不见的方式消案，一味追求庭外和解呢？

（二）对公民隐私权保护的压力

之所以要专门讨论裁判文书的网上公开问题，是因为互联网的应用显著加大隐私扩散的风险，使法院过去在纸质公开基础上形成的做法遇到新的挑战。一般而言，裁判文书的纸质公开有着时空上的限制，仅仅是那些具有相对大的利害关系的人愿意去法院查阅、复制裁判文书。然而裁判文书一旦上网，公众可以以极低的成本，随时随地浏览、复制、保存及加工这些文本，并可与其他公共信息结合，形成特定个人的“自画像”，这在纸质公开情况下是完全不可能的。更严重的问题还表现在，网上公开意味着可能以以前从未有过的方式和程度对裁判文书进行大规划的商业利用，这将使个人隐私保护问题更加棘手②。在司法实务中，裁判文书的网上公开主要涉及公众知情权与个人隐私权的紧张关系，尤其表现在文书中记载的敏感的个人信息或有损声誉的事实能否公开在互联网上，这两类情形常常成为法院区别对待纸质公开和网上公开的主要理由。

1. 是否征得当事人同意

关于裁判文书上网中公众知情权与个人隐私权的矛盾如何平衡和处理的问题，是裁判文书上网的难题。当事人是裁判文书关系最密切的利益相关者，裁判文书公布势必会影响到当事人的权益。有人认为裁判文书上网披露的个人信息给当事人的生活、工作造成严重的影响，不能为了满足公众知情权而侵犯当事人的权利；有人主张裁判文书上网之前必须征得当事人的同意，当事人不同意上网的就不应上网。那么，裁判文书上网是否必须征得当事人同意呢？

2. 裁判文书公开中的正当权利保护面临的压力

完整的裁判文书包含当事人的基本信息，包括姓名、性别、出生年月、工作单位、职务、住所等③。裁判文书的公开必然会涉及一些个人权利和利益，如何在满足公众知悉权的同时解决好案件当事人的信息保护问题是裁判文书上网不可回避的问题。最高人民法院《六项规定》对该问题予以回应，提出“为保护裁判文书所涉及的公民、法人和其

① 龙飞：《如何推动裁判文书上网——集阳光防腐之功而免其灼伤之患》，载《法制咨询》，2013年第5期。

② 曾娜：《裁判文书上网公开的隐私问题研究》，载《时代法学》，2013年2月，第11卷第1期。

③ 吴园妹：《裁判文书上网的界限》，载《人民法院报》，2010-03-03。

他组织的正当权利，可以对拟公开发布的裁判文书中相关信息进行必要的技术处理”。该提法比较笼统，不便在实践中把握，有必须讨论裁判文书上网时对信息保护的限度。

2012年2月20日发布的《中国司法透明度年度报告》也明确指出，我国当前有些法院在网上公开的裁判文书忽视了对当事人隐私权等合法权益的保护。有的法院在网上公开的裁判文书包含了当事人的姓名、性别、出生年月、身份证号等详细信息。在当前个人信息保护状况混乱的情况下，法院的这种做法极可能对当事人的合法权益造成损害。①

（三）尚未建立应对处理机制

将裁判文书通过互联网公开所发挥的作用是毋庸置疑的，但同时也会给法院带来很大的风险。例如，如果已公开的裁判文书之间存在同案不同判的现象，则可能对法官的判决产生误解或质疑，更甚者通过网络发酵带来恶劣影响；虽然最高人民法院已经发布了《关于人民法院在互联网公布裁判文书的规定》，对于涉及隐私、商业秘密的裁判文书的技术处理作了具体规定。然而，上网的裁判文书是否永久在网上公布，涉及犯罪或者信用的裁判文书要在网上公布多长时间，裁判文书是否能够申请从网上撤销等细致的程序性规定仍显不足；由于裁判文书面对的是公众的监督，一些错案会被发现，进而可能牵出司法腐败现象。如果这些问题得不到妥善的处理，则会给司法带来较坏影响。就目前而言，很多法院尚未建立起或虽建立但不成熟的应对处理机制。

二、裁判文书上网所承载的“动力”

（一）文书上网“迫使”法官向“专家型法官”转变

“以公开为原则，不公开为例外”推行文书上网，法官就必须谨慎地对待每一个案件的判决，不能有任何侥幸掩饰的想法；文书上网“迫使”法官向“专家型法官”转变，“倒逼”法官努力提高每个个案的裁判质量，在认定事实和适用法律上必须有严谨的论证，评论上必须有难以辩驳的说服力，让每份文书不仅要做到结构完整、格式规范，而且还要做到文字严谨、表达精确；不仅要做到论述事实清楚、证据充分，而且还要做到逻辑严密、说理透彻；不仅要当事人赢得明明白白，而且还要让当事人输得心服口服。当然，更不能出现文字标点错误、语法错误、别字、掉字等现象，打造精品裁判文书，让社会公众无懈可击，从而使司法真正具有权威和公信力②。

增强文书说理性是文书上网给法官带来的最大挑战，该问题也是法院一直努力解决

① 万忠学：“《中国司法透明度年度报告》发布”，最后访问时间2014年2月25日，原文链接：http：//news. xinhuanet. com/legal/2012-02/20/c_122728702. htm.

② 龙飞：《如何推动裁判文书上网——集阳光防腐之功而免其灼伤之患》，载《法制咨询》，2013年第5期。

和克服的顽疾。如果一份不说理或说理不透的文书上网，则势必会给法院带来许多不利影响。如果能以裁判文书上网为契机，强化裁判文书的说理性，提高法官制作裁判文书的水平，则强调文书说理的实质公开远比只是形式上公开挂网的效果更理想。所以，当前法院应当直面这个挑战，抓住网络这个外部力量提高法院裁判文书说理的整体质量。同时，裁判文书上网有助于促进全国法院法律适用和裁判尺度的统一。最高人民法院作出的裁判文书，对于统一法律适用标准和裁判尺度具有重要的指导意义和示范效应。将裁判文书全面上网公布，不仅有助于推行案例指导制度，为典型案例储备资源，而且能够满足各级人民法院在第一时间参阅、学习和借鉴的现实工作需要。

（二）裁判文书上网有助于公民知情权的保障

知情权，又称获知权、知晓权、知悉的权利等，是公民获取有关社会公众领域信息以及与本人相关信息的权利，具体包括政府知情权、司法知情权、社会知情权和个人知情权。① 在现代社会，司法知情权已经成为公民的一项基本人权和推行司法民主的重要前提。裁判文书向社会公开是实现公民民主权利，保障公民知情权的有效方式。裁判文书的公开为当事人和社会公众了解国家司法权的运行过程和结果提供了条件，有助于实现司法决策透明和发扬司法民主的价值功能。

1. 裁判文书是否上网应适当吸纳当事人意见

当事人之间的纠纷进入诉讼轨道后，就已经演变成为公权力运行的组成部分，从而包含有公共信息的色彩。其个人信息、案件事实及有关法律适用已经独立于其个人因素成为司法权动作的素材，或者说成为一种公共资源。而公共资源的运用，应当服从于其自身要求，不应受到当事人意志的影响，除非有法定的理由和因素②。正如学者们在研究隐私权与知情权的冲突时指出的：“隐私权和知情权的冲突，在很大程度上是公的权利与私的权利之间的矛盾，因此在处理上必须考虑公法优先和公共利益原则。”③从司法实践来看，民商事案件中败诉一方或是违约或是侵权，当然不希望其违约或侵权的信息被上网公开；在刑事犯罪案件中，没有被告人愿意将自己的犯罪事实与被刑事制裁的信息上网公开；行政案件中的政府机关恐怕更是如此。

所以，如果裁判文书上网需征得当事人同意，则恐怕裁判文书上网就没有实质可能性。最高人民法院在《六项规定》和《关于人民法院在互联网公布裁判文书的规定》中均明确指出，当事人对于在互联网公开裁判文书提出异议并有正当理由的，人民法院可以决定不在互联网上发布。裁判文书公开不得损害当事人的合法权益，即当事人明确请求不公布并有正当理由，且不涉及公共利益的，人民法院经审查认为理由正当的，可以决定不公开裁判文书。但何为“正当理由”？这是司法实践中比较难以把握的问题。我们认为这里的“正当理由”应当权衡当事人的合法权益与公共利益，例如，涉及相邻权纠

---

① 谢鹏程：《公民的基本权利》，中国社会科学出版社 1999 年版，第 263 页。

② 李友根：《裁判文书公开与当事人隐私权保护》，载《法学》，2010 年第 5 期。

③ 王利明主编：《人格权法》，法律出版社 1997 年版，第 151 页。

纷、劳动争议、医疗纠纷案件等，裁判文书上网可能不利于化解矛盾等，这些都应当慎重审查是否具有正当理由。而对那些违约或侵权败诉的当事人担心公布裁判文书影响其商业信誉的理由，则很难构成裁判文书不上网的“正当理由”。

2. 区别对待法人与自然人的基本信息公开

在法人是当事人的情况下，裁判文书上网时应当以社会公共利益为第一位，兼顾当事人的正当利益。与自然人相比，法人的社会责任更加特殊，法人的诚信、守法不仅是其自身无形财产，而且对市场经济环境的健康发展密切相关。在现代市场经济中，按照诚实信用等基本原则的要求，企业在从事市场经济行为时，其相关信息如无特殊原因则应允许他人通过正当渠道获知。在此类情况下，所谓的理由充分正当有明确的限定，即仅指裁判文书公开后会对社会公共利益造成损害或者使当事人对诸如商业秘密等信息丧失控制等超出法人在案件中的责任承担限度的情况。① 因此，裁判文书中涉及法人的名称、法定代表人、组织代码、电话号码、住址等基本信息均应全部公开，不作任何技术处理。

裁判文书中最易滥用的信息类型是敏感的个人信息，有争议的是当事人的姓名是否属于网上公开的范围？应当说，单纯公开姓名一般是不构成侵权的，但在裁判文书中公开姓名，却可能会使公众将姓名与案情对照，从而识别出当事人的身份，进而有损其名誉或受到其他不利的影响。换言之，由于姓名是具有可识别性的个人信息，因此，在公开裁判文书的同时一并公开姓名，在很大程度上会使原本属于私人的诉讼和判决变为公开。但是，审判公开包括裁判文书公开既然是公众对司法活动知情权的需要，是审判权行使公正性、合法性的需要，则案件中当事人的确定性是最为基本的前提。一份公开的裁判文书，如果隐去了当事人的真实姓名，则公众以何为依据并了解确信这一案件的真实性和确定性？正如台湾《中国时报》社论在评论台湾“司法院”将网上公布的裁判文书中当事人的姓名以圆圈代替的改革措施时指出：法院公开判决书，根本没有侵犯隐私权的问题，如果公开裁判文书构成隐私权的侵犯，那么法院审判程序欢迎任何公民入庭旁听，岂不侵犯当事人的隐私权更甚？试想判决书公开当事人姓名如果侵犯隐私权，那么公开涉案地址难道就不是侵犯隐私权？以此类推，公开的判决书还有什么真实的资讯可以揭露？② 因此，当事人的姓名不应当构成个人隐私，更应构成对裁判文书公开的法律限制。③

至于自然人的性别、出生年月、工作单位等信息是否需要作技术处理，则应与该特定案件的内在联系而决定。也就是说，有关信息是否应当在裁判文书中作技术处理，取决于此类信息与案件审判的内在联系，取决于公众对判决公正合法的需要。

自然人的住址、身份证号码应作技术处理。我认为，裁判文书上网公开时，此类信息并无公开之必要，应当作技术处理，以兼顾保护当事人的正当隐私。而且，不公开此

---

① 逯婷婷：《裁判文书上网与信息保护的协调》，载《江苏法制报》，2011-10-20。

② 参见《中国时报》，2007 年 12 月 12 日。

③ 李友根：《裁判文书公开与当事人隐私权保护》，载《法学》，2010 年第 5 期。

类信息并不影响对该案件的理解和确定该裁判的公正性。

(三)构建裁判文书上网应对处理机制

世界上并不存在完美的制度，任何制度都必然存在瑕疵或漏洞，需要在实践中不断完善，裁判文书上网制度亦是如此。借助互联网平台公开带来诸多优势的同时也带来一些问题。诸如同案不同判、上网文书撤销问题，需要各级法院建立起相应的处理机制，积极发挥司法的能动性，避免法院陷入被动的僵局。积极面对公众的批评和质疑，妥善处理公众意见。随着裁判文书公开上网这一制度的不断完善与成熟，法院的审判质量会不断提高，裁判文书写作技术也会不断成熟，相应的负面影响也会得到良好的解决。

三、对现阶段各级法院裁判文书上网的建议

有学者认为，只需将部分裁判文书公开上网，即具有案例指导意义的裁判文书公开即可。也有学者认为，裁判文书应当全部公开上网，法律明确规定不能公开的除外，并且认为“这是一个最低限度的司法公开要求，同时也是一项惠而不费的并具有实质意义的司法改革举措”①。

诚然，将裁判文书公开上网是司法公开的应有之义，也是落实司法公开的必然要求。裁判文书的公开为当事人和社会公众了解国家司法权的运行过程和结果提供了条件，有助于实现司法决策透明和发扬司法民主的价值功能，同时也是逐步实现司法透明化和审判公开化的过程。但是，司法透明化和审判公开化是否意味着要将各级法院的所有裁判文书不加限制地公开呢？笔者认为，各级法院现阶段如何在实际操作层面上将裁判文书上网公开制度落实，还需进一步探讨和分析。

实务中，我国法院法官们的案件审判任务非常繁重，尤其是基层法院。如果各级法院不加区别地将所有裁判文书上网，则会进一步增加各级法院的人、财、物压力。例如，我国各地法官素质参差不齐，判决书写作水平高低不一；网络建设、维护成本，对于经济良好地区或高层级的法院来说，问题可能不大，但是对于经济水平落后的基层法院负担太大，很难建立起来。诸如基层法院此类的困难在此就不一一列举。在这种情况下，如果让各级法院将所有裁判文书上网，不仅达不到理想效果，反而有浪费司法资源之嫌。

因此，在对待裁判文书上网的问题上，笔者认为应当采取更为理性的态度，不能将司法透明化和审判公开化机械地理解为各级法院的所有文书都应当上网。

(一)区别各级法院的文书上网比例

在现阶段，建议各级法院应当采取循序渐进的上网公布方式，即最高人民法院应当将所有裁判文书上网，建立案例指导(或判例)制度，形成国家法律在全国范围内统一

① 贺卫方：《建设透明法院》，载《南方周末》，2003-05-08。

理解和适用的有效机制；高级人民法院应当将80%的裁判文书上网，尤其是具有典型指导意义的案件，这一公开比例随着制度的完善不断上升，最终达到全部文书上网的目标；各中级法院和基层法院，公开比例视各地发展水平而确定，不作具体规定。对裁判文书进行分流，一些简易案件和不具有指导意义的案件，如反映邻里纠纷、简单债权债务、当地民情风俗的案件，这部分裁判文书没有必要上网，减轻基层法院的人、财、物负担。对于重大疑难案件或者具有规则形成意义的标准化案件，法官应当制作严谨的裁判文书上网公布。基层法院部分裁判文书上网并不意味着法院可以想公开什么就公开什么，不想公开什么就不公开什么，而是在现阶段各基层法院不具备全部公开的条件，可谓心有余而力不足。这一现状只是暂时性的，会随着各基层法院内外条件的不断提升而最终达到全部公开的状态。

（二）提高法官自身软实力，打造精品裁判文书

一份法律裁判文书综合体现了一名法官的业务能力、法律职业素养和首先水平，文书上网对法官的各项能力提出了更高的要求。如何制作出经得起检验的判决书，是法官亟需解决的问题。一份经得起公众检阅的判决书不仅要求结构完整、格式规范，还要做到文字严谨、表达精确。尤其是在说理部分，更是要把握好专业化与朴素性的关系。判决书的说理需要符合大众化的趋势，既要措辞准确、说理有据，又要语言简明、表达通俗，在体现裁判文书专业性、权威性和严肃性的同时，兼顾文书的大众性与朴素性的特征，让缺少法律基础知识的人们，只凭普通文化知识、道德情感和公序良俗就可以看得懂、辩得明。① 但法官要写出高质量、令人信服的裁判文书并非一朝一夕之事，要求法官平时要加强文学素养，更要学习法学理论，塑造符合现代司法理念的法律思维模式。多阅读研究优秀的裁判文书，从中取长补短。法官为了维护司法权威与职业尊严必须通过不断的学习，提高自己的各项能力，不畏惧公众的审阅与监督。笔者有理由相信，长此以往，我国法官整体业务素质必将大幅提升。并且，随着对法官素质要求的不断提高，在今后的法官选拔中门槛势必上升，因此作为一名法科学生，应当更加严格要求自己，夯实基础。

（三）各级法院落实技术支持和人员配合

各级法院要落实裁判文书上网这项工作，不仅需要法官制作出优秀的裁判文书，而且也离不开各项技术支持和内部人员配合。各级法院加强网络信息化建设，保障网络畅通，让生效裁判文书在第一时间上网，及时让公众了解信息，并通过网络收集公众意见并及时反馈给承办单位。设立专职人员负责文书的校对和审阅工作，借助网络技术，引进配套软件，对文书进行纠错等工作，切实提高文书质量，同时节约人力资源。开发裁判文书辅助管理系统，实现裁判文书从制作到网上发布一体化管理。在对裁判文书进行技术处理时，务必严格把握公众知情权和公民隐私权的界限。据悉，重庆法院采取了高

① 王义宽，《莫让“理不清”成为文书上网的“绊脚石”》，载《山东审判》，2014年第3期。

科技与“笨办法”相结合的方式，一方面，研发了一套裁判文书自动生成和纠错软件，集成了近千种裁判文书模板；另一方面，设立专门的裁判文书校核室，提高裁判文书质量。广西柳城县人民法院专门设置审委会委员对上网裁判文书的抽评电子表格和流程节点，按要求院长每月抽评查上网裁判文书2件，副院长和其他审委会委员每月抽评查上网裁判文书3件；安排专人负责审委会委员对上网文书评查意见的汇总，就评查意见和发现的存在问题进行通报，做到通报案件承办人、通报存在问题、提出解决意见。

四川阆中市人民法院为提高各业务庭文书录入的操作水平，由审管办专门组织文书录入培训工作，就上网文书的标准、格式、流程等统一规范，保证了上网文书的通过率和标准化。要求各业务庭选出一名法官助理，专门负责文书上网工作，负责对拟上网裁判文书认真审查后，填写上网法律文书审批表，在每月底将本月生效的裁判文书电子版报审管办，审管办及时完成法律文书上网工作。

四、结　语

一项新的制度从以完善到成熟，离不开全社会的努力。裁判文书网上公开制度的开展与推广，需要的还是法官的支持、当事人的配合及民众的理解。虽然将裁判文书上网公示，会给法官增添许多额外的工作与负责，但它的意义恰好在于如果所有判决都毫无例外地上网，则法官就必须谨慎地对待每一个案件的判决，不可有侥幸掩饰之想。① 裁判文书上网虽然会带来一些问题甚至风险，但是决不能为此忽视了制度本身的价值功能。如果我们在大力推行裁判文书上网的同时能够将“压力”转化为“动力”，站在推进中国法制建设的高度，使每一份判决书都经得起阳光的照耀，那么可以最大限度地实现裁判文书上网带来的福祉。

（作者简介：王翰，武汉大学法学院2013级宪法与行政法学硕士研究生。）

◎ **点　评**

第一，一个制度的出台要考虑其背景。出台这一制度是有现实意义且具备条件的。首先，法院的整体实力较过去而言明显增强；其次，裁判文书上网对于中国司法公信力的塑造大有裨益。但在法院整体实力增强的情况下，法官个人的能力能否胜任文书公开工作，又是否有精力来执行这一制度仍是值得思考的问题。第二，法院裁判文书上网之后必然面临一系列压力，会不会对社会产生反效果值得注意。要确保每份裁判文书逻辑严密，用语规范对于某些工作量巨大的基层法官来说并非易事，可若做不到这些又将进一步打击公众对法院的信任度。为了避免此种情况的发生，一些法官可能采取庭外解决或久拖不判等方法规避裁判文书上网，致使新的司法腐败滋生。第三，裁判文书上网应有选择性。基层法院裁判文书一律上网是行不通的，强制施行可能导致基层法院在结案率上“数字造假”。高级人民法院的裁判文书大部分应予公开，而最高人民法院的裁判

---

① 贺卫方：《判决书上网难在何处?》，载《法制日报》，2005-12-15。

文书则应全部予以公开。第四，并非所有案件都适宜公开。以婚姻家庭案件为例，出于对当事人隐私权的保护，这类案件不适宜公开。事实上大部分民事案件的公开均应当征得当事人的同意，以便更好地保障其隐私权，这应是民事类裁判文书公开的前提。《规定》删去这一规定令人遗憾。此外，大量的刑事案件也不适宜公开。其理由在于裁判文书中对于犯罪事实的描述可能触发犯罪。第五，裁判文书公开的时效问题。目前依规定文书公开的时效为三个月，然而过了时效之后再想查询相关裁判文书应当走怎样的程序，如何申请撤销已公布的裁判文书，在撤销前因裁判文书的公开而给当事人造成的损失应如何救济，这些问题均是需要进一步加以规定的。第六，裁判文书上网的确可能引起当事人将自身判决与类似的相关案件判决进行比较，从而对法院判决的不服，但这类情况是可以解决的，因此并不会导致法院判决僵化。在看待裁判文书上网这一事件时不应拔高其价值。

（点评人：武汉大学法学院　江国华教授）

从立法到司法：寻衅滋事罪如何摆脱口袋罪的宿命

梅　扬

摘　要： 自其诞生之日起，寻衅滋事罪便有取代其母罪即流氓罪而成为新的口袋罪的高度盖然性。其根由有二：一则立法文本上的模糊性和开放性；二则司法适用上的选择性和随意性。故此，欲使寻衅滋事罪摆脱口袋罪之宿命，有必要从立法和司法两个环节进行改革。其中，在立法环节必须贯彻刑罚谦抑性理念和法律明确性原则，严格寻衅滋事罪的适用条件和范围；在司法环节，须恪守罪刑法定原则，并彻底摒弃"宁罚不漏"之陋习。最终，在条件成熟的情况下，建议废除寻衅滋事罪。

关键词： 寻衅滋事罪；口袋罪；刑罚谦抑；罪刑法定

寻衅滋事罪是由1979年刑法第160条规定的流氓罪分解而来的，该罪本身就是一个难以捉摸的罪名，从诞生之初，就饱受争议。后来，尽管我国刑法修正案和司法解释对其作出了进一步界定，可是规定虽多，寻衅滋事罪的构成要件却没有日渐清晰，反而日益模糊。由于刑法第293条本身存在着构成要件界定上过于模糊和开放的先天不足，再加上司法实践中越权司法解释和滥用司法裁量权的后天失调，两者共同作用下，寻衅滋事罪从"口袋性"走向"口袋化"，逐渐演变成为笼罩多种类型行为的口袋罪，背离了刑法第293条原有的宗旨。我们不禁要反思，寻衅滋事罪到底该如何摆脱口袋罪的宿命呢？

一、问题的提出：一个颇具争议的司法解释

2013年7月15日，"两高"联合下发了《关于办理寻衅滋事刑事案件适用法律若干问题的解释》（下称《解释》）。该《解释》基于近年来社会发展的变化以及司法实践中遇到的困境，进一步明确了寻衅滋事罪的相关法律适用问题。其中，第一条直接对寻衅滋事罪的外延进行了扩充，将众多新型行为匡入其内涵之中。此外，该《解释》的第2条、

第3条以及第4条对前款中的“情节恶劣”、“情节严重”进行了细化，也在一定程度上扩大了寻衅滋事罪的适用范围。

暂且不论该《解释》已经涉及了罪与非罪的问题，而其应属于法律保留事项，违反了《立法法》中的法律保留原则，仅《解释》将众多刑法规定之外的行为纳入到寻衅滋事罪的范畴之中，造成寻衅滋事罪的“口袋化”趋势进一步加剧，进而导致刑法罪名适用的混乱，将原本就饱受争议的寻衅滋事罪再次推向风口浪尖！

二、寻衅滋事罪何以成为口袋罪

(一)口袋罪的特征

口袋罪并非一个统一的法律术语，而是多种繁杂现象的总称。就其概念核心而言，存在着立法和司法两个角度的描述。在立法上，口袋罪通常是对刑法中一些因内容概括抽象、外延界定模糊而容易混淆罪与非罪，此罪与彼罪界限之罪名的形象称呼。① 在司法上，法官对某一行为是否触犯某一法条不明确，但与某一法条相似，而直接适用该法条定罪的情况，这种情况多次出现，即被戏称为口袋罪。简而言之，其特征有二：

其一，立法文本上的模糊性和开放性。其具体可简括为如下三种表征：(1)空白罪状。所谓空白罪状，又称参见罪状，是指刑法条文不直接具体规定某一犯罪构成的特征，但指明确定该犯罪构成需要参照其他相关法律、法规的规定。② 空白罪状是中国刑事立法技术的一个特色，在刑法条文中占有相当大的比重。一方面，其可以简化刑法条文，使刑法在保持相对稳定的基础上，适应飞速发展的社会需要；另一方面，空白罪状往往对参照依据指示不明确，与罪行的明确性相违背，空白罪状的高度开放性必然会带来罪名扩充的高风险性。(2)兜底条款。兜底条款是指刑法在明确列举相关行为后，对列举情形之外的其他同类行为进行概括性规定的条款。“法律为抽象之规定，而法律事实之变化，层出不穷，以有限之法律，绳无穷变化之事实，自不免有挂一漏万之嫌。”③ 一方面，兜底条款是一种惯用的立法技术，其主要目的是为了防止法律的不周严性和社会情势的变迁性——法律一经制定出来，因其固有的稳定性而就具有了相对的滞后性，况且法律制定者受主观认识能力等方面的局限，也无法准确预知法律所要规范的所有可能与情形，这就有必要通过一些兜底性条款予以适用解决；另一方面，尽管兜底性条款可以弥补列举式立法模式之不足，使刑事法网趋于严密，但也在一定程度上阻碍了法律的完善与进步，也易于导致法院越权司法解释和法官滥用自由裁量权等现象的发生。(3)不确定概念。不确定概念是指刑法在对某一犯罪构成特征进行描述时，所采用的一

① 张训：《口袋罪视域下的寻衅滋事罪研究》，载《政治与法律》，2013年第3期。

② 高翼飞：《从扩张走向变异：非法经营罪如何摆脱“口袋罪”的宿命》，载《政治与法律》，2012年第3期。

③ 韩忠谟：《刑法原理》，中国政法大学出版社2002年版，第46页。

些概念表达不清、外延范围不定的词语。准确性是作为法律活动载体的法律语言最为重要特征。然而，在立法领域中，不确定概念的运用俯拾即是。一方面，这些不确定概念的运用可以弥补人类语言表现力的不足，使执法者有一个可供把握的空间，以求得在法律适用过程中法律与现实的有利契合；① 另一方面，它也会给执法者留下很大的解释空间，增加了法官滥用自用裁量权和司法腐败的可能性。

其二，司法适用上的选择性和随意性。如上所述，口袋罪的核心内涵存在着立法和司法两个方向的解读。从这个角度而言，口袋罪的特征不仅在立法文本中有所显现，亦在司法适用中得以生成，即司法适用上的选择性和随意性。其根由有二：(1)构成要件的模糊界定。前文已论及，立法文本上的模糊性与开放性是口袋罪的一个重要特征，此即导致罪名要件界定上的空洞化和宽泛化。毫无疑问，这会给法院越权司法解释和法官滥用自由裁量权提供可乘之机，尤其是在一些罪与非罪、此罪与彼罪问题的判断上，存在着很大的隐性操作空间。有言道"口袋罪是个筐，什么都能往里装"即为此种现状的一个真实写照；(2)刑事政策的错误解读。从之前一系列被确定为典型口袋罪的案件来分析，无论从规模还是级别，这一症候的出现实际上已经不是个案所折射出来的问题，而是明显带有浓厚的政策作用倾向。这其中，最主要的则是对宽严相济刑事政策的错误解读，其导致在刑事审判中，法官往往过分关注社会效果而淡化行为内容和主观心态，继而倾向于重刑主义而抛弃规范主义，司法适用中的选择性和随意性现象也就比比皆是。② 著名的"方舟子遇袭案"就是一个典型的例证。本来，此案并不复杂，事实清楚，证据充分，如果就事论事的话，理应以故意伤害罪判处，这可能也是一审法院采用简易程序审理的一个原因。但是，由于立法文本上有关寻衅滋事罪的界定过于模糊和开放，再加上此案涉及的都是名人，社会关注度较高。面对压力，我们的司法开始出现"能动"的倾向，在罪名之间法律依据之间左右摇摆，进行主观选择。于是，刑法中的寻衅滋事罪因其有着"破坏秩序"、"随意殴打他人"、"情节恶劣"等不确定概念，便在此案中被"灵活"、"随意"地使用上了。③

(二)寻衅滋事罪的口袋罪历程

寻衅滋事罪演变成为口袋罪并非一蹴而就，而是一个循序渐进的过程，其是各种因素长期累积，综合作用的结果。概而言之，主要有三：

其一，传统口袋罪的历史遗留。1997 年刑法明确规定了罪刑法定原则，废除了类推制度，同时废除和分解了 1979 年刑法中备受批评的三个口袋罪罪名，即投机倒把罪、流氓罪以及玩忽职守罪。但是，旧的大口袋罪没了，新的小口袋罪却日渐形成，难以根除。刑法修订过程中立法者试图消除的传统口袋罪，依稀在现行的刑法中能够找到它们的影子，颇有"阴魂不散"之感。究其原因，主要是当时的立法者在修订刑法时，认为

---

① 伍巧芳：《模糊法律用语的成因与积极作用》，载《光明日报》，2011-02-19。

② 孙万怀：《以危险方法危害公共安全罪何以成为口袋罪》，载《现代法学》，2010 年第 5 期。

③ 游伟：《"寻衅滋事"不应成为"口袋罪"》，载《东方早报》，2010-10-13，第 A23 版。

如果对某些罪状规定得过于确定、具体而毫无弹性，而对各种犯罪行为又难以尽列无遗，特别是在当今社会高速发展时期，倘若一点口袋罪的空间都不留，可能不利于及时打击花样翻新的各种新型犯罪行为。所以，有限制地使用一些空白罪状、兜底条款以及不确定概念以拾遗补漏还是有必要的。如此，在废除三个大口袋罪的同时，为了确保刑法规范具有一定的普适性，满足制裁新生犯罪的需要，刑法规范中依然预留了形成口袋罪的空间和可能，即在经济领域，非法经营罪替换投机倒把罪；① 在公权力领域，玩忽职守罪仍然保留，只是范围有所缩小；在社会治安领域，寻衅滋事罪取代流氓罪，在实践中，甚至有"小流氓罪"之称。基于上述现象，我们不禁要反思，要想真正彻底消灭口袋罪，立法只是第一步，观念的变革、执法机制和执法环境的改进同样重要，与立法相比，后者往往需要更长的生成时间。②

其二，立法上的"口袋性"。导致寻衅滋事罪成为口袋罪的直接原因即为该罪在立法上所具有的诸多"口袋性"特征，亦即所谓的先天不足。寻衅滋事罪是作为"扰乱公共秩序罪"之一，被纳入1997年刑法分则第六章"妨害社会管理秩序罪"中的。总体而言，相较于传统流氓罪，其覆盖范围有所缩小，体现了我国刑事立法的进步，但其仍只关注社会治安领域，针对的也基本上都是一些社会上的小流氓，这不免使其在立法之初就已披上了口袋罪的外衣，进而造成立法者在对该罪客观方面进行描述时，采用了大量的不确定概念，使其"口袋性"特征相当明显，如条文中的"随意"、"社会秩序"、"任意"、"情节恶劣"、"情节严重"，等等。这些词语往往关乎价值判断，主观性较强，且大多极为抽象，解释性空间比较大，进而加大了法律规范的模糊性和开放性，使刑法的明确性程度大打折扣。2011年《刑法修正案(八)》对1997年刑法第293条规定的寻衅滋事罪进行了适当修改，又将"情节恶劣的恐吓行为"纳入到了寻衅滋事罪的外延范围之中，进一步加大了寻衅滋事罪在立法文本上的"口袋性"特征，无异于"火上浇油"。

其三，司法上的"口袋化"。立法上的"口袋性"特征为司法上"口袋化"趋势提供了可乘之机。事实上，正是寻衅滋事罪在司法适用中的"口袋化"才坚定了人们对其口袋罪的认定。司法人员由于受刑法工具主义和刑法重刑主义等观念的影响，往往会逐步侵蚀寻衅滋事罪原有的法律规范。其主要采取如下两种进路：一则违反法律保留原则的司法解释。"越权刑法解释，尤其是越权刑法司法解释是类推制度寿终正寝后罪刑法定原则的最大敌人，极大地损害了刑法的人权保障机能"。③ 在实践中，司法工作者会不自觉地利用寻衅滋事罪立法上的"口袋性"特征，进行违反法律保留原则的司法解释。例如，2013年7月15日，"两高"联合下发的《解释》，该《解释》将众多刑法规定之外的行为纳入到寻衅滋事罪的范畴之中，尤其是将一些违反《治安管理处罚法》的行为，任意扩充寻衅滋事罪的外延，造成寻衅滋事罪的"口袋化"趋势逐渐加剧；二则违反罪刑法定原则的司法审判。上面，我们已经提到，某一案件一旦成为热点，受到社会舆论的

① 于志刚：《"口袋罪"的时代变迁、当前乱想与消减思路》，载《法学家》，2013年第3期。

② 刘仁文：《解决"口袋罪"立法司法须并进》，载《检察日报》，2008-05-10，第1版。

③ 赵秉志、陈志军：《论越权刑法解释》，载《法学家》，2004年第2期。

广泛关注，司法机关有时就难以掌控，一味地迎合民意，倾向重刑主义。此时，恰是一些口袋罪的适用良机。例如，在“方舟子遇袭案”、“温岭虐童案”等诸多现实案例中均可清晰地探寻到寻衅滋事罪演变成为口袋罪的路径。司法审判中的这种选择性和随意性，严重违背了罪刑法定原则，有损司法权威，也就加剧了寻衅滋事罪的“口袋化”趋势。

三、寻衅滋事罪如何摆脱口袋罪的宿命

（一）正视刑法中的口袋罪空间

面对数量悄然增加的口袋罪罪名，试图短时间内一劳永逸地消除刑法中的口袋罪只是一种幻想，其不仅在立法中，而且在司法中都仍具有很大的潜在市场。因此，我们需正视刑法中的口袋罪空间。

其一，立法之隐性需求。一方面，法律本身的稳定性、立法者知识的局限性与社会发展的迅速性之间的矛盾，在一定程度上促使了立法者不可避免地会使用一些空白罪状、兜底条款以及不确定概念，以求得上述三者之间形成一个良性平衡；另一方面，罪刑法定原则在立法上往往包含两层含义，即“无罪不罚”和“有罪必罚”。而中国在法治进程中仍处于初级阶段，确保“有罪必罚”是罪行法定原则的应有之义，甚至是公众对罪行法定原则最为关注和期待的层面。空白罪状、兜底条款以及不确定概念的存在正好可以满足这一隐性需求，其有助于不放纵犯罪，扩大刑法的打击半径。

其二，司法之规律使然。司法机关在司法实践过程中选用口袋罪，有时确属客观不得已。因为部分新类型行为已经呈现出明显的严重社会危害性特征，而刑法文本并没有予以及时跟进，原有罪名体系严重滞后，不能为司法者制裁该类型行为提供充足的法律支撑，所以只能套用口袋罪罪名来解决问题，20 世纪末盛行的传销活动就是一个典型的例证。传销活动愈演愈烈，具有极大的社会危害性，但刑法文本中一直没有相应罪名予以规制，人民法院最后只能通过司法解释的方式将该类行为纳入非法经营罪之中。

总之，口袋罪在我国刑法中仍有一定的生存空间，其存在也有一定的必然性。彻底消除口袋罪并不是一蹴而就的事情，需要在立法理念和立法技术以及司法理念和司法技术等诸多方面予以综合推进，它是一个很复杂、长久的过程。于寻衅滋事罪而言，其作为口袋罪的“潜力股”之一，如何摆脱口袋罪的宿命也就需要在立法和司法上作出艰难而长久的努力。①

（二）立法理性：谦抑性理念和法律明确性原则

如上所述，立法上的“口袋性”是寻衅滋事罪逐步演变成为口袋罪的直接原因。因而，要想使寻衅滋事罪摆脱口袋罪的宿命，也就需要首先在立法上做足功夫。具体举措

① 王良顺：《寻衅滋事罪废止论》，载《法商研究》，2005 年第 4 期。

有二：

其一，刑法之谦抑性理念。刑法谦抑性，是指刑法依据一定的规则控制处罚范围与处罚程度，即凡是适用其他法律足以抑制某种违法行为，足以保护合法权益时，就不要将其规定为犯罪；凡是适用较轻的制裁方法足以抑制某种犯罪行为、足以保护合法权益时，就不要规定较重的制裁方法。① 刑法谦抑性的主要目的在于最大限度地限制国家的刑罚权力，使之尽量缩小对公民的刑罚范围和程度，用尽可能少的刑罚来维护社会秩序和保障公民权利。谦抑性强调的是犯罪和刑罚的补充性和最后保障性，也就是说犯罪和刑罚永远是其他公权力治理的补充手段，只有在其他公权力手段都不够充分解决问题时，才能发动犯罪和刑罚手段。② 具体到寻衅滋事罪，在刑事立法上应当严格贯彻刑法的谦抑性理念，明确划定其与违反《治安管理处罚法》的普通违法行为之间的界限，《治安管理处罚法》已经足以规制的，就没必要再纳入寻衅滋事罪之中。

其二，法律之明确性原则。法律究竟是较为偏于明确性还是模糊性，历来都是学者们争论的焦点。对立法者而言，其立场的倾斜，则会反映出不同的价值取向。正如沃尔克所言，“法律本身就是一个逻辑矛盾体，既强调明确性又不排斥模糊性，二者的内在紧张关系是法律自身固有的悖论。”③当然，在现代民主法治社会，立法者们显然已经解决好了这一难题，即法律应当体现明确性原则。法律的明确性是指法律规则要做到具体、确定，使其具有可操作性，以便实现可预期的效果，人们也可依此实现生活的法律规划，此乃法律之为法律的本质属性之一。以寻衅滋事罪为例，立法者显然是比较偏重于法律的模糊性，而忽视了法律的明确性要求，在犯罪客观方面的描述上，多是一些不确定概念，主观色彩较为浓厚，解释性空间比较大，“口袋性”特征明显。为了维护社会秩序，在必要的时候，诸多行为都能够以寻衅滋事罪定罪处罚。因此，在刑事立法理念上，立法者应当恪守法律明确性原则，尽量少采用些不确定概念，增加寻衅滋事罪的明确性，以充分保障公民的合法权利。

(三)司法理性：罪刑法定原则和法律保留原则

一个罪名之所以成为口袋罪，主要源自于两个方面：一是条文规定的模糊性；二是司法实践的曲解。故此，要想使寻衅滋事罪摆脱口袋罪的宿命，还需在司法上作出相应努力。主要有二：

其一，司法审判严格遵守罪刑法定原则。罪刑法定原则的基本要义就是“法无明文规定不为罪，法无明文规定不处罚”。由于这一原则符合现代社会民主与法治的发展趋

① 刘树德：《“口袋罪”的司法命运——非法经营罪的罪与罚》，北京大学出版社 2011 年，第 8 页。

② 李川：《公法哲学视野下的刑事问题初探——以口袋罪和刑法谦抑性为例》，载《理论与改革》，2010 年第 6 期。

③ 黎奇：《谈法律的明确性》，访问日期：2014 年 3 月 16 日，原文链接：http://www.jcrb.com/culture/literatures/criticism/201205/t20120523_869172.html。

势，至今已成为不同社会制度的世界各国刑法中最普遍、最重要的一项原则。当然，刑法所规定的罪刑法定原则要付诸实现，有赖于司法机关的执法活动。从我国司法实践来看，切实贯彻罪刑法定原则，司法机关在司法审判过程中必须正确认定犯罪和判处刑罚。对于刑法明文规定的各种犯罪，司法机关必须以事实为根据，以法律为准绳，认真把握犯罪的本质特征和犯罪构成的具体要件，严格区分罪与非罪，此罪与彼罪的界限，做到定性准确，不枉不纵，于法有据，名副其实。对各种犯罪的量刑，亦必须严格以法定刑及法定情节为依据。① 司法也具有自己的守法职能，既不能为了某些人而网开一面，也不能为另一些人去另织法网。于寻衅滋事罪而言，司法机关在审判过程中，应当摒弃原有的那种选择性和随意性态度，排除社会舆论干扰，正确解读相关刑事政策，严格依照法律定罪量刑，尤其是要准确区分故意伤害罪与寻衅滋事罪、违反《治安管理处罚法》的普通违法行为与寻衅滋事罪之间的界限。唯有如此，才能在司法审判中减缓寻衅滋事罪的“口袋化”趋势。

其二，司法解释严格践行法律保留原则。自从获得全国人大常委会关于司法解释的授权后，近 30 年以来，最高法院发布了近千个司法解释，尽管遭到了学者关于司法解释合法性的多方责难，但最高法除了在司法解释的程序上通过改革日益规范化外，对司法解释规范上的合法性问题则很少作出回应。② 对于刑法规定不够具体的犯罪，最高司法机关可以通过进行司法解释，指导具体的定罪量刑活动，这对于弥补立法的不足，统一规范和指导司法实务，具有重要意义。但是，进行司法解释不能超越其应有的权限，无论扩张解释，还是限制解释，都不能违反法律规定的真实意图，更不能以司法解释取代刑事立法；否则，就会背离法律保留原则。但是，在我国的司法实践中，司法解释违反法律保留原则，以解释取代立法的现象数不胜数。以今年为例，2013 年 7 月 15 日，“两高”联合下发了《关于办理寻衅滋事刑事案件适用法律若干问题的解释》，任意扩充了寻衅滋事罪的外延范围；2013 年 9 月 14 日，“两高”发布《最高人民法院、最高人民检察院关于办理利用信息网路实施诽谤等刑事案件适用法律若干问题的解释》，将众多新型网络行为纳入诽谤罪的外延之中。纵然，这种现象与全国人大常委会的不作为有很大关联，但是司法理性的缺失也是其中一个很重要的原因。因此，在以后的司法实践中，司法机关在进行司法解释时应当严格践行法律保留原则。具体而言，对于空白罪状，司法机关应当主动进行司法审查；对于兜底条款，司法机关应当严格遵循同类解释规则；而对于不确定概念，司法机关则应当谨慎贯彻文义解释规则。

四、结　语

寻衅滋事罪作为传统“流氓罪”的历史遗留，其立法上的“口袋性”特征是立法者在

① 高铭暄、马克昌：《刑法学》(第 5 版)，高等教育出版社 2011 年版，第 27 页。

② 张榕：《我国最高法院能动司法的路径选择》，载《厦门大学学报》(哲学社会科学版)，2011 年第 1 期。

面对诸多现实困境时的无奈之举，其司法上的“口袋化”趋势也有其一定的客观必然性。因此，如何使寻衅滋事罪摆脱口袋罪的宿命，是一个循序渐进的过程，不是一蹴而就的，其需要在立法和司法两个方面上予以综合推进。首先，在司法上，司法适用者要尽量保持克制，当可能涉及寻衅滋事罪的法条时，优先选择非犯罪化处理，动用刑罚时，也需优先采用其他罪名；然后，在立法上，立法者要对寻衅滋事罪予以逐步分解、吸收和弱化，并最终达到彻底废止寻衅滋事罪的目的。

（作者简介：梅扬，武汉大学法学院2013级宪法与行政法学硕士研究生。）

◎ 点　评

第一，“寻衅滋事罪”这个罪名解决了很多现实的问题，寻衅滋事是用一个口袋将可能会打击的行为纳入刑事打击。第二，该司法解释涉及寻衅滋事适用问题的法律规定，扩充寻衅滋事的外延，其后果是扩大了法检两机关的权力，是违背了最基本正义的自我授权。第三，罪与非罪、司法机关权力的收缩是属于法律保留的事项，只能由立法机关通过立法程序作出相关规定，才符合法治原则。第四，从形式正义、法治原则来说，法律保留的事项应该交由立法机关来处理，法治的核心是议会立法的主导，适用议会立法是一个国家法治程度的标志。第五，司法解释的前提是解释法律的人和裁决案件的主体是同一个主体，属于自由裁量权和审判权应有的范围；我反对抽象的司法解释是解释者和裁判者是分离的，典型的抽象的司法解释：婚姻法解释三。第六，劳教制度废除后有一个空白地带，该部分的规制需要一部分流入到刑事领域，一部分下沉到行政处罚，在刑事领域就是寻衅滋事。第七，轻刑化是世界的大势所趋，需要刑事处罚行为的数量应是收缩的，对小事情进行刑事打击可能会激化矛盾，转化矛盾，将小事情变成大事情。第八，刑法对犯罪的打击和社会秩序对人权的保障二者之间维持在什么样的比例，不能抽象的去谈怎么平衡，要结合特定的社会背景和时代。

（点评人：武汉大学法学院　江国华教授）

我国环境刑事司法治理的过去、现在与未来

郭润昌

摘　要：我国环境问题由来已久，近代以降，在经济发展中忽视环境利益，是环境污染日趋恶化的主导因素。我国对环境治理的理念也面临着历史性的变迁。本次两高发布的司法解释凸显我国进一步强化环境刑事司法的决心，突破了仅停留在环境刑事立法粗疏而徒法难行的尴尬局面。当前，强化环境刑事司法是走向环境法治的必要位阶，这种"走向"注定要经历历史的"阵痛期"：传统上，环境行政治理的惯性"纠缠"，环境行政与环境刑事的界限模糊"纠纷"；当今时代，环境刑事司法自身面临任重道远之构建历史使命。

关键词：环境治理；环境行政；环境刑事司法

一、我国环境刑事司法的前缘

环境问题肇始于环境自身的容纳能力无法满足人类无穷的贪婪，环境与人类的紧张关系自世界上最初出现的数个古文明社会时就已经存在。① 这种紧张的突出表现就是在经济建设和社会发展过程中，在大自然为我所用、任我所用②的谬论观念指导下，环境污染问题越演越烈。这种"为我所用、任我所用"的环境观，使得破坏环境者肆无忌惮地在大自然中"取"、"用"。正如日本学者藤木英雄所言："自古以来就存在着这样一种意识，即所谓加害于某一个具体的人的行为是不道德的，然而也存在另一种倾向，即给非特定的多数人造成困难，特别是损害了国家的公共利益时，他表现得漫不经心。"③

立法者对环境治理也没有引起足够的重视，实际上是一种有法却粗疏以致很难适用的"非治理化"的状态。环境立法上的粗疏使我国环境治理面临形式法治的诟病。故此，

---

① Clive Ponting, "Historical Perspectives on Sustainable Development", in 32 Environment: Science and Policy for Sustainable Development(1990), pp. 4-3.

② 吴泳编著：《环境污染治理》，科学出版社 2004 年版，第 151～152 页。

③ [日]藤木英雄著：《公害犯罪》，丛选功等译，中国政法大学出版社 1992 年版，第 7 页。

环境行政治理长期扮演“环境形式法治”的“木兰替父从军”角色，成为环境治理合法性与合理性的圭臬。

环境行政治理有其历史合理性的功绩。但在社会转型时期之历史条件中，环境行政治理的适应性出现短板。过度依赖行政罚款不仅没有带来社会期望的环境治理效果，环境污染反而日趋严重。究其原因，不难发现，现代经济理性人都最大程度地使用无须支付成本或者仅仅支付较小成本的“公地”①，以最小程度地消除或者较少环境污染所支付的成本，来谋取更大的经济利益。环境污染者污染环境所支付的成本即行政罚款相对污染环境所得之经济利益是九牛一毛之时，环境行政手段的适应性便失去应有的治理效果。具体而言，环境行政处罚的数额标准没有随着社会经济发展而调整，显得鞭长莫及。

1972 年，联合国人类环境会议上通过的《人类环境宣言》指出：“人类有权在一种能够过尊严和福利的生活环境中，享有自由、平等和充足的生活条件的基本权利，并且负有保护和改善这一代和将来的世世代代的环境的庄严责任。”纵观西方国家的环境法治，这种保护环境的庄严“责任”经历了由环境立法②到环境司法的历史嬗变。比如，20 世纪 60 年代前后，美国的环境立法更多地是以罚款等行政和民事手段制裁违法行为。

日本在 1970 年起始逐步重视刑法在惩治公害犯罪中的重要作用。为此日本在第 64 届国会上修改了《公害对策基本法》，并制定和修改了《关于危害人体健康的公害犯罪制裁法》、《大气污染防治法》、《水质污染防治法》等 14 部与公害相关的法律，《关于危害人体健康的公害犯罪制裁法》是世界上第一部以刑事单行法方式对惩治公害犯罪作出规定的法律，以寥寥 7 个条文加 1 个附则的篇幅，规定了环境刑事犯罪认定中危险犯的存在、因果关系的推定、企业和自然人的两罚制规定，不仅突破了许多传统刑法理论，而且开创了环境犯罪单行立法的体例，举世瞩目。③

除立法外，日本警察机关不断加大对公害犯罪的打击力度，公害案犯的逮捕数逐年增加，如 1978 年日本对非法投弃废弃物、污染水体、恶臭等案件的逮捕数为 5855 件，比 1977 年增加了 472 件，对于这些案件，检察机关也依法提起诉讼，1975 年至 1979 年间，公害犯罪案件的起诉率都在 70%左右。④

---

① “公地”由 1968 年哈丁(Hardin)在《科学》上发表论文首次将此种现象作为“公地悲剧(the tragedy of the commons)”提出来。

② 西方发达国家的环境立法也是历时性的概念，过去更多地是依靠行政与民事的手段制裁环境违法行为；当行政与民事手段无法遏制日益猖獗的环境污染行为之时，一种更为严厉的制裁手段便“逢时而生”，环境刑事司法成为制裁环境犯罪行为的必要手段。美国在 1976 年《资源回收法》和 1977 年《清洁水法》等环境法律中将污染环境的行为纳入到环境刑事处罚范围，逐步重视刑事制裁在环境治理中的作用。

③ 参见郭世杰：《从重大污染事故罪到环境污染罪的理念嬗递》，载《中国刑事法杂志》，2013 年第 8 期。

④ 参见[日]藤木英雄：《公害犯罪》，丛选功等译，中国政法大学出版社 1992 年版，第 158~162 页。

以上表明，运用刑事司法手段治理环境，充分发挥刑法规范的预防、威慑和惩罚功能，已经成为发达国家治理环境的共识，刑事立法、刑事司法成为惩治环境犯罪行为的必要手段。长期以来，我国对环境的治理，也采取立法的方式，主要依赖行政与民事的手段(详见表一)。受此影响，我国环境刑事立法发展较晚且立法粗疏，1979 年刑法典中，环境不是作为主体性地位在刑法中明确规定的，环境法益并未得到立法者的重视，刑罚种类也过于单一。1997 年的《中华人民共和国刑法》才确立了有关环境犯罪的相关规定。随之，我国通过立法式的司法解释和刑法修正案等不断对环境犯罪的犯罪构成要件、罪名、刑罚适用等方面作出修改和完善。

表一　　**近年(2002—2011)以来我国环境行政处罚案件数量统计表①**

年份	2002	2003	2004	2005	2006	2007	2008	2009	2010	2011
件	4	3	6	13	7	2	11	18	19	26

以上，诚然是我国环境刑事治理的重大历史进步。但我国环境刑事立法带有英、美等国附属环境刑法模式的特征，而一国环境刑事司法治理进程深受环境立法模式的影响，结合我国环境治理实践，附属环境刑法模式的刑事立法活动并没有有效遏制我国环境质量不断恶化的状况，我国环境事故越演越烈。针对此种困惑，学者们围绕此议题热衷不已，开出各种“良方妙药”。例如，学者普遍认为，我国环境刑事立法在立法体系、立法技术以及刑罚方面存在滞后性是导致环境犯罪行为没有得到惩罚的原因。

国外发达国家的环境法治经验表明，在违反规范的案件中，若没有通过其惩罚手段让法律得到有效的实施并尊重法律本身，制定完善的旨在保护环境的法律规范是不够的。② 唯此，只有让环境犯罪案件进入司法程序，借助司法制裁环境犯罪，方能充分实效发挥环境刑法的惩罚、威慑和预防功能。③

二、我国环境刑事司法的现状

我国刑事司法在惩治环境犯罪中呈现了这样的特点：实际发生环境违法行为的案件

① 数据来源于袁春湘：《2002 至 2011 年全国法院审理环境案件的情况分析》，载《法制资讯》，2012 年第 12 期。

② 参见[荷]迈克尔·福尔，[瑞士]冈特·海因主编：《欧盟为保护生态动刑：欧盟各国环境刑事执法报告》，徐平等译，中央编译出版社 2009 年版，第 2 页。

③ 最高人民法院、最高人民检察院于 2013 年 6 月 13 日发布《最高人民法院、最高人民检察院关于办理环境污染刑事案件适用法律若干问题的解释》的背景目的就是环境污染案件办理时存在取证难、鉴定难、认定难的问题，虽然环境污染事件频频发生，但进入审判程序的非常少，这让公众认为，环保始终得不到真正重视。为解决司法鉴定难，司法解释规定……罪名是修改了，但关于环境污染刑事案件的司法解释仍停留在 2006 年的规定，为了确保法律准确统一适用，“两高”会同公安部、环保部等部门，制定了最新的司法解释，实现与《刑法修正案(八)》的对接。

多，查处的少；行政机关处理的多，移送司法机关的少；查处破坏资源类犯罪分子的多，追究环境污染犯罪的少；判处缓刑和罚金的多，判处实体刑的少。① 具体到环境污染犯罪的审理情况，2003年至2006年上半年共3年半时间，全国法院审结的重大环境污染事故罪擅自进口固体废物罪和环境监管失职罪只有区区30件，而非法处置进口的固体废物罪案件竟然为零。② 据不完全统计，我国各级人民法院受理环境民事诉讼案件也大约是17件，可见我国环境司法的现状发展滞后。而且我国环境刑事司法主要集中在破坏资源类犯罪领域，在惩治环境污染犯罪行为中效力甚微。这就导致，环境刑事司法程序启动困难，环境污染案件很难进入刑事诉讼程序；环境污染犯罪认定困难，案件即使进入诉讼程序，也很难得到有效处理；司法机关审判的环境污染犯罪案件较少，环境污染行为的惩治主要依靠行政处罚，两者严重失衡。

三、我国环境刑事司法的压力

我国环境刑事司法的压力主要是环境刑事司法不畅，造成环境刑事司法不畅的原因可以从立法、执法以及司法自身等层面进行分析。

（一）立法：环境刑事犯罪与环境行政违法的认识界限模糊

从刑法有关犯罪的构成要件研究环境犯罪的界定，不难发现，环境犯罪属于法定犯罪。环境犯罪是由一般环境违法行为转化而来的，只有一般环境违法行为严重违反了环境行政法规的规定，达到刑法规定的严重情节③，才会触犯刑法，构成环境污染犯罪。可见，环境刑事立法与环境行政法规具有紧密的联系性，环境犯罪具有较强的行政从属性。④ 我国台湾学者郑昆山在其著作《环境刑法之基础理论》中对环境犯罪的行政从属性作出了定义，认为环境犯罪的行政从属性系指依据环境刑法条文规定，其可罚性之依赖性，取决于环境行政法或基于该法所发布之行政处分而言。⑤ 环境犯罪以违反环境行政法规为客观构成要件之一。

实践表明，环境犯罪的行政从属性造成环境刑事立法的滞后，环境行政扮演“环境形式法治”的角色，一个突出的特征即是我国环境治理长期主要依赖环境行政处罚，环境犯罪的刑事处罚只是环境行政处罚的补充手段和辅助媒介。究其原因在于立法者对环境行政法规与环境刑事法规保护的法益认识界限模糊相关联。环境行政法规所保护的是

---

① 参见吕忠梅等：《中国环境司法现状调查——以千份环境裁判文书为样本》，载《法学》，2011年第4期。

② 祝二军：《〈关于审理环境污染刑事案件具体应用法律若干问题的解释〉的理解和适用》，载《人民司法》，2006年第10期。

③ 具体可参见我国刑法环境犯罪构成要件相关规定。

④ 参见陈兴良：《本体刑法学》，商务印书馆2001年版，第173页。

⑤ 参见郑昆山：《环境刑法之基础理论》，台湾五南图书出版公司1999年版，第179~180页。

生活法益，这是以人类为中心主义环境价值观的体现①，其实质是环境违法行为严重依附于侵犯人民正常生产或生活利益的违法行为，环境保护具有附属性和工具性而实存名亡，真正目的在于保障人民的正常生产和生活。只有当这种侵犯人民正常生产或生活利益的违法行为已经质变到严重犯罪行为时，即侵害刑事法益，刑法才会发挥作用。

由此可见，对环境的保护，目的在于保护人本身的利益，如果人本身利益没有受到损害和威胁，则无刑事制裁可言。② 环境行政法规和环境刑罚都不是将环境本身作为客体保护，只对环境危害中受到威胁和侵害的人类生命和健康进行保护，从环境行政处罚到环境刑事刑罚只是一个逐步增量的过程，并没有质的变化。认识上的界限模糊带来的便是实践中环境犯罪行为仍然当做一般环境违法行为进行处理，欠缺对环境行政处罚权和环境刑罚权的厘清，环境行政权越俎代庖，严重膨胀以致环境刑事司法步履维艰，可谓“以罚代刑”而“刑将不刑”。

(二)执法：环境行政执法与环境刑事司法对接堵塞

环境行政执法与环境刑事司法的有效、顺畅对接是环境刑事司法治理的关键。二者的对接主要涉及行政执法机关对涉及环境犯罪案件的移送，公安机关对移送案件的受理、处理；以及检查机关对行政执法机关移送涉及犯罪案件、公安机关对移送案件的受理和处理的监督等。这些环节紧密相联，它们之间的对接顺畅与否，直接关系到环境刑事司法的实现。遗憾的是，目前我国环境行政执法与环境刑事司法对接堵塞。

首先，环境行政执法与环境刑事司法对接程序相关立法粗疏。二者之间对接程序相关立法欠缺体系、立法效力位阶不高、法律责任规定不明确。《中华人民共和国行政处罚法》第22条③、2001年国务院制定的《行政执法机关移送涉嫌犯罪案件的规定》、2007年国家环境保护总局公安部最高人民检察院联合发布《关于环境保护行政主管部门移送涉嫌环境犯罪案件的若干规定》等都是二者之间对接程序立法的依据，但这些法规分散，没有形成紧密的联系；除一部是国务院制定的行政法规以外，其他都属于规范性文件，立法效力位阶不高，不能充分发挥法律的约束力。

而且这些法规立法内容上都大多为原则性规定，缺乏具体的、明确的规定。如关于环保部门移送的标准问题，检察机关内部的接收机关接收程序以及最终司法机关对案件的接受程序等都没有明确的规定。对于环境行政执法机关不移送不接受行为的法律责任规定也模糊而缺乏强制力。如关于环境保护行政主管部门移送涉嫌环境犯罪案件的若干规定第13条④只是作原则性规定，对具体的问责之相关程序没有明确规定，对于不移

---

① 环境刑事立法价值观主要受人类中心主义和生态中心主义价值观影响。

② 参见许玉秀：《环境刑法规范的过去、现在与未来》，载中国台北：《环境刑法国际学术研讨会论文辑》，1992年。

③ 参见《中华人民共和国行政处罚法法条》第22条明确规定：“违法行为构成犯罪的，行政机关必须将案件移送司法机关，依法追究刑事责任。”

④ 参见2007年国家环境保护总局、公安部、最高人民检察院联合发布《关于环境保护行政主管部门移送涉嫌环境犯罪案件的若干规定》第13条。

送和不接收行为的具体法律责任也没有明确规定，缺乏法律强制力。这些都不能为司法实践提供明确的具体操作，很难进入环境刑事司法程序。

其次，环境行政执法与环境刑事司法对接程序繁杂与低效率。环境污染犯罪要进入刑事司法必须依赖环境行政执法，当环境违法超出环境行政的有效规制时，环境污染行为就转化为刑事犯罪。环境案件的移送、环境刑事司法的启动依赖环境行政。根据我国法律、法规及司法实践，环境行政执法机关在有关环境刑事案件中拥有调查权，这是由上述我国环境治理的立法模式决定的。环境行政执法机关自身的角色定位导致其可能受自身利益、专业知识素养不足、地方保护主义的干扰对环境案件的不移送或者移送拖拉，不利于司法机关及时有效处理环境案件。

根据我国刑事诉讼法的规定，刑事案件一般由公安机关行使侦查权，公安机关侦查完结，在移送检察机关提起公诉。但最先接触环境犯罪的是环境执法机关，会在一定程度上影响案件的侦查，加大办理环境案件的难度。一件环境犯罪案件要进入刑事司法，需要通过环保部门调查移送、公安机关侦查、检察机关公诉等重重“考验”，这种“多龙治水”的格局使得环境行政与环境刑事法治的对接程序繁琐以及效率低下。

(三)司法环境刑事司法自身困境重重

我国环境刑事司法的自身构建不足也严重影响环境刑事司法的有效发挥。我国在专门化和体系化的环境刑事法规处于空白地带。我们对环境犯罪的欠专业化认识，导致在立法上没有把环境当做犯罪来处理。与国外把污染环境、破坏自然资源当做犯罪对待、并对环境犯罪专门立法治理不同，依据我国现有的刑法以及刑事诉讼法来看，环境犯罪罪名只是为了保障人民的生命、财产和社会秩序而建立的，只是刑法、刑事诉讼法治理的工具，而非环境本身是目的。污染环境或者破坏自然资源，如果没有严重危害人民生命、财产或者社会秩序，只是单纯地对环境本身造成危害，就不会构成法定的环境犯罪。

正义要以看得见的方式实现，司法更要以一种看得见的方式实现。我国环境刑事司法欠缺专门化的制度规范。法庭是司法最为直观的显现。目前，我国并没有建立相关专门的环境审判法庭，有关环境污染的犯罪案件审理只是由法院临时建立的法庭进行审判，在实践中并没有形成一种固定的制度。环境污染的特殊性、复杂性、跨区域性和跨流域性，对以往的法院管辖提出了新的挑战。传统法院将民事、行政、刑事案件分开审理，而环境污染案件民事、行政、刑事杂糅的特性要求突破三者审判分离的模式，这就要求势必建立一套不同于传统法院管辖和管辖法庭的新制度，避免法院之间的相互抵牾与推诿，及时审理案件。

四、我国环境刑事司法的未来

(一)立法理念上秉持生态中心主义

理念决定人们的价值取向和行动。长期以来，对环境犯罪缺乏科学的认识，我国在环境问题上奉行人类中心主义，惩治环境犯罪只是刑法调整社会的工具。人类中心主义和生态中心主义是环境污染犯罪治理理念上两种不同的价值取向。中国环境现实实践表明，人类中心主义指导的环境污染犯罪治理理念已经弊端日显。我国环保部公布的数据表明，环境污染的治理代价不断加剧，2008 年的环境退化成本为 8947.6 亿元，2009 年环境退化成本和生态破坏损失成本合计 13916.2 亿元，较上年增长 9.2%，约占当年 GDP 的 3.8%。① 为此，我们在环境污染犯罪的治理上内在地要求以整个地球生态的均衡发展为目的来设计治理机制。在环境刑事立法上，具体在刑法中，逐步确立环境犯罪的独立性。

首先，在立法模式上，我国应采取法典化环境刑法模式。② 我国刑法上，明确规定刑法对环境犯罪所保护的是“生态法益”，排污行为只要对环境中生存的人及生物的核心生态法益造成了侵害，是否违反行政法规，并不应成为构成犯罪的必要前提与条件。③ 唯此，在坚持现有刑事立法模式的条件下，改变环境犯罪之行政依附性地位，改变环境行政是环境刑事司法“必要前置条件”状况，保障环境刑事司法独立性。

其次，修改《刑法》中关于环境犯罪构成要件的法律规范。“两高”的司法解释虽然对环境犯罪的标准做了细化，进一步明确了实践中环境行政违法与环境犯罪的界限。但是，本次司法解释将污染环境犯罪的构成要件由结果犯规定为行为犯，是“司法解释立法化”的体现，其本质是司法权对立法权的侵犯，不符合法治原则，实不足取。④ 符合法治的做法是通过刑法修改的方式来规定环境犯罪的构成要件。

（二）完善环境行政执法与刑事司法配合与互动制度

环境刑事司法的治理有赖于环境行政执法与刑事司法的联动。首先，在立法上完善环境行政执法与环境刑事司法的程序。其实质是处理好行政权与司法权的界限关系。为此，要制定统一和系统的法律规范，通过相关立法，进一步明确环境行政违法与环境刑事犯罪的区分标准，行政执法机关向司法机关移送涉嫌犯罪案件的具体程序，包括行政机关移送案件的具体程序期限，证据收集的要求，移送案件的标准，检察机关接受案件的程序等；行政机关不依法向司法机关移送涉嫌案件的责任，包括具体的行政责任和法律责任，具体的问责程序等；检察机关对行政执法机关向司法机关移送涉嫌犯罪案件监督的规定，包括明确检察机关对行政处罚结果的查询权和对行政处罚是否合法的调查权，建立检察机关对行政处罚决定实行备案审查或定期审查的监督机制以及赋予检察机

---

① 数据来源于《2009 年中国环境经济核算报告》。

② 有学者建议在行政法律中设置独立罪名和法定刑的刑事罚则；还有学者认为，应该通过对空白罪状的明确，即将违反国家规定具体化，对环境行政法律法规进行详细规定。参见陈兴良：《论行政处罚与刑罚处罚的关系》，载《中国法学》，1992 年第 4 期。参见蒋兰香：《环境犯罪基本理论研究》，知识产权出版社 2008 年版，第 259 页。我们认为，刑法法典是符合我国环境污染犯罪立法模式的，它有助于克服环境刑事司法行政依附性的缺陷。

③ 焦艳鹏：《刑法生态法益论》，中国政法大学出版社 2012 年版，第 234 页。

④ 参见赵秉志、陈志军：《论越权刑法解释》，载《法学家》，2004 年第 2 期。

关对确定是否需要通知行政执法机关移送案件的调查权等。

其次，建立公安机关、检察机关、法院、环保部门之间的配合互动与监督机制。环保部门在环境行政执法之中，其执法方式强制力薄弱，现实中抗拒执法的现象较多，在环境司法启动上存在障碍。可以借鉴国外环境治理的方式，建立环境警察制度，加强公安机关与环保部门的配合与互动，提高环境执法与环境刑事司法的效率。比如，莫斯科环保警察的建立，在提高环境刑事执法能力，惩治污染环境犯罪方面发挥了很好的作用，在环保警察成立后的3年间，共有477起案件被移交至检察部门提起刑事诉讼。①

(三)环境刑事司法专门化

1. 环境公益诉讼立法

《中华人民共和国民事诉讼法》关于公益诉讼的内容于2013年1月1日起正式生效。这是我国公益诉讼的“破冰之旅”。环境作为一项公共治理事业，自然离不开公益诉讼，离不开民众的参与。环境公益诉讼在我国已经成为共识。环境公益诉讼在实践上也有发展(详见表二)。

表二　**我国地方关于环境公益诉讼的规范性文件**

地方	发布机关、时间	规范性文件
江苏省	省高院(2012年4月)	关于在我省部分法院开展环境保护案件集中化审判试点工作的通知
重庆市	市高院、市检察院、市公安局、市环保局(2011年11月)	关于试点设立专门审判庭集中审理刑事民事行政环境保护案件的意见
		关于试点集中办理环境保护案件的意见
海南省	省高院、省财政厅 2011年9月	海南省环境公益诉讼资金管理暂行办法
玉溪市	市法院、市检察院 2011年2月	关于办理环境资源民事公益诉讼案件若干问题的意见
湖州市	市法院、市检察院 2010年5月	关于建立环境保护公益诉讼制度的若干意见
浙江省	省检察院、省环保厅 2010年8月	关于积极运用民事行政检察职能加强环境保护的意见
嘉兴市	市检察院、市环保局 2010年5月	关于环境保护公益诉讼的若干意见

① 参见王国琦:《俄罗斯环境警察》，载《人民公安》，2007年第19期。

续表

地方	发布机关、时间	规范性文件
青岛市城阳区	区法院、区检察院、区环保分局 2010 年 4 月	关于建立环保执法协调联动工作机制的实施意见
昆明市	市法院、市检察院、市公安局，市环保局 2008 年 11 月	关于建立环境保护执法协调机制的实施意见
	市政府 2010 年 10 月	环境公益诉讼救济专项资金管理暂行办法
	市法院 2010 年 11 月	关于办理环境民事公益诉讼案件若干问题的意见
无锡市	市法院、市检察院 2008 年 9 月	关于办理环境民事公益诉讼案件的试行规定
	市法院、市检察院、市法制办 2008 年 12 月	关于在环境民事公益诉讼中具有环保行政职能的部门向检察机关提供证据的意见
贵阳市	市法院 2010 年 3 月	关于大力推进环境公益诉讼促进生态文明建设的实施意见
	市人大 2010 年 3 月	贵阳市促进生态文明建设条例
	市中院 2007 年 11 月	关于环境保护法庭案件受理范围的规定

问题是，谁来担当环境公益诉讼的主体呢？2005 年 12 月 3 日，国务院发布的《关于落实科学发展观加强环境保护的决定》①指出，健全社会监督机制，发挥社会团体的作用，鼓励检举和揭发各种环境违法行为，推动环境公益诉讼。2010 年 6 月 29 日，最高人民法院印发的《关于为加快经济发展方式转变提供司法保障和服务的若干意见》②提出，依法受理环境保护行政部门代表国家提起的环境污染损害赔偿纠纷案件，严厉打击一切破坏环境的行为。从以上来看，最高国家行政机关鼓励社会团体提起环境公益诉讼、最高人民法院则认可环保行政部门最为环境公益诉讼的主体。本文认为，我国环境公益诉讼的主体可以是传统的检察机关，也允许社会团体组织参与环境公益诉讼。检察机关作为环境公益诉讼的主体可以与公安、法院、环境保护部门相互配合与监督的作用，发挥自身专业诉讼的优势。但检察机关的精力毕竟有限，环境问题十分复杂，她不仅需要多方利益相关主体的参与和互动，也需要呈现出多元化和多样化特征的多项法律措施和规定对其进行综合治理。过分依赖刑法或者其他部门法解决环境监管失职或其他原因引起的环境污染问题，可能会加重司法机关的负担。③ 所以社会组织作为环境公

① 参见中华人民共和国国务院网站，2014 年 3 月 6 日访问。

② 参见最高人民法院网站，2014 年 4 月 16 日访问。

③ 李一丁、秦天宝：《刑法是解决环境问题的利剑吗？从“环境监管失职罪”适用条件降低谈起》，载《环境执法困境》专题，时间未知。

益诉讼的主体，一方面，是社会参与环境治理的需求；另一方面，可以减轻司法机关的负担，形成多元环境治理。

2. 环境司法机构、司法人员、环境刑事司法规则的专门化

我国目前的刑事审判模式不利于环境刑事司法的需求。环境犯罪的特殊性要求专门的环境司法机构与其适应。建立专门的环境司法机构需要从法院的管辖范围、审理级别、建立专门的环境法院与否考虑，但从目前的实践来看，成立专门的环境法庭较为可行。比如，在国家立法缺乏明确规定的情况下，贵阳市及其所属清镇市法院积极探索，自2007年11月20日正式揭牌以来，在全国最早成立环境法庭，受理和裁判环境公益诉讼案件，并注重环境公益诉讼的制度建设。贵阳市成立了贵州省贵阳市法院生态保护审判庭清镇市法院生态保护法庭。① 要明确环境刑事司法规则，使环境刑事有法可依，这也是司法价值观应当“循天道、因民情、随时变”②的要求。要培养专门的司法人员。环境案件的特殊性与专业性，需要培训专门的司法人员，提高审判人员对环境案件的审判能力。

五、结　语

在中国环境治理转向的拐点，环境刑事司法是符合中国的现实情况的。在此意义上，“两高”的司法解释是“走向司法法治主义，乃现代法治发展之必然”③的要求。中国环境刑事司法是转型时期司法法治的重要一环。环境问题的解决需要我们转变环境理念，具体在环境刑事立法上要以生态中心为核心；需要我们实行环境法治，用法律规范人的环境行为，解决环境纠纷，实现环境正义。具体而言，要加强环境司法规则的专门立法，有法可依是环境法治的前提；同时，要严格执行环境法律的相关法律规范和严格追究环境犯罪的责任，这是实现环境法治的基本保证。最后，司法就是“有了法就便有了司法”④，要推进环境刑事司法治理关键加强环境司法专门化，环境司法专门化可称作环境案件审理专门化。⑤

（作者简介：郭润昌，武汉大学法学院2013级宪法与行政法学硕士研究生。）

◎ 点　评

第一，该论题的出现有以下几个背景：首先，目前环境问题凸显，社会的共识是环境治理需要大家共同关注解决。联系到我们的专业，治理环境也不仅仅是政府的职责，

① 王太师：《贵阳市建设完备的生态文明司法体制》，《贵州日报》2013年3月4日第2版。

② 李刚：《法家法治思想与当今法治思想析论》，载《学理论》，2010年第35期。

③ 江国华：《常识与理性(十)：司法技术与司法政治之法理及其兼容》，载《河北法学》，2011年第12期。

④ 熊先觉：《中国司法制度》，中国政法大学出版社1986年版，第3页。

⑤ 薛克鹏：《经济法的定义　社会公共利益论》，中国法制出版社2003年版，第349页。

而且司法制度也应为环境保护保驾护航。其次，刑法的修改，将环境污染犯罪由结果犯变为实行犯，加大了惩罚的范围。最后，现在老百姓的环保意识也在不断增强。第二，在环境保护中应进一步强化司法权的介入。首先，进一步细化司法的标准；其次，要从严释法，从重处罚；最后，完善公益诉讼。在报告中主讲人提出环境权益的概念虽然是正确的，但是具体到环境公益诉讼制度建立问题则存在缺陷，公益诉讼一个最大的问题是诉讼主体，如果说每一个人都是诉讼主体，就会出现权利人在不同的时段向不同的地方的法院提起诉讼的问题。诉讼制度一般要求直接利害相关人，对于这个问题需要进一步考虑。第三，到底应该行政保护优先还是司法保护优先是值得深入思考的问题。环境污染具有隐蔽性和长期性，环境污染产生后行政机关应当及时进行治理，在行政机关进行治理以后或者没有治理之前环境污染已经造成损失并且构成犯罪，司法也应当开始保护环境。关于谁优先的问题应当具体问题具体分析。当然司法的保障应当是处于最后的。第四，环境权益的主体是全人类，而关于到底是以人为中心，还是以生态为中心的问题应当这样思考：法律从本质上来讲起作用在于调节一种关系，无论是人和人之间的关系，还是人和自然之间的关系，法的终极目的之一是都是确保其稳定秩序。GDP 环保一票否决制是一个保护环境很好的制度，体现出要注重环境治理的理念，如果将该制度的运行落到实处，则会在很大程度上解决环境问题。

（点评人：武汉大学宪法与行政法学博士研究生　彭超）

我国反贪污贿赂总局改革之管见
——兼论新中国以来廉政机构体系的变迁

韩玉亭

摘　要：首先，本文介绍了新中国以来廉政机构体系的变迁。从党内机构、行政机构、司法机关三个角度对我国各大反腐机构的产生、发展和撤销进行了详细介绍，随后对改革反贪污贿赂总局的必要性和可行性进行了论证，而后指出改革反贪污贿赂总局的工作目标。其次，通过援引香港廉政公署的机构设置状况，结合大陆本身的实际情况，提出了自己对改革基本思路的构想，即提高反贪局地位，加强其独立性；扩大反贪局权力，恪守职权法定；增强反贪局透明度，激发群众参与；推动反贪国际化，共同治理贪腐。最后，阐述了改革反贪污贿赂总局的难点所在：平衡保障人权与惩治腐败的博弈关系、优化国法国策与党纪党规的互动关系、理顺预防腐败和惩治腐败的位序关系、协调法治规约和道德自律的互补关系。他指出应当正确认识和处理以上四点关系，这样才能有效推动改革反贪污贿赂总局。

关键词：反贪；廉政机构；反贪污贿赂总局

由于政治体制、法律体系、历史传统和腐败形式几乎各不相同，各国的反腐败体制和机构设置也存在很大差异。尽管反腐体制有异，但廉政体系理论认为，廉洁社会的实现有赖于廉政支柱机构来发挥关键作用。

一、我国廉政机构体系的变迁

当前我国以党内机构，行政机关，司法机关三大支柱为核心的廉政机构体系。在日常办理贪污贿赂案件过程中，纪律检查机关与行政监察机关首先对案件进行调查，待案件证据足以使案件上升至刑事类别后，将案卷移交给与其平级的反贪局，再由反贪局进一步调查取证，最后就案件具体情况由反贪局决定是否起诉，而预防腐败局则是进行日常的预防教育。①

① 李珺：《论我国内地廉政机构设置改革——以香港廉政公署为借鉴》，暨南大学2011年硕士学位论文，第14页。

1. 党内机构

中华人民共和国成立之后很快就建立了党的纪检机关。1949 年 11 月 9 日，中共中央发出了《关于成立中央及党的纪律检察委员会的决定》，决定成立中央和各级党的纪律检查委员会。中央纪律检查委员会由 11 人组成，朱德任书记。1955 年 3 月，党的全国代表大会通过了《中国共产党全国代表大会关于成立党的中央和地方监察委员会的决定》，该次会议选举产生的中央监察委员会有委员 15 名，候补委员 6 人，董必武任书记。① 八大通过的《中国共产党章程》，成为党执政之后的第一步党章。其中，对于监察机关的产生，任务和职权，领导体制，党纪处分等做了进一步的规定。② 1969 年 4 月，中国共产党九大通过的党章取消了党的监察机关的条款，同年 7 月毛泽东批示“原则同意”取消中共中央监察委员会机关，善后工作由中央组织部“业务组”负责处理。③ 1977 年 8 月召开的党的十一大，在党章当中恢复了设置党的纪律委员会的条款，到党的十一届三中全会正式成立中央纪委，由陈云任第一书记。④

2. 行政机构

1949 年 10 月 21 日，根据《中国人民政治协商会议共同纲领》的规定，政务院成立人民监察委员会，谭平山任主任。1954 年，根据 1954 年宪法及相关法律的规定，全国人大决定成立国家监察部，原政务院人民监察委员会的工作移交监察部，钱瑛任监察部部长。⑤ 1959 年 4 月 28 日，第二届全国人民代表大会第一次会议根据国务院的提案，作出了《中华人民共和国第二届全国人民代表大会第一次会议关于撤销司法部，监察部的决议》。国务院的提案指出：“监察工作必须在各级党委的领导下，由国家机关负责，且依靠人民群众才能做好，因此监察部无单独设立的必要，建议撤销监察部。”就这样，国家行政监察机关暂时退出了历史的舞台。⑥ 1982 年的宪法规定，国务院领导监察工作，为行政监察制度的恢复与发展奠定了宪法依据。1986 年 11 月，国务院向全国人大常委会提出了《关于提请设立中华人民共和国监察部》，提请设立监察部，同年 12 月 2 日第六届全国人大常委会根据国务院的提请，决定设立中华人民共和国监察部。1987 年 6 月，国家监察部正式成立。到 1988 年底，全国各地基本完成了县级以上的各级监察机关的组建。根据 1982 年宪法第 91 条的规定，中华人民共和国审计署于 1983 年 9 月 15 日正式成立。⑦ 2003 年 12 月 10 日，我国政府签订了《联合国反腐败公约》。2005 年 10 月 27 日，第十届人大常委会全票通过决议，批准加入《联合国反腐败公约》。⑧ 2007 年 9 月 13 日，国家预防腐败局揭牌成立，这是我国第一次设立的国际级专门预防

① 邵景均：《新中国反腐简史》，中共党史出版社 2009 年版，第 32~33 页。
② 邵景均：《新中国反腐简史》，中共党史出版社 2009 年版，第 56~61 页。
③ 邵景均：《新中国反腐简史》，中共党史出版社 2009 年版，第 62~126 页。
④ 邵景均：《新中国反腐简史》，中共党史出版社 2009 年版，第 62~126 页。
⑤ 邵景均：《新中国反腐简史》，中共党史出版社 2009 年版，第 33~35 页。
⑥ 邵景均：《新中国反腐简史》，中共党史出版社 2009 年版，第 56~61 页。
⑦ 邵景均：《新中国反腐简史》，中共党史出版社 2009 年版，第 62~126 页。
⑧ 邵景均：《新中国反腐简史》，中共党史出版社 2009 年版，第 185 页。

腐败的机构。国家预防腐败局最初成立，是为履行《联合国反腐败公约》规定的义务。公约要求，“各缔约国均应当根据本国法律制度的基本原则，确保设有一个或酌情设有多个机构……预防腐败”，中国在此背景下成立国家预防腐败局。国家预防腐败局列入国务院直属机构序列，在监察部加挂牌子，① 局长由与中央纪委合署办公的监察部部长担任。反贪总局与国家预防腐败局本身的定位不同，反贪总局的改革不会对国家预防腐败局有影响。反贪总局重在查案办案，国家预防腐败局则主要是预防腐败，前者实际中偏重案件，后者则偏重政策。目前，国家预防腐败局已与外事局合并，成为国际合作局，其主要职能已经从原来的预防腐败转向参与国际追逃追赃。中央纪委官网显示，中央纪委现有的组织机构中已无国家预防腐败局，仅在国际合作局设有国家预防腐败局办公室。机构调整后，原预防腐败局的部分人员已被充实到纪委办案队伍中。②

3. 司法机关

1949 年 6 月 23 日，中国人民政治协商会议通过了《中央人民政府组织法》，其中第 28 条规定最高人民检察署的职责，1949 年 10 月 22 日，最高人民检察署成立。1954 年 9 月 29 日，新中国通过了《人民检察院组织法》，检察机关正式更名为人民检察院。③ 1968 年 12 月，最高人民检察院军代表，最高人民法院军代表，内务部军代表，公安部领导小组联合提出了《关于撤销高检院，内务部，内务办三个单位，公安部，高法院留下少量人的请示报告》报送中央，毛泽东做了“照办”的批示。该文件下发之后，最高人民检察院，军事检察院和地方各级人民检察院先后被撤销。1975 年通过的《宪法》，其中第 25 条规定：“检察机关的职权由各级公安机关行使。”④根据十一届三中全会邓小平提出要加强法制的精神，恢复重建了人民检察机关。1979 年 7 月的第五届全国人民代表大会通过了《人民检察院组织法》，首次明确了人民检查院是国家的法律监督机关。⑤反贪局的前身是贪污贿赂检察机构(经济检察处)，其职责主要是对由检察机关直接受理的贪污、贿赂等经济犯罪案件进行侦查、预审、行使检察权。在改革开放经历了十年之后，检察院内部的贪污贿赂检察部门(经济检察处)已经不能满足当时反贪污腐败的需要。借鉴新加坡与香港的经验，广东省检察院首次提出设立反贪局，并作为试点进行改革。于是在 1989 年 8 月 10 日，中共广东省委批准广东省人民检察院成立反贪局，同时撤销广东省人民检察院经济检察处。1989 年 8 月 18 日，广东省人民检察院反贪局正式挂牌，成立了全国第一个反贪局。在广东省人民检察院经验的影响和带动下，1990 年 3 月，全国有 14 个省级检察院，55 个地市级检察院和 100 多个县区检察院成立了反贪局。1995 年 11 月 10 日，最高人民检察院反贪污贿赂总局也正式成立。⑥ 就性质而言

① 邵景均：《新中国反腐简史》，中共党史出版社 2009 年版，第 157~158 页。

② 范传贵：《中央批准最高检成立新反贪总局权威专家称反贪总局升级将有力推动反腐制度化》，《法制日报》2014-11-05，第 4 版。

③ 邵景均：《新中国反腐简史》，中共党史出版社 2009 年版，第 33~35 页。

④ 邵景均：《新中国反腐简史》，中共党史出版社 2009 年版，第 62~126 页。

⑤ 邵景均：《新中国反腐简史》，中共党史出版社 2009 年版，第 62~126 页。

⑥ 陈球，朱香山，管圣东：《省检察院反贪局纪念成立 20 周年》，载《南方日报》，2009-08-18。

它是最高检的内设机构，其在改革之前曾设立办公室，侦查一处，侦查二处，指挥中心和业务指导处五个机构。其现在的行政级别为局级，未来改革的行政级别为副部级检察委员会专职委员担任。

4. 党内机构和行政机构合署办公

1993年1月1日，根据中共中央，国务院的决定，中央纪委，监察部合署办公，实行一套工作机构，履行党的纪律检察和行政监察两种职能的体制。① 2007年成立国家预防腐败局，其属于国务院的直属机构，在监察部加挂牌子，具有行政机关的性质，中共中央纪委副书记，监察部部长马驭兼任首任局长。由此形成了“一套班子，三个机关名称”的合署办公设置。② 至此，我国的反腐败格局将形成最高检反贪污贿赂总局，监察部，国家预防腐败局，纪委，国务院审计署的格局。

二、改革反贪污贿赂总局的必要性与可行性

1. 改革反贪污贿赂总局是当前反贪污贿赂实践的需要

随着改革开放的深化和近年来打击贪污贿赂工作的加强，浮在面上的贪污贿赂犯罪活动有所收敛，但贪污贿赂犯罪并未得到有效的遏止，而是向深度发展。表现为贪污贿赂犯罪的手段、方法更为隐蔽、狡猾；贪污贿赂犯罪的实际数量在不断增长；贪污贿赂犯罪的大案、要案在不断增长；犯罪数额也大幅度上升。面对如此严重和复杂的犯罪形势，当务之急是应建立一个在全国范围内能够发挥统一领导作用的，运作灵活有效的反贪污贿赂侦查体制，避免目前纪委、监察、检察院等部门各自为政，减少不必要的冲突，形成共同预防腐败的顺畅机制。③

2. 改革反贪污贿赂总局是当前反腐败国际合作的要求

进入20世纪60—70年代以来，腐败现象也成为困扰世界各国的一个普遍性社会问题，无论是发达国家还是发展中国家，贪污贿赂之风像瘟疫一样四处蔓延。为此，当代世界各国，不论社会政治制度如何，纷纷举起了反腐败的旗帜，以此作为重整政纲，发展经济的必要举措。反贪污贿赂，也由此成为世界各国共同关心的热点问题。各国无不根据自己国情社情，建立各种形式的反贪污贿赂工作机构，在加强打击本国的腐败现象的同时，也特别注重国际间在反贪污方面的合作与交流。我国目前拟建立反贪污贿赂总局，也是出于与世界各国反贪污机构横向联系与交流的需要。尽管各国的社会制度不同，经济文化发展有差异，但在反贪污贿赂方面却有许多方面可以相互借鉴和学习。通过我国的反贪污贿赂总局，可以与各国的反贪污机构建立更为稳固的协作与交流关系，

---

① 邵景均：《新中国反腐简史》，中共党史出版社2009年版，第126~127页。

② 李珺：《论我国内地廉政机构设置改革——以香港廉政公署为借鉴》，暨南大学硕士学位论文，2011年，第14页。

③ 刘生荣：《我国反贪污贿赂工作局建设之管见》，载《中外法学》，1995年第4期。

进而促进我国的反贪污贿赂工作的深入开展。①

3. 改革反贪污贿赂总局是当前合理调配现行各种反贪力量，提高反贪效率的需要

从当前各种反贪力量的调配格局来看，不仅检察机关把反贪污受贿作为工作的重点，而且党的纪律检查委员会、监察部门也抽出很大力量来查处贪污受贿的违纪违法行为。结果是造成政出多头，力量分散，工作重复。事实上，贪污受贿行为都是党纪国法所不能容忍的，在未查清事实真相之前，要确切地断定哪些是违纪行为，哪些是行政违法行为，哪些是犯罪行为，这几乎是不可能的。检察机关的案前调查活动，就是针对群众的举报，依法对贪污受贿线索进行查证落实，分清罪与非罪的界限。所以，检察机关的案前调查工作，实际上就包括了纪检、监察部门的查处工作。况且经济犯罪具有隐蔽性、群体性等特点，纪检、监察部门在法律上又没有侦查权和采取强制措施的权力，所以往往是打草惊蛇，犯罪分子闻风而逃，或者是订立攻守同盟，增加办案的难度。此外，纪检、监察部门分别隶属于党委和行政机构，要他们自己监督自己，查处本系统的经济违法行为，事实上困难重重，甚至不可能。②

（1）反腐肃贪的社会共识。上自国家领导人，下至平民百姓，从理论界到实务部门，都已意识到了反腐败的迫切性，因而其具有广泛的民意基础。前期的理论探讨与制度设想。对于整合内地的廉政机构，我国学者前期已经进行了众多的制度建构和理论设想。

（2）较为成功的前期制度尝试。我国之前检察院内部机构反贪污贿赂局的设置模式，为之后的反贪总局的改革进行了有益的尝试。

（3）香港廉政公署的先进经验。借鉴香港廉政公署“惩治，预防，教育”三管齐下的全方位的反腐倡廉策略和严密的内外监督机制。

（4）学习香港经验的历史文化可兼容性。我国大陆与香港地区山水相连、人脉相通、习俗相似、文化相融，在经济发展、社会文化等方面具有同源同根性。

三、改革反贪污贿赂总局的三大目标

1. 整合力量、优化职能

目前，中国的反腐制度布局较为分散，检察系统除了反贪局外，还有反渎职侵权局，以及政府系统的监察局和国家预防腐败局，以及党的纪委。长期以来，众多专家认为中国应当整合反腐力量，将这些反腐机构整合成统一独立的“反腐败局”。目前最高检成立的新反贪局虽然也提到了“整合力量”，但是由于架构仍然在最高检内，因此并非跨系统的大整合，只可能是检察院内部反腐力量的小整合。因此新的反贪总局可能会整合检察院内部的反贪局和反渎职侵权局，并且像纪委扩充办案部门一样，扩充反贪局的侦查力量。以往反贪局主要负责侦查，侦查完成后，案件移交给公诉科处提起诉讼。

---

① 刘生荣：《我国反贪污贿赂工作局建设之管见》，载《中外法学》，1995 年第 4 期。

② 肖扬：《关于设立“反贪污贿赂工作局”的若干设想》，载《现代法学》，1989 年第 5 期。

强化之后的反贪局也有可能将公诉职能整合进来，成为检察院中专门进行反腐的“小检察院”。

2. 直接查办大案要案

目前有关方面并未对“直接”二字作进一步解释。根据以往反贪局办案的特点，“直接查办”可能有两种含义，首先是跨区域查办案件，反贪总局直接管辖全国范围内的大案要案，不再由地方反贪局侦办。第二种可能性是一些案件不再通过纪委先调查，而是由反贪总局“直接”办案。

3. 对下业务统一领导

这意味着反贪局系统可能形成垂直领导的新格局。根据中国的检察院组织法，检察院系统与法院系统不同，本来就存在上下级的领导关系，但反贪局作为检察院内部的一个机构，反贪局系统对下级反贪局的领导需要经过下级检察院才能实现，是一种间接领导。旧反贪总局的级别是正局级，而省级检察院是副省级，在行政级别上无法形成领导关系。此次提级应该有这方面的考虑，使反贪总局在级别上能够直接领导下层的反贪部门。预计地方反贪局也会遵照反贪总局架构，由检察院副职兼任局长。此次新反贪总局应该是因应纪委体制的改革，往反腐法治化和超越性方向发展的一个举措。近年来，纪委体系越来越强调双重领导体制，并且强调要强化上级纪委对下级纪委的领导。这无疑也是新反贪总局的一个改革方向。通过提振反贪总局的地位，形成更强势的向下统一领导体制，使反贪系统在本已垂直领导的检察系统内再形成一个小垂直领导的关系，使反贪系统借助上级力量，能够相对超越于地方。毕竟只有当纪委体系和检察院的反贪体系在架构上存在高度相似性，两者才能更好地对接。因此，成立新反贪总局并不是一项孤立的改革举措，应当是中国新的反腐布局中，一个配套的改革措施。①

四、改革反贪污贿赂总局的基本思路

1. 提高反贪局的地位，加强其独立性，是真正发挥其打击和预防腐败犯罪作用的关键所在

香港廉政公署在反贪倡廉工作中之所以能发挥重大的作用，关键在于制度上赋予其地位上的独立性，其职责范围内工作的开展不受社会团体、政府部门的干涉，它只对最高行政长官负责。② 面对内地反贪局地位不独立的问题，十八届三中全会后，最高检就在谋划重组反贪机构，并于今年年初拿出改革方案。新反贪总局的局长由一名副部级检察委员会专职委员兼任。最高检将把反贪总局建设成中国特色反腐败专门机构。③

---

① 叶竹盛：《新反贪总局揭幕反腐新常态》，载《南方都市报》，2014-11-10。

② 寰翔，王海亮，陈立峰：《我国内地反贪局运行的法律制度思考——通过分析香港廉政公署的制度运行特点展开》，载《政法论丛》，2007年第1期。

③ 范传贵：《中央批准最高检成立新反贪总局权威专家称反贪总局升级将有力推动反腐制度化》，《法制日报》2014-11-05，第4版。

2. 扩大反贪局的权力，并严格遵守职权法定

社会各界人士都意识到贪污贿赂犯罪是比一般犯罪活动更为严重，因此香港的法律赋予了廉署比一般警察更为广泛和灵活的权力，除了调查权外，廉署还具有拘捕权，搜查权，要求协助搜查权，使用武力权，限制财产处置权等特别权力。这些权力大大推进了反腐的进程，使反腐行动更加顺利地进行。但廉署所有的权力均被明确地记载在法律中，如《廉政公署条例》、《选举舞弊及非法行为条例》、《防止贿赂条例》等。借鉴香港廉政公署制度，我们应当加大反贪机构的执法权力范围，并把权力纳入法律的规定之中，① 如制定专门性的《反腐败法》，促进其法治化。在《反腐败法》条款当中主要涵盖三个方面：预防腐败相关立法、惩戒腐败相关立法、完善廉政监察制度相关立法，进而建构系统性的反腐败立法体系。在确立了《反腐败法》在反腐败工作中的基本法定位之后，再辅之以相关的配套性立法，如《重大决策程序条例》、《行政组织法》，适时地将《政府信息公开条例》上升为《政务公开法》。惟其如此，才能在当前的反腐败立法当中形成以《反腐败法》为基本法，其他相关法律为配套的立体化反腐败法律体系，从而让腐败分子无机可乘。②

3. 增强反贪局反腐工作的透明度

香港地区廉政公署之所以获得市民信心和支持，很关键的因素便在于保持透明度。廉政公署保持运作制度透明和与民众信息沟通的透明。这种透明不是指在一个具体案件的整个办案过程中的透明，而是表现在民众对其机构整个运行机制及各个岗位任务职责的知情，廉政公署亦有责任对市民充分的信息公开。③ 纵览腐败寻租活动，莫不是与暗箱操作紧密关联，信息公开程度越高，腐败寻租活动就越缺乏其生存的土壤，公民就越能够有效参与到公共决策过程中，避免“公地悲剧”的上演，正是就此意义而言，政府信息透明度愈高，政府善治的程度也愈高，反之亦然。著名学者考夫曼对于度量政府的信息透明度曾给出了一系列的指标：信息可获取性(涵盖了信息供给及时性和无歧视性要素)、综合性(确保涵盖关键项目的信息，避免避重就轻)、相关性(避免信息供给的过剩或超载)、质量与可靠性(信息的准确程度)。④ 就当下而言，为保障政府信息公开需要一系列的配套制度，比如，公共财产公示制度、官员私人财产公示制度、金融实名制度、公众及社会舆论监督制度，惟有融合诸项制度，才能真正地保障政府信息公开透明，从而肃清公务人员贪腐的黑匣子，让政府公务行为接受阳光的监督。⑤

---

① 李珺：《论我国内地廉政机构设置改革——以香港廉政公署为借鉴》，暨南大学硕士学位论文，2011 年，第 28~29 页。

② 江国华，韩玉亭：《法治反腐策略研究》，《理论探索》，2014 年第 6 期。

③ 寰翔，王海亮，陈立峰：《我国内地反贪局运行的法律制度思考——通过分析香港廉政公署的制度运行特点展开》，载《政法论丛》，2007 年第 1 期。

④ 刘飞宇，王丛虎：《多维视角下的行政信息公开研究》，中国人民大学出版社 2005 年版，第 67 页。

⑤ 江国华，韩玉亭：《法治反腐策略研究》，载《理论探索》，2014 年第 6 期。

4. 提升反贪局的国际化程度，推动与国际社会合作共同治理贪腐

伴随经济全球化的浪潮，再加之社会转型酶素的催化，当前的腐败犯罪呈现出了跨国化的态势。面对此种情景，加强与国际社会合作共同治理贪腐这一社会毒瘤也就显得尤为重要。但仅仅批准《联合国反腐败公约》是远远不够的，当下的反腐败工作还需要从国际化视野着眼，加强双边或者多边的国际合作，在外逃腐败分子引渡，腐败资产追回等领域加强司法协作。其次，通过与国际金融机构的合作，建立大额资金流动的信息披露机制，进而监控可能存在的贪腐洗钱活动。此外，还要加强与国际性非政府组织(如透明国际组织)的协作，以掌握世界腐败的最新动态，进而帮助我们更好地应对新形势之下的腐败现象。①

五、改革反贪污贿赂总局的难点

1. 平衡保障人权与惩治腐败的博弈关系

法治反腐与人治反腐最大的不同便在于其是依据我国现有法律框架展开的。我国现行宪法第 28 条和 33 条，刑法以及刑事诉讼法第 1 条都将保护人民，惩罚犯罪作为其重要的内容，因而二者皆具合法性。但在反腐败的实践当中，鉴于民众对腐败行为的深恶痛绝以及社会舆论对于腐败行为的夸张性报道，其对于贪腐案件最后的判罚影响巨大，法官很可能受制于舆论的压力而导致同类案件的不同判决(包含了社会危害程度不同的案件却是同样的判决)。比如，中国光大金融控股有限公司原董事长朱小华案与厦门海关原副关长接培勇案便是典型，后者由于牵涉到了赖昌星案，社会舆论大肆渲染，最终导致在惩治腐败与保障人权的天平上出现失衡状态，两起案件同样都判处有期徒刑 15 年，但是涉案金额却如此悬殊，不禁令民众质疑量刑幅度的科学性，当然其也可能是由于民众所获取的案件信息不对称所导致。此外，在腐败案件的调查取证过程中，一方面，是媒体渲染性报道；另一方面，是当事人的拒绝配合。相关办案人员鉴于社会舆论压力与结案压力，常常导致刑讯逼供现象，同时涉嫌腐败的当事人其申辩以及质证等诸项程序性权利也得不到切实的保障，这显然背离了法治反腐的初衷。法治反腐不仅要在量上下工夫，而且亦应在质上做文章，即在反腐败查处过程中务必要遵循合法性、正当性、程序性的基本要求，不仅要惩戒腐败，更要保障当事人的基本人权。在反腐过程中充分尊重嫌疑人的基本人权，不仅不会损害反腐机构的效能，反而会提增反腐机构的权威性，从而将反腐败工作纳入法治的轨道上来。正是就此而言，保障人权与惩治腐败二者如鸟之两翼，统一于法治反腐的过程中不可彼此割裂。②

2. 理顺预防腐败与惩治腐败的位序关系

在腐败与反腐败多个回合的较量中涉及一个核心问题：预防腐败与惩治腐败二者间的位序关系。就宏观视角而言，二者在功效上各有所长，不可将二者割裂开来。惩治其

① 江国华，韩玉亭：《法治反腐策略研究》，载《理论探索》，2014 年第 6 期。

② 江国华，韩玉亭：《法治反腐策略研究》，载《理论探索》，2014 年第 6 期。

最主要是借助对“存量”腐败现象的打击，进而对潜在的“增量”腐败以震慑。而预防则相反，其主要的关注点在于潜在的“增量”腐败即通过廉政教育、外在制度监督等多元化的路径，“自律”和“他律”双元并进，进而实现减少和消灭腐败的目标。就微观视角而言，二者依循不同的情势会存在一定的位序关系。当腐败现象频发，利益寻租猖獗之时即“存量”腐败现象严重超过社会承载能力之时，惩治腐败将处于核心地位。毕竟在腐败现象易发多发的态势之下，如果“存量”腐败未得到有效的遏制，那么便不存在预防腐败的前提条件。反之亦然，如果腐败高发的态势已基本得到控制，那么社会将需要转换思路，将关注的重点放到预防腐败上来。历史上众多的反腐败经验已经表明：仅注重查办具体案件而不注重源头治理，那么腐败现象就难免反不胜反，纠而复生。① 而就我国当前惩治腐败的现状而言，处于腐败基本得以遏制的阶段。② 在形成反腐败的高压态势之后，尤其要警惕“仅用惩治腐败案件的数量来度量反腐败成绩”的思想。大规模反腐虽大快人心，但也很可能超出社会民众的心理承载能力，从而由拥护当前的反腐败工作转为否定执政党的先进性与纯洁性。③ 正基于此，我们当前需要对反腐败工作的位序作必要的调整。④

3. 协调法治规约与道德自律的互补关系

鉴于权力的“公共性”特质，权力行使者理顺预防腐败与惩治腐败的位序关系务必接受法治的规控；权力来源务必于法有据；权力界限务必清晰明确；行使权力务必附随责任；越轨行权务必接受对等制裁。⑤ 惟其如此，才能真正地让权力接受阳光的检验，避免权力走向歧途。进一步推演之，腐败的有效治理仅仅有法治的规控就够了吗？对此，麦金太尔曾有过著名的论断：法律的刚性制度无论多么严密周全，如果握有重权者不具备最起码的道德禀赋，则料想其结果也不会多么完美。⑥ 正是立基于此，权力行使者的道德自律同样意义重大。毕竟，即使惩戒机制多么完善，救济机制多么健全，归根结底，二者都源自于对于规则的内化与认同。舍此，只会导致甲监督乙，乙监督甲，历经多重博弈，最终走向彼此监督失灵的纳什均衡状态（互相不监督），实现了合谋式的监督垄断。腐败治理同样如此，缺乏制度笼子的钳制，好人也可能办坏事。但是，仅有制度的笼子还远远不够，权力行使者的道德自律同样重要，唯此方可避免法治规约走向道德异化的“死胡同”。统而言之，腐败的治理中以法治规约为纲，以道德自律为目，纲举目张，两者互为依存，进而形成一种法治规约不敢腐，道德自律不愿腐的优势互补效应。⑦

---

① 赵银月：《正确认识惩治与预防的辩证关系　推进反腐败斗争》，载《辽宁行政学院学报》，2009 年第 2 期。

② 范传贵：《十八大后反腐效率创纪录原因何在》，载《法制日报》，2014-08-01。

③ 郭文亮：《反腐风暴的风险评估与防范》，载《人民论坛》，2014 年第 15 期。

④ 江国华，韩玉亭：《法治反腐策略研究》，载《理论探索》，2014 年第 6 期。

⑤ 汪太贤：《中国法治模式的选择——兼评一种法治观》，载《政治与法律》，1998 年第 1 期。

⑥ [英]麦金太尔：《德性之后》，中国社会科学出版社 1995 年版，第 192 页。

⑦ 江国华，韩玉亭：《法治反腐策略研究》，载《理论探索》，2014 年第 6 期。

美国学者阿密泰曾说过："清除腐败，不仅仅是挑出一个烂苹果，而且更应该检查放置苹果的筐子。"因此，要根据时代发展和实践需要，善于针对工作中的薄弱环节和腐败易发多发的重点部位和重点环节，以规范权力行使为着力点，以公开透明为基本要求，健全相关法规和制度，包括任前公示制度、财产申报制度、公开办事制度、禁止经商制度、限制接受馈赠制度、重大事项报告制度、谈话诫勉制度、离任审计制度、引咎辞职制度、弹劾罢免制度、贪污贿赂惩戒制度和官德政风定期评议制度等。同时，还要加强对权力的制约与监督，加大对腐败行为的惩处力度。①

（作者简介：韩玉亭，武汉大学法学院2013级宪法与行政法学博士研究生。）

◎ **点　评**

其一，我国反腐制度流变：(1)反腐依据：从政府文件变为国家法律，法制化程度不断加深，但仍有待进一步完善。(2)反腐的方式手段：从国家名义的政治性运动反腐到司法机关参与的法律性稳定反腐。(3)反腐的机构：从过去的人大、监察部等各机构附带反腐到现在专业反复机构蓬勃发展日渐占据主导地位的趋势。

其二，反贪局改革思路：(1)应从立法层面思考反腐败法有没有必要出台。(2)研究选择性反腐、政治性反腐应如何规避。(3)充实反腐的手段方式，针对不同形式的腐败要有不同的对应方式，对于没有达到犯罪程度的腐败要有兜底性措施保证反腐败能够达到正面效果，维护社会稳定和谐。

（点评人：武汉大学法学院　江国华教授）

① 赵付科，季正聚：《新加坡人民行动党廉政建设的基本经验及启示》，载《科学社会主义》，2013年第1期。

民事诉讼监督中的法检博弈

——以重庆股权转让案为视角

张语涵

摘　要：2012 年，最高人民检察院就重庆股权转让一案向最高人民法院提起抗诉，而重庆高院在接到最高人民法院的再审指令之后却将案件搁置至今。本文拟对民事诉讼监督中的审判独立与审判监督、有效纠错与诉讼安定、两审终审与再审等三对博弈关系加以阐释，并提出从建立法检衔接机制、明确检察监督价值定位、完善法院内部再审分流机制方面对民事诉讼监督中的法检矛盾加以调和。

关键词：法检博弈；审判独立；诉讼安定；两审终审；抗诉

一、重庆股权转让案情回溯

2010 年初，潘世振与重庆钢铁集团朵力房地产股份有限公司(以下简称朵力公司)因股权转让合同纠纷而诉至重庆第五中院，一审法院于 2011 年 6 月 28 日作出(2010)渝五中法民初字第 69 号民事判决，支持原告潘世振诉讼请求。朵力公司因不服一审判决而上诉至重庆高院，重庆高院则在二审程序中改判潘世振败诉。潘世振遂向检察机关提起申诉，2012 年，最高人民检察院对该案审查终结后，以重庆市高院适用法律确有错误、认定的基本事实缺乏证据为由，向最高人民法院提起抗诉。2012 年 10 月，最高人民法院下达(2012)民抗字第 79 号《民事裁定书》，指令重庆市高院对潘世振与朵力公司股权转让纠纷一案再审。然而案件由于被重庆市高院刻意搁置，至 2014 年仍无定论。

二、案件中法检博弈

(一)检察院抗诉之依据

在重庆股权转让案中，重庆市高院依照法定程序作出二审终审判决之后，当事人潘世振申诉至重庆市检察院，而最高人民检察院在审查重庆市检察院的抗诉申请之后最终向最高人民法院提出了抗诉，最终导致了“终审不终”结果的发生。而在整个案件拉锯战中，检察机关提出抗诉则是于法有据的。

《中华人民共和国宪法》第129条规定人民检察院是国家的法律监督机关，且《宪法》第131条规定人民检察院依照法律规定独立行使检察权，因此检察院的审判监督权是有宪法依据的①。而抗诉即是《民事诉讼法》为落实宪法实施而规定人民检察院对人民法院审判活动实行法律监督的法定方式之一。根据《民事诉讼法》第208条(原187条)的规定，只要存在本法第200条(原179条)规定的应当再审的法定事由，人民检察院就应当提出抗诉。② 在重庆股权转让案中，最高人民检察院正是依据《民事诉讼法》的规定，以重庆高院认定基本事实缺乏证据、法律适用确有错误为由向最高人民法院提出抗诉。因此，本案中检察院抗诉确实于法有据，于理有依。

(二)法院搁置抗诉之无由

根据《民事诉讼法》第211条(原188条)规定，人民检察院提出抗诉的案件，接受抗诉的人民法院应当在收到抗诉书之日起30日内作出再审的裁定；有本法第200条(原179条)第1项至第5项规定情形之一的，可以交由下一级人民法院再审。因此，最高人民法院在接到最高人民检察院的抗诉之后，于2012年10月作出再审的裁定，指令重庆市高院对本案再审。

而《最高人民法院关于适用〈中华人民共和国民事诉讼法〉若干问题解释》(以下简称若干问题解释)中第27条规定“上一级人民法院经审查认为申请再审事由成立的，一般由本院提审，最高人民法院和高级人民法院也可以指定与原审法院同级的其他人民法院再审，或者指令原审法院重审”。加之《若干问题解释》中第29条也规定了不宜由原审法院再审的三种情形：原审法院无管辖权的，原审判人员枉法裁判的，原裁判经原审法院审判委员会讨论作出的。由此看来，再审制度设计的立法考量更倾向于提审，但同时为保障当事人继续上诉救济的权利并确保再审公信力又辅以“交由原审法院同级的其他法院审理”的制度安排，而“交由原审法院审理”则是倾向度最低的补充设计。③ 因此，

① 《宪法》第129条规定：中华人民共和国人民检察院是国家的法律监督机关。第131条规定：人民检察院依照法律规定独立行使检察院，不受行政机关、社会团体和个人的干涉。

② 根据《民事诉讼法》第200条之规定，再审法定事由如下：(1)有新的证据，足以推翻原判决、裁定的；(2)原判决、裁定认定的基本事实缺乏证据证明的；(3)原判决、裁定认定事实的主要证据是伪造的；(4)原判决、裁定认定事实的主要证据未经质证的；(5)对审理案件需要的主要证据，当事人因客观原因不能自行收集，书面申请人民法院调查收集，人民法院未调查收集的；(6)原判决、裁定适用法律确有错误；(7)审判组织的组成不合法或者依法应当回避的审判人员没有回避的；(8)无诉讼行为能力人未经法定代理人代为诉讼或者应当参加诉讼的当事人因不能归责于本人或者其诉讼代理人的事由，未参加诉讼的；(9)违反法律规定，剥夺当事人辩论权利的；(10)未经传票传唤，缺席判决的；(11)原判决、裁定遗漏或者超出诉讼请求的；(12)据以作出原判决、裁定的法律文书被撤销或者变更的；(13)审判人员审理该案件时有贪污受贿、徇私舞弊、枉法裁判行为的。

③ 江必新主编、最高人民法院审判监督庭编著：《关于民事诉讼审判监督程序司法解释理解与适用》，人民法院出版社2008年版，第235页。

在本案中最高人民法院指令重庆高院再审裁定虽是无可厚非的，但也未必是最好的安排。

然而，重庆高院在接到最高人民法院的再审指令之后，为何将案件搁置如此之久呢？其搁置案件的做法是否于法有据呢？《民事诉讼法》第207条规定，人民法院按照审判监督程序再审的案件，发生法律效力的判决、裁定是由第二审法院作出的，按照第二审程序审理，所作的判决裁定是发生法律效力的判决、裁定，且人民法院审理再审案件应当另行组成合议庭。因此，重庆高院在接到再审指令后，应当另行组成合议庭并按照第二审程序对案件再审，而本案的再审程序当然须适用第二审审限。

此外，从2012年最高人民法院下达指令再审的《民事裁定书》至2014年，已有近一年半之久，重庆高院一直将案件搁置不理的做法显然违背诉讼经济这一基本原则。依照《民事诉讼法》第176条及《最高人民法院关于严格执行案件审理期限制度的若干规定》第2条中的相关规定，正常情况下第二审程序审理的案件应当自立案之日起3个月内审结，有特殊情况经本院院长批准可以延长三个月，因此重庆高院对股权转让纠纷的再审程序正常情况下本该在6个月内结束。然而，由于重庆高院刻意搁置，该股权转让纠纷案的再审至今仍未进入实质审理阶段，更遑论在法定期限内审结。

虽然《民事诉讼法》规定一旦检察院抗诉，法院就必须再审。但是，重庆高院在接受再审指令的无奈之下采取了消极抵抗的办法予以反击，也即是将再审无理由搁置、无限期拖延。由于检察机关向法院提出抗诉继而法院裁定再审之后，其诉讼监督职能已经完成大半，只需依照《人民检察院民事诉讼监督规则(试行)》中的第94条和第96条中规定，在再审开庭时派员出庭宣读起诉书并出示说明依职权所调查取证的证据而已。①而《民事诉讼法》及相关司法解释中对检察院抗诉引起再审程序启动之后的跟进监督并无相关规定，因而对重庆高院的刻意搁置，检察机关也是无可奈何。就案件整体而言，虽然检察院抗诉成功启动了再审程序，但抗诉所期待的真正目的却并未实现。

三、法检矛盾的根源分析

(一)审判独立与审判监督的博弈

《宪法》第126条规定人民法院依照法律规定独立行使审判权，不受行政机关、社会团体和个人的干涉。审判独立作为一项宪法原则，意味着国家司法审判机关独立于立法、行政机关等其他职能部门，确认了司法审判权的专属性和独立性，是现代法治的基石和法院组织制度的基础；审判独立也是一项司法审判活动准则，只有法院审判权得以公正行使才能防止法官的审判活动受到外在的不正当干扰，才能使得法院的司法审判真正成为公民维护自身合法权益的最后的同时也是最重要的一道屏障。审判独立具有两个

① 李浩：《处分原则与审判监督——对第7号指导性案例的解读》，载《法学评论》，2012年第6期。

层面的含义：其一是指审判权独立，即审判权只能有法院行使，其他任何机关均无权行使；其二是指法官独立，即法官根据自己的法学知识、审判经验和内心公正理念，超然于原告和被告之上居中适用法律作出裁决，不受任何行政机关、社会团体的干预和影响。①

至于审判监督则是指检察院对法院审判活动中法律实施和法官行为进行监督。《宪法》第129条规定检察机关是我国的法律监督机关，而《人民检察院组织法》第5条规定人民检察院对人民法院审判活动的合法性进行监督。具体到民事审判监督方面而言，《民事诉讼法》第14条规定人民检察院有权对民事诉讼实行法律监督。而检察院对民事审判活动的监督实质上就是通过抗诉以检察权对法院的审判权进行干预，以期通过这种干预影响法院的审判。

然而，司法公正意味着法院裁判是在法官不受任何干扰只忠实于法律和自己的良心，只服从于事实和正义的基础之上作出的；与之相矛盾的是检察机关作为法律监督机关，只要存在抗诉事由即可提起抗诉，而法院一旦收到检察机关的抗诉就必须裁定再审。在民事诉讼中，原告与被告对抗加之法院居中裁决的模式已然成为一种稳定的三角式的诉讼构造，检察院提出抗诉不论是支持原被告中任何一方都会打破原被告的平等对抗格局，破坏诉讼的公正性。而就案件的处理结果而言，法检两家也常常因认识不同而陷入针锋相对的冲突之中，检察院对法院维持原裁判的审理结果再次抗诉，法院又予以维持，或者直接如重庆市高院这般将案件搁置不理。而检察院的多次抗诉，极有可能使得居中裁决的法院成为冲突的一方主体，而原、被告之间的私权之争也极易沦为法检两家的权力之争。

综上可知，审判独立与审判监督是一对天然的矛盾关系，这一对矛盾的关键之处就在于法律问题并非都是有正确答案的，司法的本质在于依照既定的实体和程序规则对当事人间的争议进行公正、最终的裁判。② 美国大法官霍姆斯认为“法律的生命始终在于经验而从来不是逻辑”，在事实认定和法律适用上不同人可能会作出不同的结论。审判独立固然重要，但在我国现有诉讼制度不完善，法官队伍在专业化水平和法律素养等方面仍需加强的基础上，审判监督制度的确立对防治司法腐败和减少错案发生确有难以替代的作用。③ 加之，审判独立也并不排斥对审判活动的监督，人民法院由人大产生，当然也需接受人大监督④；而绝对的权力必然导致绝对的腐败，检察机关作为人大产生的法律监督机关，正是代表人大对人民法院进行监督。其针对的是审判公权力，目的取向是权力制衡，防治法院擅权、滥权，因而民事抗诉正是法检两家博弈的过程和体现。

---

① 黄松有：《检察监督与审判独立》，载《法学研究》，2000年第4期。

② 何兵、潘剑锋：《司法之根本：最后的审判抑或最好的审判——对我国再审制度的再审视》，载《比较法研究》，2000年第4期。

③ 胡晓帆：《民事检察监督制度》，载《法制与社会》，2013年第11期。

④ 杨立新：《民事行政诉讼检察监督与司法公正》，载《法学研究》，2000年第4期。

(二)"有效纠错"与"诉讼安定"的博弈

检察院提出民事抗诉启动再审程序的核心理念是为解决"申诉难"和"再审难"等问题，且民事抗诉的功能定位则是纠错——纠正民事诉讼中程序上有重大违法或裁判基础有严重缺陷的生效裁判。而再审程序是不同于普通民事诉讼程序的非常规程序，它既不是民事程序体系中的必经环节，也不是独立的审级，是正常裁判程序完结后的一种事后补救程序，因而再审程序是一种非通常性、非普适性、事后性的特殊补救通道。① 而检察院在民事抗诉中扮演的角色就是控制这种特殊补救通道的开启。

而诉讼安定是指法院作出生效判决、裁定之后，当事人之间的法律关系得以稳定的状态。讼诉安定不仅意味着当事人实体权利义务关系有了终局性的判断，也象征着裁决既判力的形成，当事人之间的争议得到终局性解决。为维护司法的权威性和终局性，裁判的既判力和安定性不应有所突破。而法院作为生效裁判的作出者，诉讼安定是其当然追求。而再审程序的预设功能和正当性基础是有效纠错和消除实质性的裁判缺陷，因而只有在极特殊的情形下才允许牺牲安定价值而突破既判力的约束。

然而，民事抗诉中纠错程度是否应当借鉴刑事领域中的"有错必纠"原则呢？答案显然是否定的，民事抗诉的功能应定位为"有限纠错"。毕竟刑事审判涉及公民的生命、人身自由等基本权利，因而不容许有任何错误；而民事审判中并未与公民基础性权利直接相关，且民事审判采用的是"高度盖然性"原则，其法庭事实与案件真实契合度要求低于刑事审判，因而民事诉讼中难以避免如"出现新的证据足以推翻原判决、裁定"等抗诉事由的出现。此种情形下，如果提起抗诉引发再审程序，则无可避免地影响判决的既判力和确定性，使得已经稳定下来的法律关系重新陷入不确定状态。尤其是在当事人均已服判息诉的前提下，检察院提起抗诉在耗费司法资源的同时也加重了当事人的诉累，对诉讼安定的破坏也尤为剧烈。因而，检察院提起抗诉的行为既是对纠错程序的启动，也是对诉讼安定的突破，更是"有限纠错"与"诉讼安定"两种价值追求博弈的开始。

(三)两审终审与一而再审的博弈

《民事诉讼法》第175条规定"第二审人民法院的判决、裁定是终审的判决裁定"，确定了我国民事审判两审终审制的审级制度。二审作为诉讼审判体系中一层独立审级，有明确的制度结构设计和具体规则配置。而两审终审制作为践行司法等级制度、实现司法职能纵向分层化的制度安排模式，在实现案件分流的同时，也赋予第二审程序实现审判系统内的自我纠错能力。当事人根据自己的主观意愿且无须法定事由即可通过上诉而启动第二审程序，因而第二审程序属于通常性的救济程序，其具有阻止一审裁判生效并将案件移送到上一级法院审理的效果，在裁判生效前预防错误从而避免对司法终局性和权威性的伤害。可见，两审终审制具有从审判系统内部纠正错误、吸收当事人不满的

① 韩静茹：《错位与回归：民事再审制度之反思——民事程序体系的新发展为背景》，载《现代法学》，2013年第35卷第2期。

功能。

就再审而言，其启动模式有三种：法院依职权启动，当事人申请和检察院抗诉。再审程序本身作为两审终审制的例外，是非常规性、非普适性的特殊纠错程序。《民事诉讼法》第207条规定对于再审案件的审理程序依照作出生效判决、裁定的法院审级而定。① 因而，再审并非一项独立的审级，其程序上具有依附性和非独立性，再审既是对生效裁判既判力的破坏，也是对司法终局性和程序安定性的破坏。

此外，由于《民事诉讼法》第200条规定的再审事由范围过大且过于概括，当事人申请再审的案件激增，对司法终极性和权威性造成极大冲击的同时也加重上级法院的负荷②。加之，当事人可以先向法院申请再审，"法院驳回再审申请的、逾期未对申请作出裁定的以及再审判决裁定有明显错误的"，当事人也可以再向检察院申请检察建议或抗诉，这在客观上使得当事人产生了"信上不信下"，希望法院一而再审的错误观念。可见，民事抗诉在突破两审终审制同时也难以避免陷入一而再审的漩涡之中。

四、法检矛盾之调和

(一)建立检察监督权与审判权衔接协调机制

为调和法检矛盾，完善民事检察监督制度，首先应当建立检察监督权与审判权衔接协调机制。而目前，由于检察院与法院对某些再审事由的认定标准不统一，检察监督权与审判权之间缺乏衔接协调机制，致使检察院抗诉和检察建议流于形式、难具实效。

1. 完善再审程序衔接机制

首先，严格限制法检启动再审条件。新修改的《民事诉讼法》虽然设定了启动主体的多元化模式，并确立了"当事人申请在先"原则，但当事人申请再审事由与检察院事由同一化问题未获改变，使得审判权、诉权、检察监督权在再审程序中的功能、地位、序位混乱不清。笔者建议，在再审程序的启动方面应当区分具体情况加以分析。在当事人对生效裁判不服而进行申诉的情况下，实施"当事人申请在先原则"，当事人先向法院申请再审，出现诉讼法第209条规定之情况的，再向检察院申请检察建议或抗诉；在当事人已经服判息诉的情形之下，出于诉讼经济、讼诉安定和司法终局性考量，除损害国家利益和社会公共利益外，法院和检察院应坚持居中谦抑原则，严格限制主动引起再审程序的情况。毕竟，即使判决有缺陷，当事人放弃申请就意味着行使自身处分权而放

① 根据《民事诉讼法》之规定，人民法院按照审判监督程序再审的案件，发生法律效力的判决、裁定是由第一审法院作出的，按照第一审程序审理，所作的判决、裁定，当事人可以上诉；发生法律效力的判决、裁定是由第二审法院作出的，按照第二审程序审理，所作的判决、裁定，是发生法律效力的判决裁定。

② 韩静茹：《错位与回归：民事再审制度志反思——以民事程序体系的新发展为背景》，载《现代法学》，2013年第35卷第2期。

弃相关实体权利。

其次，限定法院决定再审、检察院提起抗诉、当事人申请检察院抗诉的时限。《民事诉讼法》第205条规定"当事人申请再审，应当在判决、裁定发生法律效力后6个月内提出"，但当事人仍可在申请时限已过的情况下，通过司法信访的方式迫使法院启动再审或者检察院提起抗诉。因此，明确法院决定再审和检察院提起抗诉的时限，才能从根本上维护司法的终局性与权威性，从而使纠纷根本上得以解决以实现诉讼安定，同时也避免当事人为阻止裁判执行而由二审向再审逃逸的情形。

再次，健全检法再审程序衔接流程。在重庆股权转让案中，检察院提起抗诉，最高院指令重庆法院再审。而重庆高院作为原审法院难以避免其在先前裁判中国的既定思维，对检察院抗诉采取消极搁置做法。而《民事诉讼法》第211条规定，检察院抗诉的案件，接受抗诉的法院一律应当决定再审。然而，在检察院认为存在再审事由而法院认为不存在的情形下，如此刚性规定显然是本案法检冲突的关键所在。那么，法院能否驳回检察院的民事抗诉呢？笔者认为，答案是肯定的。在最高人民法院公布的第七号指导性案例中，检察院依当事人申请提起抗诉，当事人双方自行达成和解之后，在检察院坚持不撤回抗诉的情况下，最高院驳回抗诉，裁定终结审查。① 由此看来，法院驳回检察院的民事抗诉是有先例可循的。此外，在我国台湾地区的一体化再审之诉制度中，检察院抗诉范围限于公益性的、涉及公序良俗的案件等，法院作为超然的居中裁判者自然具有驳回抗诉的权利。②

最后，最高人民检察院公布的《人民检察院民事诉讼监督规则(试行)》中第83~85条分别规定了检察院向同级法院提出检察建议和抗诉的法定事由。然而就抗诉而言，《民事诉讼法》仅规定接到抗诉的法院应当再审，但就裁定再审后，检察院的职能就已完成大半，后续跟进监督规定严重缺位；就人民法院在接到同级人民检察院的再审检察建议后应如何处理而言，有关法律和司法解释中并无相关规定，这就使得再审检察建议流于形式，实际效果不佳。因此，完善再审程序衔接应当明确法院接到检察建议后的后续衔接做法并明确再审程序启动的日期，严格执行期限制度，避免法院以拖延术搁置再审。

2. 统一法检再审审查标准

法检两家对再审事由认定标准的不统一，也是二者意见龃龉的关键所在。虽然就法理理念会因个人而异，但法律适用方面程度明显的错误则是可以加以归纳提炼的，而法检两家归纳提炼的标准不一则极易导致再审审查标准的差异。

如针对"适用法律确有错误"的认定标准，最高人民法院公布的《若干问题解释》中第13条规定与最高人民检察院公布的《民事诉讼监督规则(试行)》中的第80条相比，缺少"认定法律关系主体、性质或法律行为效力错误的"和"适用诉讼时效制度规定错误的"两项，因而在出现这两项事由时，检察院与法院的审查结果就会截然不同。标准不

① 郑世保：《从第七号指导性案例透析民事抗诉的类型化》，载《法学》，2013年第12期。

② 张力、崔峰：《再审发动程序之重构》，载《法律适用》，2002年第8期。

统一，再审程序自然难以顺畅运行下去。

（二）明确检察监督价值定位

一切有权力的个体都倾向于滥用权力。为避免检察机关滥用抗诉权，过度侵犯司法权威性和终局性，应将检察监督的价值定位为“有限纠错”、“居中保护”、“依法谦抑”。

首先，检察监督的核心功能应定位为“有限纠错”。审判监督程序作为两审终审制之外的例外程序，其对既判力的突破和司法终局性的破坏难以避免。然而，为平衡诉讼安定和诉讼经济价值，检查监督权的预设功能虽是纠错无疑，但是更倾向于有限纠错，也即是仅对法官违法行使审判权致使判决存在严重缺陷的错误加以纠正，这一点与刑事审判中的“有错必纠”有着本质的不同。将检察监督的核心功能定位为“有限纠错”，既是充分发挥二审程序本身的自我纠错功能从而维持再审的审慎性、有限性和补充性，也是对程序安定、诉讼经济、司法终局等价值的兼顾考量。而日本再审制度也是为了防止判决违背裁判适正的理念，避免损害民众对裁判的信赖而设立的。若终局判决确定之后还有争议固然不能维持法的和平，但若判决有重大瑕疵还坚持其既判力并以国家司法权加以保护，也必是违背正义之举。①

其次，检察监督权的行使方面应坚持“依法谦抑”理念。检察监督权作为一项典型的国家权力，其在行使过程中理所应当体现谦抑原则。一方面，任何国家权力都有自我扩张和易被滥用的属性，检察监督权也不例外②；另一方面，民事诉讼是民事主体为解决私权纠纷而请求法院运用国家审判权加以裁判的行为，因而民事诉讼中处分原则也正是“私权自治”的体现，而检察院抗诉则代表国家权力对私权纠纷的干预，依法谦抑也是国家干预与私权自治博弈的结果。

就具体制度而言，检察院提起抗诉应坚持“穷尽其他救济”原则，只有当事人穷尽其他救济手段之后，检察院方可接受当事人的抗诉申请。检察机关介入民事诉讼应当尊重当事人处分权，一般应依申请启动监督程序，当然基于对国家利益和社会利益维护需求，检察机关也可针对损害国家利益和公共利益的裁判和法官违法审判而做出的裁判依职权进行监督。而《人民检察院民事诉讼监督规则（试行）》中第83~85条中因具体事由的不同而提出再审检察建议或抗诉的规定，也正是基于依法谦抑原则的考量。刚性化的抗诉规定并不适宜轻易提出，因而针对程序性易于纠正的错误采用较为温和的再审检察建议也更易为法院接受。

（三）完善法院内部再审分流机制

《民事诉讼法》第204条规定，最高院、高院裁定再审的案件，由本院再审或交由

① ［日］高桥宏志：《重点讲义民事诉讼法》，张卫平等译，法律出版社2007年版，第472页。

② 最高人民检察院法律政策研究室：《我国民事检察的功能定位和权力边界》，载《中国法学》，2013年第4期。

其他法院再审，也可以交由原审人民法院再审。就具体案件的分流而言，法院系统内部仍然有待进一步细化。然而在审判实务中，上一级法院为保障当事人的上诉权并缓解审判压力，通常情况下不会提审。然而，由于原审法院在生效判决中已然形成的思维定势影响，加之法院的面子顾虑，其对再审有所抵触也是在所难免。同时，为了体现再审的公信力，上一级法院指令再审时应当以指令原审法院同级的其他法院为原则，以指令原审法院为例外。

此外，《若干问题解释》第29条列举了原审法院不宜再审的三种情形，显然不能涵盖所有情形。就复杂、疑难、新类型案件的再审而言，法院和检察院就具体的法律适用有明显争议的情况下，为避免检察院和法院陷入抗诉、维持原判、再抗诉的恶性循环当中，原审法院显然不宜再被指令进行案件再审。上一级法院提审或者指令与原审法院同级的其他法院再审亦可以解决。

（作者简介：张语涵，武汉大学法学院2013级宪法与行政法学硕士研究生。）

◎ **点　评**

针对该主题应从四个方面思考：第一，我们首先要明确的是检察院提起抗诉的内涵，民事抗诉的内涵。要弄清这个问题，首先，要知道在何种情况下可以启动再审程序。在民事诉讼法中规定本级法院院长和审判委员会或者上级法院和最高法院发现案件有错误的可以提起再审。检察院抗诉也可引起再审。此外，基于当事人申请也可以启动再审程序。其次，要弄清这三者之间的关系，这三者之间是否有联系。第二，法律安定性是通过既判力实现的，检察院提起抗诉的权力和法院判决效力之间的紧张关系如何从法理上协调。由于受理法院是与检察院平行的，如果最高检察院对最高法院提起抗诉，那么最高法院是否有权利将此转交给下级法院来处理，在法理上有没有什么问题。此外，检察院这种民事和刑事的抗诉有哪些不同。第三，检察院在民事抗诉中应当遵循什么样的程序。如果以当事人申请作为先决条件，向检察院提起，那么在当时人没有申请的情况下，检察院是否有介入的必要。如果参照刑事案件中的程序，就不存在当事人申请这种先置程序，而应该在事实不清、适用法律错误、程序不当或者枉法裁判的情况下提出抗诉。但是后两者是不显见的，检察院如何获取举证就是一个值得思考的问题了。第四，法院能否以搁置案件的做法对抗检察院的抗诉。法院对于抗诉这样的案件是否必须采取再审程序，就这个案件而言法院搁置的是抗诉本身还是最高法院的指令，从法理上能否解释。指定管辖在中国是无条件受理的，在最高法院将此案件转给重庆市高院后，重庆市法院的做法对抗的是最高法院的指令，而不是最高检察院的抗诉。

（点评人：武汉大学法学院　江国华教授）

要案评析

“弗格森枪击案”评论

——以美国大陪审团制度为视角

胡祎玮

摘　要： 2014年8月9日，非洲裔青年布朗在弗格森遭威尔逊拦截并被枪杀。这一被美国有线电视新闻网(CNN)称为美国“最具争议的”案件随即引发持续动荡。该案件使大陪审团制度再度出现在公众的视野之中。本文以评析该案件处理结果为出发点展开了对美国大陪审团制度的概述，进而将中美两种类似的制度即人民监督员制度与美国大陪审团制度进行对比，以期为完善人民监督员制度提供可行性意见。

关键词： 大陪审团制度；陪审员；人民监督员制度；监督员

美国密苏里州弗格森地区2014年8月9日上午12点，18岁的非洲裔青年迈克尔·布朗被一名白人警官达伦·威尔逊枪杀。当时布朗正与其朋友前往布朗祖母家中，警官开着警车在两人身边停下，为执行公务要求他们走到人行道上。结果布朗及其朋友与威尔逊发生争执，威尔逊持其队友的枪在警车内向二人开枪，两人急忙逃离，威尔逊下车继续追逐二人并多次开枪，最终对布朗造成了致命的伤害。11月24日，美国密苏里州大陪审团经过审理①作出裁定：警官达伦·威尔逊免于被起诉。裁定结果在美国国内引起了激烈的反响，多个城市爆发示威抗议活动并愈演愈烈。美国大陪审团制度因此受到越来越广泛的关注。

---

① 由9名白人和3名黑人组成的大陪审团在过去25天里，亲自听取了来自包括3名验尸官以及多名血液、毒理学和枪械专家在内的约60名目击者的陈述、时长总计超过70个小时，对案件目击者的证词以及实物证据进行了反复深入的审议，结果发现很多案件目击者的证词与实物证据不符，经过投票表决，决定不对威尔逊提起刑事诉讼。

一、美国大陪审团制度的概述

(一)起源、确立及发展

通常认为陪审制度发源于英国，但实际上英国陪审制度是在英国被诺曼底人威廉一世征服后引入的，它起源于1166年亨利二世颁布的《克拉灵顿诏令》①。英国在1275年正式规定重大的刑事案件都应由陪审团进行调查、搜集证据并负责向法庭提起诉讼。1352年爱德华三世的诏令②中区分了“大陪审团”(Grand jury)和“小陪审团”(Petit jury)即专门调查取证的起诉陪审团和专门的审判陪审团。随着英国殖民活动的发展，陪审团制度被逐步引入美国并发展成为其司法体系中不可或缺的重要制度。1635年，马萨诸塞殖民地建成了北美第一大陪审团后各州相继建立大陪审团制度。1791年宪法第五修正案③使大陪审团制度最终得以宪法的形式确定下来。然而，19世纪20年代由于大陪审团制度在英国的废除，美国国内越来越多的学者开始了对大陪审团制度的申讨。1884年的“Hurtado诉加利福尼亚”案④后各州是否适用大陪审团制度由各州宪法规定。据统计现阶段仅有联邦系统和18个州保留了被告在重罪案件中享有的大陪审团审查权利，还有4个州仍然强制要求由大陪审团起诉。⑤

(二)适用范围及职能

美国的公诉权分别由检察官和大陪审团行使。刑事起诉有检察官提出公诉书和大陪审团提出起诉书两种主要形式。有些刑事案件的起诉由检察院直接决定和提起，而有些案件的提起公诉并交付审判必须由大陪审团决定。程序上是检察官将草拟的起诉书草案及相关材料提交给有管辖权的法院组织中大陪审团，审查后决定是否交付审判。⑥

---

① 诏令规定：王室法官在巡回审判中，应在当地召集12名与诉讼案件无关的人为证人，宣誓后向法庭提供证据，以一致意见确定事实。

② 诏令规定：凡参与案件调查取证的陪审员一律不得参加该案件的审理，只能作为起诉方参加诉讼作证，其证言的真实性则要由另外召集的12名陪审员的一致意见来确认。

③ 美国联邦宪法第五修正案规定，“任何人不得被强制对死刑，或者其他不名誉罪答辩，除非根据……大陪审团公诉书”。

④ 该案中，美国最高法院认定美国联邦宪法规定的公众在重罪案件起诉中享有的大陪审团审理的权利不适用于各州。同时还确立了治安法官预审的合宪地位即检察官起诉的审查既可由治安法官进行，也可以由大陪审团进行。

⑤ 魏晓慧：《美国大陪审团制对中国法制建设的启示》，载《郑州航空工业管理学院学报》(社会科学版)，2014年第5期，第142页。

⑥ 晏向华：《美国大陪审团与检察官的公诉权》，载《人民检察》，2004年第10期，第72页。

根据美国联邦宪法第五修正案的规定，大陪审团制度的适用范围为死罪或其他不名誉的罪行(infamous crime)，但发生在陆、海军中或发生在战时或出现公共危险时服现役的民兵中的案件除外①。(“不名誉罪”这一宪法术语包括了所有的重罪起诉)1946年美国国会通过的《联邦刑事诉讼规则》则进一步规定，对于可能判处死刑和可以判处1年以上徒刑或劳役的罪行，应当由大陪审团通过起诉书起诉。对于可以判处1年以上徒刑或劳役的罪行，被告人可以在了解指控的性质和所有的权利后放弃由大陪审团起诉，且该放弃须由被告人在法庭上公开放弃。②

大陪审团的职能随着制度本身的发展处于不断的调整中。其在北美殖民地时期的职能主要包括：刑事诉讼、政治事务③和对抗王权三个方面。发展到建国之初，其职能则仅限于刑事诉讼方面，政治事务方面被剥离。当代，大陪审团职能进一步缩减，仅限于审查起诉和案件调查两个方面。④ 审查起诉即审查检察官所提交的相关材料，决定是否需要继续调查，作出是否提起公诉的决定；案件调查即在审查证据材料时，决定是否需要继续调查，并享有强制传唤证人、调取相关书证、物证的权利。⑤

(三)陪审员相关规定

1. 人数要求

大陪审团由普通公民组成，具体人数各州规定不一。在多数司法区，大陪审团人数一般是12个。⑥ 根据《美国联邦刑事诉讼规则》第6条规定：在联邦法系中，“大陪审团由16到23人组成。法院应指示召集充分的合格候选人以供选入陪审团成员”。⑦

2. 资格要求

各州具体要求不尽相同但一般包括：当地有选举权的公民；年龄不超过70岁；心智健康，没有残疾；无重罪前科；适合参与大陪审团的工作。⑧

3. 选任方式

大陪审团组成人员的选任方法主要有两种：“抽签法”即在符合条件的陪审员候选

---

① “No person shall be held to answer for a capital, or otherwise infamous crime, unless on a presentment or indictment of a Grand Jury, except in cases arising in the land or naval forces, or in the Militia, when in actual service in time of War or public danger.”

② Fed. R. Crim. P. 7(a) (b).

③ 政治事务主要包括立法、征税、监督市政工程等。

④ 王禄生：《转型中的美国大陪审团制度——由弗格森枪击案谈起》，载《中国党政干部论坛》，2015年第6期，第91页。

⑤ 王劲晓：《从美国大陪审团制度探究我国人民监督员制度的完善》，载《河南社会科学》，2013年第10期，第104页。

⑥ See Beale et al. , Note 77, supra at 4：8 n. 8(providing state-by-state rules).

⑦ Fed. R. Crim. P. 6(a).

⑧ 丁以升：《两大法系陪审制度比较研究》，载《贵州警官职业学院学报》，2007年第6期，第6、7页。

人中用随机(抽签)的方式确定;“评选法”即由一名或数名法官用评议的方式在符合条件的陪审员候选人中选定。在美国第一种方法的适用较为普遍,也有少数州选择通过第二种方式或两种方式相结合来选定陪审员。

4. 任期

大陪审团的任期有固定的也有不固定的,任期的长短各州的规定也不同。大部分州规定大陪审团任期与法官任期一致即 4 年,也有些州将任期规定为 1 年、6 个月、4 个月、3 个月、60 天或 4 个星期。还有个别州规定大陪审团任期由法官根据案件调查、起诉所需时间来决定。无固定任期的大陪审团又被称为“专案陪审团”,仅负责其为之设立的那个案件的调查、起诉。①

(四)运行过程

1. 启动

在美国,大陪审团是独立机构,不隶属于行政、立法和司法,因此无权自行启动调查。其调查权一般由检察官所掌控。但是调查一旦开始,大陪审团的调查权力则不完全受检察官的控制。启动其调查不需要可能理由,也不需要合理怀疑。

2. 聆讯(Grand Jury Hearing)

大陪审团由法院召集,法院召集充分的合格候选人以供选任陪审团成员。大陪审团通过聆讯作出是否对被告进行起诉的决定,该程序主要针对重大疑难的重罪案件。聆讯以不公开的方式进行。“大陪审团开庭时,检察官、接受询问的证人、翻译人员(需要时)可以出庭,速记员和录音人员为记录证据也可以在场。但大陪审团评议和表决时,除陪审员外,其他任何人不得在场。”②聆讯程序主要包括:听取检察官的意见③;调查证据④;评议表决⑤。法庭审理过程中,只有检察官方面有权出示证人,证人出庭时律师不得在场,只有当嫌疑犯被起诉后,辩护律师才会出现在审理过程中。

3. 表决

大陪审团决议通常采用全体人数的 2/3 决或 3/4 决。根据对证据的审查,可能出现三种表决结果:一是大陪审团认为检察官提出的证据同自己所调查的证据足以用来证明被控嫌疑人犯了某种罪,则在公诉书草案背面签“受理此诉状”,检察院将根据大陪审团

---

① 何家弘:《陪审制度纵横论》,载《法学家》,1993 年第 3 期,第 43 页。

② 美国联邦刑事诉讼规则和证据规则第 6 条(d)款。

③ 由检察官向大陪审团提交一份公诉书草案或是罪行控诉报告,大陪审团聆听是否有“可能是确实的理由”以决定是否对犯罪嫌疑人起诉,且大陪审团只听取审查公诉一方的证据和意见或者独立进行调查而可能面临公诉的个人是无权向大陪审团出示证据的。

④ 由检查官提供证明其所控重罪的证据,大陪审团有权强制证人出席并回答问题,但在通常情况下,大陪审团只询问检察官所传的证人,大陪审团还有权调查有关书证和物证。

⑤ 大陪审团根据调查证据的情况立即进行评议并投票表决。

的意见向有管辖权的法院提交正式起诉书；二是大陪审团认为证据不足的，就签署“此诉状不予受理”，作出不起诉决定；三是大陪审团认为证据不足以构成重罪起诉，但能证明嫌疑人犯有轻罪或轻微罪行，可以指令检察官以告发书形式向有管辖权的法院起诉。①

二、该案件结果的评析

“弗格森枪击案”从8月9日的发生到11月24日不起诉裁决的作出，一直受到美国国内甚至全世界的广泛关注，各界对此案件的讨论非常激烈，相对于抨击“美国人权现状”、揭露“美国种族问题”等，我更倾向于以美国大陪审团制度为视角简要评析该裁决的合法性。

(一)大陪审团构成的合法性

大陪审团一般是负责其任期内的一批案件而不是仅负责一个特定的案件。这次审理弗格森案件的大陪审团是在案发前就已经成立的，因此该案陪审员的选任并未受到任何不相关因素的影响。大陪审团的成员名单是司法秘密，受到法庭的保护。此次大陪审团由9位白人，3位黑人组成，这一构成是符合案件当地人口结构的。

(二)陪审员的中立性

为了保证陪审团裁决的公正性、正当性，陪审员必须保持其中立性。陪审团在审理过程中可能会被隔离，会被要求不能与他人讨论案情，不能接触与案件有关的新闻报道，以此来避免成员因受到外界的干扰而产生先入为主的影响。同样在审理过程中，也应保证陪审员的中立性，使其不受其他人情绪的干扰。陪审团的评议环节也被要求必须在一个封闭的与外界隔离的环境里进行。例如，2011年的佛罗里达州诉凯斯·安托尼谋杀女儿案中，由于受到媒体的过度报道，法官在距离170千米之外的皮尼拉斯县选任陪审团成员以此保证陪审员的中立性；在O.J.辛普森一案中，陪审员们被隔离了整整8.5个月。

(三)证据间的相互矛盾

陪审团成员都只是普通民众，并不需要具备任何法律知识，也不需要精通法律条文。事先检察官不会告诉陪审团需要考虑哪些具体指控，陪审员根据自己的判断在审议中讨论他们认为可能的控罪，然后结合现有的证据，以法律和事实为依据作出判决，通

① 甄贞、王丽：《美国大陪审团与人民监督员制度比较》，载《人民检察》，2007年第9期，第61页。

过投票表明自己的观点。在弗格森枪击案中从非法开枪、过失杀人到一级谋杀①都经过了陪审团激烈的讨论，最终因为证人证言相互间矛盾或前后不一致，甚至与物证不相符等，而认为没有合理依据让他们相信威尔逊警察构成犯罪。其中陪审团审议的一个关键点就是当警官拦下黑人青年布朗后，布朗是否投降还是有攻击警官的行为？数十名目击者对这一现场情况的描述互相矛盾。例如，14 号证人的证言。案发后，证人在现场的描述是，布朗被枪击后举起双手投降了。而联邦调查人员再次向其核查时，证人无法确定，布朗到底是在投降还是仅仅是在检查受伤的手。更无法确定当时他手心的朝向，是向着自己还是警官。

(四)排除合理怀疑规则的证据标准

英美法系的刑事诉讼中有罪判决的证明标准是排除合理怀疑规则(Proof Beyond a Reasonable Doubt)。将被告人的罪行证明到“排除一切合理怀疑”的程度是控诉一方的责任。只有成功地说服陪审员们相信该犯罪的所有构成要素都已经得到了超出合理怀疑的证明，陪审团才会认定被告人犯有所指控的罪名。② 所谓合理的怀疑是指陪审员对所控告的事实缺乏道德上的确信，对有罪判决的可靠性没有把握时的心理状态。这种确信不是想当然的，必须是有理由的怀疑，这就要求陪审员借助于对证据的认识，以其理性的思维对证据的客观性和关联性进行综合判断，从而形成自己的确信③。在美国刑事指控中，任何的合理怀疑都可能导致刑事控告无法成立。在“弗格森枪击案”中，检方给出的证据并不足以使陪审团“排除一切合理怀疑”，即使“极大可能性”也无法决定提起诉讼。

(五)基于无罪推定原则的决定

陪审团对威尔逊不予起诉的决定是基于无罪推定原则(Presumption of Innocence)作出的。无罪推定原则不仅是现代刑事诉讼制度的基石，而且也是国际刑事司法公认的一项基本原则。它指在刑事诉讼中，任何人在未经司法程序最终判决为有罪之前，都应被推定为无罪。它包括两个方面的内容：第一，被告人所被控的罪行，在没有充分证据证明以前，都推定为无罪；第二，任何人在被法院判决有罪以前，不能认为是有罪的。④

---

① 在弗格森枪击案中，大陪审团需要决定下列数项罪名是否能成立：一级谋杀罪：威尔逊警官是否出于某种个人动机(如种族歧视)而预谋杀人；二级谋杀罪：威尔逊警官是否在见到布朗之后心生杀机而故意开枪伤人？故意杀人罪：威尔逊警官是否在双方争执中有意过分使用暴力；过失杀人罪：威尔逊警官是否在争执中非故意但却使用了过分暴力；防卫过当：威尔逊警官在当时是否担心自己的生命安全而对手中没有武器的布朗防卫过当；执行公务中使用过分暴力：威尔逊警官当时是否在执行公务，并在执行过程中使用了不当的暴力。

② 任蓉：《英美陪审团　审判制度机理与实效研究》，中国社会科学出版社 2010 年版，第 185 页。

③ [美]乔恩·华尔兹：《刑事证据大全》，何家弘等译，中国人民公安大学出版社 1993 年版，第 314 页。

④ 陈仕菊：《浅议刑事诉讼中的无罪推定制度》，载《当代法学论坛》，2010 年第 2 期。

无罪推定不仅存在于向陪审团提交案件的阶段，而且在交叉询问期间、陪审团评议案件期间、一直到形成判决前，都应当贯彻无罪推定原则。如果陪审团遵循了无罪推定原则，那么，即使法官用合理怀疑标准对陪审团进行充分的指导，法庭裁决仍可撤销。正如曾任辛普森案辩护组组长的哈佛法学院法学家德施沃兹所认为的那样，“刑事审判从来不是为了伸张受害者正义”①。即使被告有可能犯了谋杀罪，但由于相关证据未达到“超越合理怀疑”的法律标准，仍然无法提起诉讼。

(六)一致裁决的要求

在多数司法区，刑事案件中的陪审团裁决必须是一致的②。陪审员在法庭上听取控辩双方律师询问证人、提供证据、法庭陈词，根据相关情况进行充分的“秘密评议”后，无论作出的裁决是有罪的还是无罪的，都需要首先在其内部达成一致意见，否则会导致无效审判(mistrial)的出现。就联邦层面来讲，第六修正案(关于刑事审判中的陪审团)和第七修正案(关于民事审判中的陪审团)中隐含了一致裁决的要求。但是在州刑事审判中，也允许有一些不一致的裁决。根据密苏里州的法律规定，陪审团对是否提出刑事指控只需要 9 名成员同意即可，并不需要 12 名成员的一致同意。因此，至少要经过 9 名陪审员的同意才能够对警察威尔逊提起刑事诉讼。

(七)陪审团仅进行结论认定

在刑事案件中，任何法域的法院都不会作出对个别事实进行认定的个别裁决(special verdict)，而仅仅会作出认定有罪或无罪结论的一般裁决(general verdict)。也就是说，陪审团所做的只是对有罪或是无罪进行结论性的认定而并非是对个别事实的认定。在“弗格森枪击案”中，不起诉的结果仅仅代表着起诉涉案警察威尔逊的证据不够充分，并不代表着该名警察是没有任何过错的。

(八)不排斥民事诉讼

美国宪法修正案中明确规定，任何人不能因同一犯罪而受到两次身体或肢体的惩罚③。即便警官威尔逊被免于刑事起诉，受害人家属仍可以提起民事诉讼向其索赔。在证明标准上，民事诉讼不同于刑事诉讼，实行的是优势证据规则即当证明某一事实存在或不存在的证据比反对的证据更具说服力，或者比反对的证据更具可靠性时，由法官采用具有优势的一方当事人所列举的证据认定案件事实。正如辛普森一案，在刑事审判中辛普森被判无罪。随后，被害人布朗和高曼的家人即提起民事诉讼，要求辛普森进行民事赔偿。1997 年 2 月 5 日，陪审团一致认为，有足够充分的证据证明辛普森应为高曼

① 袁小彬：《美国警察枪击黑人案不看热闹看门道》http：//view.163.com/special/reviews/michaelbrown1127.html. 访问日期：2014 年 11 月 27 日。

② See, e. g. , Fed. R. Crim. P. 31(a).

③ “nor shall any person be subject for the same offence to be twice put in jeopardy of life or limb”.

的枉死和对布朗的殴打行为支付民事赔偿，共计 3350 万美元。①

三、人民监督员制度与美国大陪审团制度

美国的大陪审制度自其 1787 年被写入宪法至 2014 年已有 200 多年的历史。这个制度并不完美，如存在诉讼成本较高且效率低下，浪费司法资源等弊端，但它在准确认定事实、防止不当追诉、保证司法独立等方面发挥着极其重要的作用。谈到美国大陪审团制度不得不提及我国与其类似的人民监督员制度。2010 年，《最高人民检察院关于实行人民监督员制度的规定》对我国人民监督员制度作出了明确的规定，该制度设计以完善检察权行使的外部监督机制为出发点，确立了公民权利对检察权的监督制约机制，将社会民众引入检察权行使过程中，使检察权受到人民群众的监督。

（一）两种制度的比较

1. 相似点

首先，两种制度设计的出发点一致。两种制度的出发点都是为了加强对检察权行使的外部监督，保证检察权的公正履行，维护社会公平正义。人民监督员制度则通过对检察机关拟撤销和拟不起诉案件的监督来实现；大陪审团通过审查起诉、案件调查实现对检察权的制约。其次，两种制度的司法理念一致。都充分尊重宪法所赋予公民的民主监督权，以民主为根本，将公众参与引入对检察权的监督，防止国家权力的滥用，在司法活动中加入社会认同的价值，将检察权置于社会公众的监督之下。

2. 不同点

第一，两种制度的立法根基不同。人民监督员制度由《最高人民检察院关于实行人民监督员制度的规定》即规范性文件予以规范，成员的决定权由检察院自身享有；美国大陪审团制度则由宪法所规定，大陪审团的组成由法院召集。第二，成员选任不同。我国人民监督员的选任由机关、团体、企事业单位和基层组织推荐或自荐的方式进行，最终人选由检察机关确定；而美国大陪审团成员由法院负责召集，通过随机抽取产生。第三，适用范围不同。人民监督员对七类②人民检察院侦办案件和两种情况③进行监督及给予纠正意见；美国大陪审团制度的适用范围为死罪或其他重罪的案件。第四，职权范

---

① 袁小彬：《美国警察枪击黑人案不看热闹看门道》http：//view. 163. com/special/reviews/michaelbrown1127. html. 访问日期：2014 年 11 月 27 日。

② 七类案件包括："(1)应当立案而不立案或者不应当立案而立案的；(2)超期羁押或者检察机关延长羁押期限决定不正确的；(3)违法搜查、扣押、冻结或者违法处理扣押、冻结款物的；(4)拟撤销案件的；(5)拟不起诉的；(6)应当给予刑事赔偿而不依法予以赔偿的；(7)检察人员在办案中有徇私舞弊、贪赃枉法、刑讯逼供、暴力取证等违法违纪情况的。"

③ 两种情况包括："人民监督员应邀参加人民检察院组织的有关执法检查活动，发现有违法违纪情况的，可以提出意见和建议。""人民监督员可以对其他检察工作、检察队伍建设等提出意见和建议。"

围不同。人民监督员只适用于检察机关职务犯罪侦察活动中的某些环节，包括监督逮捕决定、撤销案件、不起诉；而美国的大陪审团享有审查起诉、案件调查两方面职权，享有向个人取证等特殊权力。第五，监督效力不同。人民监督员的意见仅具有相对效力；美国大陪审团的决议具有法定的确定力和执行力①。

（二）我国人民监督员制度的完善

人民监督员的监督并不是真正意义上的对检察机关的外部监督。人民监督员制度尽管在程序上体现出对权利的制衡，但是人民监督员并未被赋予实质意义上的监督权。人民监督员制度流于形式，运行效果仍不够理想，所发挥的作业也是有限的。通过以上对美国和我国两种制度的比较，从中获得有益的启迪和经验，对我国人民监督制度加以完善，使其更加规范成熟。

1. 立法的完善

我国的人民监督员制度始于2003年的《关于人民检察院直接受理侦查案件实行人民监督员制度的规定（试行）》。试行以来得到全国人民代表大会、各地方人大代表、政协委员在内的社会各界的肯定和支持。2010年的《最高人民检察院关于实行人民监督员制度的规定》在2003年《规定（试行）》的基础上加以完善，对我国人民监督员制度作出了明确的规定。然而《规定》只属于检察机关内部规定，内容较为概括和笼统，导致法律实践中人民监督员没有直接明确的法律可依据，监督工作开展艰难。建议将我国的人民监督员制度入法，提升该现有规定的法律位阶，提高监督制度的地位，促进该制度的规范化和法制化。② 具体如何将该制度入法，考虑到我国现有法律体系，有两种可行路径：在我国刑事诉讼法中明确人民监督员制度或制定专门的《人民监督员法》。③

2. 人员选任的完善

《最高人民检察院关于实行人民监督员制度的规定》分别从应当具备的条件、不得担任人民监督员的情况、不宜担任人民监督员的情况三个方面明确了监督员的资格条件。但从目前我国人民监督员制度的实践情况来看，担任人民监督员的人员大多是来自各行各业的精英人士，少有来自最基层的普通民众，因此亟需提高监督人员选任的民主性。然而，结合我国的实际国情，考虑到我国公民整体的受教育程度和法制意识，人民监督员人选的范围暂时还不宜过度扩大。同时，为了确保案件审理是基于法律上的正义，而非仅是道德上的正义，建议对人民监督员进行定期培训，提高法律素养。我国人民监督员的选任采用"自荐为主，推荐为辅"的方式，然而，在实践中，由自荐所产生人民监督员的比例很低，并且检察机关享有最后考察环节的决定权，这种模式很难保证

---

① 人民监督员的意见需经检察长或检察委员会审查同意方可执行，不同意的需经检察委员会集体讨论或上一级检察机关的复核形成最终决定。

② 崔辰：《我国人民监督员制度的完善》，辽宁大学硕士学位论文，2013年，第17页。

③ 魏晓慧：《美国大陪审团制对中国法制建设的启示》，载《郑州航空工业管理学院学报》（社会科学版），2014年第5期，第144页。

民众的广泛参与。因此，建议从以下几个方面对人员选任加以完善：由同级人大常委会选任人民监督员；对人民监督员身份进行公示；选举任命人民监督员正式人选；建立人民监督员备案及罢免制度。①

3. 监督范围的完善

《最高人民检察院关于实行人民监督员制度的规定》将监督范围定为七类案件、两种情况，相对于整个刑事诉讼体系来说，这样的规定还是过于狭小了，公众参与的深度和广度都不够。可以考虑逐步将把检察机关其他刑事处理的决定纳入到监督范围中的同时，试考虑将普通刑事诉讼案件也纳入监督范围内，使人民监督更加全面和有效，提高检察机关工作的公信力，促进司法公正及社会正义的实现。

4. 监督效力的完善

目前在我国的检察实践中人民监督员实质上所行使的仅仅是一种建议权，监督的意见并没有被赋予实体上的法律效力，只具有参考的价值。而程序性监督极易导致制度的虚设，因此建议赋予监督意见一定的强制力，以保证监督的实施效果。试规定：对于在表决中人民监督员以2/3以上绝对多数通过的首次表决意见，无须经检察长或检察委员会审查同意的即可执行②；当检察院没有按照监督意见提起公诉时，另行组织人民监督员进行审查，如果审查结果仍为提起公诉，则检察机关应当提起公诉。③

（作者简介：胡祎玮，武汉大学法学院2014级宪法与行政法学硕士研究生。）

◎ 点　评

(1)我们可以通过大陪审制度来观察美国的司法文明，在我国的司法文化中过度强调了司法的实质正义和结果公正。(2)司法制度要和社会发展程序相适应，我们只能根据现有条件选择适当的适合我国国情的司法制度。法律原则要被社会民众接受是需要一个过程的。例如在念斌案和呼格案中，侦查人员在当时的司法条件下已经做到了最大程度的努力，基本达到内心确信的程度，程序也没有大的纰漏。我们不能简单地以现在的侦查技术手段来判定当时的证据是否充分。(3)回归本案，本案引起了巨大的社会风波也在于本案对象的特定性，种族问题的发酵是本案引起关注的根源，而大陪审团作出不予起诉的决定是基于无罪推定、疑罪从无的原则。现有证据不足够来说服陪审团警察构成谋杀，尤其是证据之间出现了矛盾。(4)美国有持枪的传统，虽然允许民众持枪的危害很重，但是美国人基于对自身安全的保护从未因噎废食。美国传统认为警察是社会安宁的象征，只有警察尽职尽责才能保护社会的安全，所以在美国对警察入罪是很慎重的。如果本案的警察被判谋杀，则其判例的示范效应可能会令警员对开枪心存疑虑而无

① 费悦：《我国人民监督员制度完善研究》，山东师范大学硕士学位论文，2014年，第28页。

② 唐劼：《人民监督员制度的法治价值及其实现》，黑龙江大学硕士学位论文，2008年，第31~32页。

③ 魏晓慧：《美国大陪审团制对中国法制建设的启示》，载《郑州航空工业管理学院学报》(社会科学版)，2014年第5期，第145页。

法维护好社会的安全。在法治社会中，警察是社会治安的基础，不尊重警察就无法捍卫社会的秩序和安全。目前，我国社会对于警察机关和司法机关施加了过大的压力反而影响了其工作的正常开展。

（点评人：武汉大学法学院　江国华教授）

未成年人犯罪记录封存制度析论

——以“李某某”案为视角

肖妮娜

摘　要：新《刑事诉讼法》创新性地确立了未成年人犯罪记录封存制度，同时标志着我国少年司法发展的重大突破。近日“李某某”案却突出反映了现行法律制度对犯罪未成年人权利保护的诸多漏洞，导致犯罪记录封存制度在司法实践中根本无法达到制度设立的初衷，根本无法帮助未成年人消除因犯罪获致的社会不利评价。因此完善未成年人犯罪记录封存制度，明确禁止披露犯罪未成年人的身份信息，建立有条件的犯罪记录消灭制度。

关键词：未成年人犯罪；记录封存

2012年新修订的《刑事诉讼法》以专门章节列明了“未成年人刑事案件诉讼程序”并明确规定了犯罪记录封存制度，同时《刑法修正案(八)》首次确立未成年人前科免除报告义务，这些法律法规的修改无不映射了我国少年司法审判的进步，同时也是我国顺应国际潮流、遵守国际公约所做的国内法调整。然而无论标榜的意义如何重大，若在司法实践中的作用与理论设想相距甚远，就不由引人忖度现行法律规定的合理性与有效性。近来的“李某某案”引起笔者深思，为何李某某的个人隐私信息在媒体上大肆出现？为何律师能够随意在社交媒体上刊登“李某某”案的审判文书？这些现象反映了我国未成年人犯罪记录封存制度的偏失与不足，在此笔者就此案进行简要分析并提出相关建议，以求对加强未成年人的法律保护有所裨益。

一、起源：“李某某”案

2013年2月22日下午，北京市海淀公安分局发布通报称：“2013年2月19日，海淀分局接到一女事主报警称，2013年2月17日晚，其在海淀区一酒吧内与李某某等人喝酒后，被带至一宾馆内轮奸。接警后，分局立即开展工作，于2013年2月20日将涉案人员李某某等五人控制，该五人因涉嫌强奸罪被刑事拘留。”①

2013年3月7日，北京市检察院表示，李某某等人因涉嫌轮奸被依法批捕。2013年7月8日，北京市海淀区人民检察院依法对李某某等人涉嫌强奸一案向海淀区人民法院提起公诉。2013年9月26日，北京市海淀区法院一审宣判：法院以强奸罪依法判处被告人李某某有期徒刑10年。2013年11月2日上午9点，李某某等五人强奸上诉一案，在北京市第一中级人民法院一区西中法庭依法宣判：二审裁定驳回上诉人上诉，维持原判。二审终审判决后，该案唯一成年被告王某的律师周翠丽却始终认为案件受到了不公平审判，并持续在其微博爆料案件细节。②

至此长达近一年之久被公众讨论的李某某案逐渐淡出人们的视野，尘埃落定之后不禁让人反思，李某某当年尚未满18岁，属于未成年人，案件证据、审判过程和判决书为何随处可查，司法机关为何不采取保密措施？网络和媒体随意披露李某某从小到大的照片、成长求学经历，为何没有任何限制？李某某案为何仅仅只追究律师泄露未成年人隐私的责任？李某某即使被判10年刑期，出狱时可能还未满30岁，将来他如何面对这个社会？事实上，在这些舆论炒作的背后，都反映了未成年人犯罪记录封存制度的薄弱。

二、思考：犯罪记录封存制度的偏失

为适应国际趋势，我国少年司法在消除犯罪记录制度影响方面做出了一定的尝试和突破。《预防未成年人犯罪法》第48条规定，“依法免予刑事处罚、判处非监禁刑罚、判处刑罚、宣告缓刑、假释或者刑罚执行完毕的未成年人，在复学、升学、就业等方面与其他未成年人享有同等权利，任何单位和个人不得歧视”。《刑法修正案(八)》正式废除未成年人的轻罪犯罪记录报告义务，并明确构成累犯的例外，“被判处有期徒刑以上刑罚的犯罪分子，刑罚执行完毕或者赦免以后，在5年以内再犯应当判处有期徒刑以上刑罚之罪的，是累犯，应当从重处罚，但是过失犯罪和不满18周岁的人犯罪的除外”。随后，2012年修订的《刑事诉讼法》第275条对未成年人犯罪记录封存制度作了原则性的规定，“犯罪的时候不满18周岁，被判处5年有期徒刑以下刑罚的，应当对相关犯罪记录予以封存”。在为新制度设立喝彩之前，必须先考察其在司法实践中的运行状况。但是，仅透过上文所述的“李某某案”就可以发现，所谓的“未成年人犯罪记录封存制度”，仍存在诸多不可忽视的缺漏与偏失。③

---

① http：//baike. baidu. com/link？ url = ftc2kECkBuW4ymqmumuKWEdiSXJRFoxEaAk8SidMjQj2ndhmvHr07kYhvXZMvLdV22NAzBxPzoBXq21NeXTLY.

② http：//baike. baidu. com/link？ url = ftc2kECkBuW4ymqmumuKWEdiSXJRFoxEaAk8SidMjQj2ndhmvHr07kYhvXZMvLdV22NAzBxPzoBXq21NeXTLY.

③ 时明清：《未成年人犯罪记录处理方式及其适用情形研究》，华东政法大学硕士学位论文，2013年。

首先是某些法律法规难以衔接。在我国已有的关于未成年人犯罪保护的法律中，法律条文之间、法律和法规之间还不能对接①。比如，新修订的《刑事诉讼法》第275条规定，“犯罪的时候不满18周岁，被判处5年有期徒刑以下刑罚的，应当对相关犯罪记录予以封存”。

对信息的封存并不是简单的保存，而应当是一个阻止信息传播流通的过程。由全国人大法工委刑法室编著的《中华人民共和国刑事诉讼法解读》(最新版)中指出：“被封存的犯罪记录包括侦查、审查起诉和审理过程中形成的与未成年人犯罪相关的各种材料。司法机关的封存工作不仅要对犯罪嫌疑人、被告人的材料采取保密措施，妥善保存，非因法定事由不得向外界提供。”未成年人的犯罪记录作为法定不应公开的信息，一旦公开，未成年人权益就直接受到了侵害。因此，犯罪信息的封存应当从侦查时开始，如果嫌疑人最终被判处五年以下刑罚，则信息应当完全封存。然而，新修订的《公安机关办理刑事案件程序规定》(以下简称“《规定》”)中第132条第1款规定，“未成年人犯罪的时候不满18周岁，被判处五年有期徒刑以下刑罚的，公安机关应当依据人民法院已经生效的判决书，将该未成年人的犯罪记录予以封存”。该条第二款规定，“犯罪记录被封存的，除司法机关为办案需要或者有关单位根据国家规定进行查询外，公安机关不得向其他任何单位和个人提供”②。

按照该《规定》的逻辑，即一般情况下犯罪未成年人的信息是不封存的，公安机关在人民法院确定的判决之后再决定是否予以封存。联系李某某案来看，尽管案件进展到侦查阶段，但其个人信息、案件具体细节等情况都已经由媒体向公安机关得到了证实并发布。那么，即使最终法院决定判处其五年以下有期徒刑，再来封存其犯罪记录又有什么意义？另外，《规定》没有对《未成年人保护法》和《预防未成年人犯罪法》中确立的相关原则作相应的侦查阶段保密的配套规定。在李某某案中，公安机关向媒体证实李某某的身份虽然没有违反《规定》，但客观上是李某某身份泄露的一个源头。③

其次，犯罪记录封存制度的双重限制，保护范围过于狭窄，背离了国际公约关于未成年人利益最大化原则，人为地为轻罪之外的未成年犯回归社会设置了障碍④。根据我国新刑事诉讼法的规定，未成年人犯罪记录封存制度存在以下两个限制：(1)适用该制度的未成年犯，其所受刑罚须为被判处五年以下有期徒刑、拘役或者管制、剥夺政治权利者，若所受刑罚在有期徒刑五年以上的，其犯罪记录将不被主动封存；(2)国家机关对犯罪记录的封存是相对的，即当司法机关为办案需要或者有关单位根据国家规定，仍可对之进行查询。上述规定意味着17岁的李某某，一旦成立强奸罪，该罪名必将与其相伴一生。但这并不能否认其仍是未成年人，属于法律特殊保护对象的范畴之内的事

---

① 马艳君：《未成年人犯罪记录封存制度实践设想》，载《法学杂志》，2013年第5期。

② 曾新华：《论未成年人轻罪犯罪记录封存制度》，载《法学杂志》，2012年第6期。

③ 姚佳：《未成年人犯罪记录封存制度的新思考》，载《公安学刊》，2013年第2期。

④ 张丽丽：《从“封存”到“消灭”——未成年人轻罪犯罪记录封存制度之解读与评价》，载《法律科学》(西北政法大学学报)，2013年第2期。

实。试想，若今天的李某某只有 7 岁，其人生观、世界观还处于极易扭曲、需重新塑造的阶段，则法律与社会是否也允许他的一生背负着严重污点，从此与正常的社会无缘？同时，李某某在 15 岁时接受劳教处罚的不良记录，俨然已经成为社会大众对其形成刻板印象的罪魁祸首。若是 5 年以下有期徒刑都可被封存，则较之轻得多的劳教处罚，怎能成为形成其社会评价的依据？① 犯罪记录封存制度本就来源于国际公约中的未成年人利益最大化原则，未成年人已然犯罪的危害程度或其人身危险性并不是这一制度的主要考虑因素②。也就是说，并不因为未成年人被判更重的刑罚，其犯罪记录就更有被公开的理由，也正因为如此，无论是国际公约还是其他国家的立法例，都没有在未成年人犯罪记录的封存上作轻罪和重罪的区分。③ 因此，我国现行制度五年以下有期徒刑与相对封存原则的规定，对受处罚较轻的违法行为与受刑罚更重的重罪行为，均无法产生作用，显然背离了制度生成的原则，人为地造成了法律的不平等，大大削减了犯罪记录封存制度的设立价值④。

三、建议：未成年人犯罪记录封存的完善

第一，适当拓展封存制度的适用范围。取消轻罪即 5 年以下有期徒刑的限制，将所有未成年人犯罪记录均纳入封存制度，与国际通行做法相统一，密切国内法与国际公约的衔接程度，更全面地保护未成年犯。

第二，结合相关法律规定，在未成年人犯罪诉讼程序中增加禁止披露未成年人身份信息的规定，将掌握信息的办案机关纳入规制范围之内。如完善未成年人犯罪记录封存、查阅程序，细化具体规定。在新闻法尚未出台的前提下，新闻媒体本身应重视职业道德，制定相应的行业规范，对未成年人犯罪信息的报道进行严格限制。同时，国家法律也应对媒体侵犯未成年人隐私权规定明确的法律后果与救济程序。

第三，从犯罪记录封存走向犯罪记录消灭，应是我国少年司法的发展趋势。⑤ 基于我国当前社会观念对危害社会行为的宽容程度尚低，以及传统刑罚报应主义观念影响根深蒂固等的考虑，笔者认为现阶段仅作未成年人犯罪记录封存制度实践尝试有其合理性和可容性，但从犯罪记录封存走向犯罪记录消灭应是我国少年司法改革的发展趋势。

（作者简介：肖妮娜，武汉大学法学院 2013 级宪法与行政法学硕士研究生。）

---

① 崔汪卫：《论未成年人犯罪记录封存制度的适用》，载《中国青年研究》，2014 年第 2 期。

② 张继斌：《未成年人犯罪诉讼程序研究——以新〈刑事诉讼法〉为视角》，安徽大学硕士学位论文，2014 年。

③ 姚建龙：《论披露未成年犯罪人身份信息之法律禁止》，载《华东政法大学学报》，2007 年第 6 期。

④ 陈冲、祝越：《未成年人犯罪记录有条件消灭制度实证调研报告》，载《广西政法管理干部学院学报》，2014 年第 5 期。

⑤ 刘清生：《规范与事实之间的冲突与弥合：未成年人犯罪记录封存制度的未来走向》，载《中国刑事法杂志》，2012 年第 6 期。

◎ **点　评**

第一，对于隐私权的问题，未成年人隐私权的范围比成年人大，未成年人隐私权的保护在任何国家都有制度安排，如在刑法中从责任年龄到案件卷宗存封等都有相关的制度安排。而对于未成年人被告和被害人如何平衡的问题，在实际操作中可能有所偏重，但是在制度安排中都很重要。个人认为在侦查过程中针对侦查机关而言，被告人和被害人都没隐私，但是这些证据是不宜用于定案以外的其他用途。第二，十八届三中全会提出的人权的司法保障问题是人权保护的一种方式。首先，十八届三中全会提出的人权的司法保障最重要的问题时谈到了进一步规范查封、扣押、冻结、处理涉案财物等程序的司法保护，这就是对于人权中的财产权的保护，要完善相关程序。其次，还有健全错案，防止、纠正、责任追究，以及严禁刑讯逼供，废除劳教，完善司法的救助制度，完善律师执业保障机制，违法执业的责任追究机制，加强律师的执业道德建设，这些都是十八届三中全会主要对司法领域中涉及人权保障制度的一些纲领性要求。再次，应当对最高刑期的上限进行规定。对于未成年人辩护的问题，江老师认为应当全部给予法律援助，李某某案之所以受到这么大的关注一定程度上是因为律师的哗众取宠，大肆渲染相关情节。所以在这个案件上其认为涉及未成年人权利保护的问题应当一律由政府律师代理，这样才能防止律师以辩护为理由获取相关信息后，为了自己的利益而泄露相关信息。再其次，未成年人人权保护是特定人权的保护。进入司法程序后，要考虑很多因素，如未成年人犯罪有没有必要关押在看守所。在查明案件事实后应该允许未成年人回家，建议尽量缩短关押时间，即使关押也应单独关押，可以将看守所的相关职能委托给当事人的监护人。最后，对于未成年人的减刑假释制度应有特殊规定，专门设立减刑假释的有关措施，使得未成年人在很短的时间内能回归社会。从某种程度上讲，未成年人关押时间越长对社会危害越大，长时间关押后是他们缺乏生存能力和相关知识，反而获得许多犯罪知识，很难回到社会中去。所以监管未成年人罪犯的目的应当是教育和有助于其重回社会。从这个案件可以看到中国对于未成年人犯罪的人权保障问题是有很大漏洞的，需要完善相关程序来予以弥补。

（点评人：武汉大学法学院　江国华教授）